法律

管理

中小电子商务企业
法律风险与合规管理

谷景志 等 著

郑州大学出版社

图书在版编目（CIP）数据

中小电子商务企业法律风险与合规管理／谷景志等

著. -- 郑州：郑州大学出版社，2024. 12. -- ISBN 978-

7-5773-0668-1

Ⅰ. D922.291.914

中国国家版本馆 CIP 数据核字第 2024U13B23 号

中小电子商务企业法律风险与合规管理

ZHONG XIAO DIANZI SHANGWU QIYE FALÜ FENGXIAN YU HEGUI GUANLI

策划编辑	王卫疆	封面设计	陈　青
责任编辑	宋妍妍	版式设计	苏永生
责任校对	胥丽光	责任监制	朱亚君

出版发行	郑州大学出版社	地　　址	郑州市大学路 40 号（450052）
出 版 人	卢纪富	网　　址	http://www. zzup. cn
经　　销	全国新华书店	发行电话	0371-66966070
印　　刷	郑州宁昌印务有限公司		
开　　本	710 mm×1 010 mm　1 / 16		
印　　张	15.25	字　　数	315 千字
版　　次	2024 年 12 月第 1 版	印　　次	2024 年 12 月第 1 次印刷

| 书　　号 | ISBN 978-7-5773-0668-1 | 定　　价 | 62.00 元 |

前　言

随着《中华人民共和国电子商务法》和《中华人民共和国民法典》的贯彻实施，我国电子商务行业整体转变为可持续发展模式，但是，中小电子商务企业仍然普遍存在重效益轻风险、重经营轻管理、重短期轻长远的思想和做法，缺乏法律风险意识和合规发展理念，相应的制度建设和管理措施更是严重不足，可能导致民事、行政、刑事等多个方面的法律风险，直至被实际追究法律责任。

安阳师范学院是全国较早开设电子商务及法律本科专业的高等院校之一，法学院成立了电子商务及法律系、电子商务法律政策研究中心、知识产权保护研究中心，与杭州、义乌等地电商企业合作建设河南省大学生校外实践教学基地，与上海、北京、杭州、长沙、广州、深圳、安阳、郑州等地的法院、政府机关、律师事务所合作开展电子商务法律教学与研究，聘请电商行业和法律实务界资深人士担任实践导师，形成双师型教学团队、法商融合的专业特色，并在"电子商务法""电子商务法律诊所""电子商务合规实务"等课程的基础上进行电子商务法律与管理应用性问题研究，形成《电子商务法案例实训》教材和本书实务研究著作。

本书从我国广大中小电子商务企业经营管理现状和发展需要出发，立足于我国现行有效的法律、法规、司法解释和相关规范性文件，采取系统思维、法商融合、理实结合等方式，对相关基本知识、法律规定进行解读，对可能存在的法律风险进行探讨，对可以采取的合规管理措施进行研究，并对实务疑难问题进行分析或指出疑难案例裁判要点，以期为我国中小电子商务企业经营管理提供可资借鉴的合规发展范式、可以参考的风险防控措施，并能促进电子商务行业长期规范发展、推动我国社会主义法治建设和市场经济繁荣昌盛。

本书分为四个部分：第一部分对合规即发展的基本理念进行阐释；第二部分对中小电子商务企业进行内部生产经营过程中的法律风险与合规管理进行分析，包括产品质量、数据信息安全、个人信息保护三个方面；第三部分对中小电子商务企业参与外部市场交易过程中的法律风险与合规管理进行探讨，包括知识产权保护、消费者权益保护、网络广告、电子商务合同四个方面；第四部分对中小电子商务企业进行法律风险与合规管理过程中的特殊问题进行专题研究，包括电子商务平台、跨境电子商务、行政监管的法律风险与企业合规管理，以及中小电子商务企业合规管理的实施保障等。

本书作者有安阳师范学院法学院教师谷景志、许婷婷、景永莉、李翔、张超、程鸽，上海融力天闻律师事务所律师许超，河南今鼎律师事务所律师郝东杰。为保证质量，八位作者同心协力、认真勤勉、分工合作，经多次集体研讨、修改完善，终成其稿，其间苦乐，诸君自知。本书具体分工为：景永莉：第一章、第十章；程鸽：第二章；许婷婷：第三章、第六章；李翔：第四章、第十一章、第十二章；许超：第五章；张超：第七章；谷景志：第八章，全书统稿定稿；郝东杰：第九章。

本书得到了安阳师范学院法学院、河南今鼎律师事务所、上海融力天闻律师事务所、杭州紫驰网络科技有限公司、澜蓝汇电子商务股份有限公司、北京易准律师事务所、上海正策（杭州）律师事务所、郑州大学出版社的大力支持和帮助，在此深致谢忱！由于作者学识所限，错误和疏漏之处在所难免，恳请读者批评指正！

谷景志

2024 年 9 月于安阳

目 录

第三部分　外部市场交易专论

第四部分　重要专题与实施保障

基本理念

第一部分

第一章

合规即发展的基本理念

　　企业是社会主义市场经济体系中的基本单位,企业合规是建设法治中国与法治社会不可或缺的微观基础。作为企业生存和发展的基石,合规经营引起了社会各界的广泛关注,尽管企业合规管理体系建设取得了一定的成效,但仍有很多方面与问题需要深入的研究。一方面,近年来个别上市公司爆出"疫苗造假""财务造假"重大违规事件,巨额罚款甚至企业破产都难以弥补违规事件对社会的危害,重罚并不能有效防范企业违规;另一方面,中兴通讯、小米等公司接连受到海外制裁,越来越多企业面临更为复杂的国际政治、经济、制度、文化环境,这些无不彰显了企业合规要求的紧迫性与重要性。

第一节　合规的内涵与发展

一、合规的概念

　　合规(compliance),意指服从、遵守或者顺从。作为最早提出合规理念的机构,巴塞尔银行监管委员会在2005年公布了《合规与银行内部合规部门》,对于合规进行了阐释,认为合规有多种含义,既包括基本的法律、规则和准则、市场惯例、行业规则等,还包括更为广泛的诚实守信和道德行为的准则。在《可持续管理百科全书》(*Encyclopedia of Sustainable Management*)中,企业合规是指组织的承诺,即指导其员工、管理层和高管人员的活动,使其符合其经营所在社会的监管和道德规范。这一承诺需要一系列措施来使公司的行为与这些规范保持一致。这些措施通常包括明确行为准则、制定组织规则和标准、在企业内建立规则培训和沟通渠道、实施透明有效的执行系统等。

目前国内对合规中的"规"的分类大致分为两规、三规、四规、五规和七规等。一是两规。2014 年的《合规管理体系指南》(ISO19600)、2017 年的《合规管理体系指南》(GB/T 35770)均将"合规"划分为合规要求或者合规承诺。其中,前者是指须遵守的相关法律法规等;而后者是指须遵守的各项合同或协议、相关标准、方针和程序等。二是三规。将合规的内容分成三个方面:首先是法律法规等强制性要求;其次是行业标准、规章制度等自愿性承诺;最后是公序良俗、诚实信用及商业道德规范。三是四规。即法律之"规"(法律制度规范)、行业之"规"(行业标准规范)、内部之"规"(企业内部规范)以及道德之"规"(诚信道德规范)。其中,法律之"规"是基础,行业之"规"是关键,内部之"规"是核心,道德之"规"是升华。四是五规。2018 年国务院国资委发布的《中央企业合规管理指引(试行)》,将合规定义为符合五种"规"的要求,即法律法规、监管规定、行业准则和企业章程、规章制度以及国际条约、规则等。另有学者从法律、合同、公司内部、伦理道德和公司文化五个方面定义合规。其中,法律层面包含法律法规、行业规范和监管政策,合同层面包含双方协议和单方承诺,内部层面包含公司章程、制度和流程,伦理道德包含商业习惯、公序良俗和公平诚信,公司文化包含合规文化、合规组织体系和合规制度流程等。五是七规。在 2018 年《企业境外经营合规管理指引》中规定,合规应符合七个方面的要求,即法律法规、国际条约、监管规定、行业准则、商业惯例、道德规范和企业章程与规章制度。此外,还有狭义与广义合规说。狭义的合规是对外部法律法规的遵从,以及对政策、监管指令、共同体规则、公司自身的规章制度等具有法律约束力的文件的遵从,狭义的合规就是对具有法律效力的规范文件的遵从,广义的合规还包括商业伦理和社会道德的遵守。

　　基于此,国内对企业合规概念的界定主要有:一是 2018 年 7 月正式发布的《合规管理体系指南》中,将合规定义为"明示的、隐含的或必须履行的需求或期望",合规意味着遵守法律法规、相关标准、合同以及道德准则。在 2018 年 11 月的《中央企业合规管理指引(试行)》中,对中央企业经营管理行为作出了明确的规定,即要符合法律法规、监管规定、行业准则、企业章程、规章制度以及国际条约、规则等。二是国内一些学者也提出了对合规的理解,孙国祥认为,合规不仅是指企业活动应符合标准,而且标准应该互相配合,协调一致,形成企业活动有规遵循的体系。[①] 陈瑞华以西门子公司为例,从三个角度分析了企业合规的内容:企业及员工、包括合作方等第三方在经营中须遵守法律和规则;企业为避免或减轻违法违规而采取的一种公司治理方式,为鼓励企业积极建立或者改进合规计划,使企业可以

---

　　① 孙国祥:《刑事合规的理念、机能和中国的构建》,《中国刑事法杂志》2019 年第 2 期,第 4 页。

借此而受到相应法律奖励。① 夏菁菁提出,企业合规为企业主动采取包括完善内部规章、制定奖惩举报监督机制、内部自查制度等一系列措施,发现、预防、控制企业违规的自律与自我监管的行为等。②

国外对合规概念的界定。行为准则、合规培训和举报系统是合规的核心要素(Weber & Wasieleski,2013)。行为准则是合规的典型起点(Kaptein,2015),它规定了公司与合规问题相关的规定(例如,规则、原则、价值观),从而为所有组织成员提供决策指导以及行为期望,以便他们以期望的方式处理合规情况(Kaptein,2008)。根据 Kaptein(2015)的说法,该准则的内容比直接的行为指导更重要,因为它"提供了有关道德的内容,是构建所有其他组件的基础。"此外,丹尼斯·伯克认为合规这个概念具有多重含义。首先,它讲的是对法定义务的遵守。其次,合规还指所有监督措施的整体,目的是基于所有法定命令和禁令而保障企业人员行为的合法性。

综上,企业合规可以理解为一种状态或目标,是企业的内部管理与治理机制。企业合规应包括遵守内部的规章制度,外部的国家法律法规、商业准则、行业规范与惯例以及伦理道德、公序良俗等。由此可见,合规既是对于规则规范的遵从,又是道德的要求,企业合规在内涵、要求上均表现出多样化的特点,起到了正向激励与发挥归责机制的作用,督促引导企业在日常经营管理中遵守相关的法律法规、行业规范和标准以及社会公德、商业道德与承担企业社会责任,在完善企业内部治理的同时进而推动有效的社会治理。

二、合规的历史演进

(一)我国古代的商业道德与规范

我国传统儒家思想提倡"仁义礼智信"理念,并以此为基石形成了以遵纪守法、信守承诺为核心的商业文化道德可视为本土合规之起源。春秋末期著名政治家范蠡曾经提出"以诚聚财、以德致富"理念,"经商十二则与十二戒"等至今仍让人受益无穷;近代的晋商、徽商等著名商帮重视诚信为本、利以义先,均诠释了义与利的兼容并蓄。我国历朝历代都不乏对商业行为的规制,如西周时已对市场、商税、价格、门、关以及外来商人建立了严格管理制度,不但限制参与流通的商品,而且限制参与交易活动的人;秦商鞅变法,改六法为六律,关市律对市场交易、市场管理做了规定;仓律和金布律对物价、货币和布在市场上的流通的比价做了规定;汉武帝时桑弘羊提出盐铁专卖;宋代颁布了关于盐茶禁榷、市场管理、货物运输、价格

---

① 陈瑞华:《论企业合规的性质》,《浙江工商大学学报》2021 年第 1 期,第 46 页。
② 夏菁菁:《刑事合规视阈中单位犯罪的刑事归责》,暨南大学法学硕士毕业论文,2020 年,第 14 页。

评估等专门商业立法;清末制定了中国历史上第一部商事法律《钦定大清商律》,包括《商人通例》和《公司律》,对公司组织形式、创办呈报方法、经营管理方式、商业账簿、货物器具盘查等作出规定,以法律形式确认了商业活动以营利为目的,确认了商人的合法地位。但中国历史上所孕育的商业带有浓厚政治色彩,官商关系作为古代商业特色明显,难以产生真正意义上的商法部门,究其原因:古代农耕社会是一种自给自足的自然经济,小农经济思想狭隘限制了商业的发展,政治上中央集权,禁榷专营,重农抑商,对外闭关锁国,而且儒家文化的重义轻利、重人情轻规则的经商理念影响深远。

总的来说,中国古代商业道德规范与现代企业合规治理具有一致性、传承性与相通性。传统中国商业理念既包括对法律法规、行业标准的遵循,也表现出中国式的人情世故与经商理念,这种复杂性在现代企业经营中得以继承与发展,并表现出不同具体行为样态。

(二) 当代企业合规发展

1. 我国企业合规的发展

在我国改革开放初期,规制企业行为的法律与行业规则并不健全,"合规"概念并未出现,企业一定程度上有对公序良俗的遵循意识,但尚未形成强烈守法意识。商业发展新时代开始,法律规则尚处于发展之中,不规范的经商行为频出。例如"下海潮"背景下,前行者利用自身资源及价格双轨制取得了优势经营。又如一些外资企业在华经营打着"入乡随俗"旗号进行商业贿赂。

我国企业合规一词最早起源于 20 世纪 80 年代初,因发展三资企业而初设企业合规管理制度,1992 年国家审计署、中国人民银行发布了《对金融机构贷款合规性审计的实施方案》但这还不是真正的企业合规制度。真正较早使用合规概念的是 2006 年 10 月,由中国银监会颁布的《商业银行合规风险管理指引》,它为商业银行合规风险的管理提出了指引,合规管理在我国金融企业率先开展起来。随后相关法律逐渐健全,"合规"理念逐步进入中国企业主流语境,但从微观角度来看,当时绝大多数中国企业对合规概念的认知不甚准确,很多中小企业甚至不知合规管理。在市场竞争、经营业绩的压力下,许多企业重业务而轻合规管理;重形式上设立规则,轻实质上循规合规;重事后稽核问责,轻事前事中风险控制等。

经过多年推进企业合规建设发展,我国企业合规建设取得了长足的进步,从金融业逐渐扩散到央企、海外企业,又逐步深入各个民企、中小企业之中。近年来,中央层面致力于引导各类企业走合规道路,银监会保监会、国资委等部门均出台合规管理指引文件,《反垄断法》《公司法》《合伙企业法》修改对于合规问题更为重视,增设股东滥用公司人格的法律责任、累积投票制、上市公司独立董事制度等。2008 年,财政部公布了《企业内部控制基本规范》,2016 年 4 月,国资委印发《关于在部分中央企业开展合规管理体系建设试点工作的通知》,2017 年,中央《关于规范企业海外经营行为的若干意见》提出了企业海外经营行为的合规建设,2018 年 1 月由财政部发布的《小企业内部控制规范(试行)》正式施行,2018 年 11 月,国资委发布了《中央企业合规管理指引(试行)》,2021 年 3 月,企业合规师作为新的职业被国家人力资源和社会保障部会同国家市场监督管理总局、国家统计局向社会正式发布。2021 年 6 月,最高人民检察院等国家九部委印发了《关于建立涉案企业合规第三方监督评估机制的指导意见(试行)》,2021 年 12 月,国资委召开专题工作部署会,正式宣布 2022 年为中央企业合规管理强化年。2022 年 7 月,中国中小企业合规高峰论坛暨《中小企业合规管理体系有效性评价》团体标准发布会在北京召开。从我国企业合规发展趋势来看,相关部门在一次次加大推进企业合规建设的力度,企业合规的重要性不言而喻。

综上所述,当代我国引导企业走向合规管理道路的相关规范经历了从总则性规定到精细化立法,从重点规制国有企业到规制所有类型经济组织,从着重关注金融领域到涉及诸多商业领域的发展过程。关注点也从商业反腐发展到保障员工权益、股权转让尽职调查、知识产权等多个领域。随着立法技术提高和合规意识加强,各层级各领域的监管机构发布规范数量增加,逐步构建了中国企业比较完整的合规化规范体系,自上而下引导企业合规,防范经营风险。

2.国外企业合规的发展

在当代,美国最早出现了企业合规,这一阶段的企业合规可视为是一种"自我监督、自我监管"。由于当时社会普遍对企业缺乏信任感,因此一些企业开始制定相关规则规范来加强自我监管,规范企业经营行为与企业员工行为,使其依法依规行事。不仅如此,这些企业通过建立合规体系,还可以有利于规范市场活动、加强企业行业之间的合作与促进公平竞争,防止政府行政部门可能出现的过度行政监管对于企业经营的不利影响。

此后,美国企业合规进入"政府监管企业合规"阶段。这一时期出现了一系列震惊美国社会各界的企业违规丑闻,如美国通用电气、西屋电气等大型电气公司通过人为操控价格、投标控制与围标等方式谋取市场垄断,获得巨额利益,美国政府开始对相关企业进行反垄断调查,同时也迫使众多企业重视与制定反垄断合规;进入 20 世纪 90 年代以后,美国企业合规发展到新阶段,企业合规成为普遍的公司治理方式。但进入 21 世纪以后,美国陆续爆发了大规模的企业欺诈,一些知名企业如安然、瑞富、世界通信公司以及雷曼兄弟等,因涉及欺诈造假等丑闻而宣告破产。在此期间,美国通过了《萨班斯—奥克斯法案》,该法案强调实质性的监管,强化企业建立内部控制,要求公司管理层承担企业建立、管理运行、评估以及信息披露等内部控制的责任。

美国企业合规的发展也推动了企业合规在世界范围内发展,一些国际组织也先后制定了与企业合规相关的规则、规范与行业标准。如 2005 年巴塞尔银行监管委员会发布了《合规与银行内部合规部门》,为会员国银行企业组建合规部门和建立合规体系确立了基本的原则和制度框架。2010 年,经合组织(OECD)公布了《内部控制、企业道德及合规最佳实践指南》,针对预防腐败行为做出了明确的要求,并制定了合规的十二项准则。2014 年,国际标准化组织(ISO)制定了《合规管理体系指南》,并在 2021 年正式发布实施《合规管理体系要求及使用指南》国际标准。

第二节　合规的性质、意义与合规体系

一、合规的性质

(一)合规是一种自我监管机制

对企业来说,其社会形象与声誉是该企业赖以生存与发展的重要基础,不仅关系着消费者对企业的看法、信赖度以及接受度,而且也会影响合作伙伴的合作意愿、政府相关机构的监管和认可度。由于存在信息不对称,企业无法向社会各主体传递真实全面的信息,因此社会上难免产生对企业的不信任感,而合规的出现正是来应对这样的问题。

从合规的发展过程来看,最初就是单个企业为了克服存在信息不对称的问题而在其内部建立了一套严格的管理制度,借此能够提升企业内部的管理,加强自身的监管,规范企业经营与员工行为,试图在社会公众面前树立自身良好的社会形象,提升企业声誉,消除社会不信任所带来的各种问题,进而实现自身利益的最大化。后来这种做法逐渐在不同企业扩展开来,但此时由于各个企业自身存在客观的差异,不同企业所建立的规则规范也必然各不相同,相差较大。于是各个行业协会组织开始着手和寻求在本行业内建立具有一定统一性、普遍适用的规则规范指导企业的管理实践,从而帮助行业内企业建立良好的社会形象与社会声誉。

合规即要求企业在经营过程中要遵循法律法规、行业规范、商业准则、企业章程及社会道德等,从而约束企业行为,避免出现违规违纪而带来的利益损失或惩罚,影响企业形象与声誉。这实际上就是事前防范、风险识别以及风险应对,属于企业管理制度的一部分。同时,单个企业的合规可以促使社会整体治理水平的提升,营商环境的改善,从而促进我国市场经济健康、快速发展。再者,对于企业行为的监管可以通过外部监管来实现,但外部监管存在事后性的问题、监管成本过高的问题,无法实现对其连续性全方位的监管。而企业通过合规管理,则可以由内而外建立起一套行之有效的监管体系,实现自我监管、自我治理的自觉性与主动性,从而大幅度降低政府、行业、社会等外部监管成本,进而从根本上提升企业治理水平,促进市场经济的健康有序发展。

（二）合规是一种责任分担机制

合规是一种责任分担机制。首先,它明确了企业股东、董事会、高管、企业员工等相关当事人的责任与权利,并督促这些当事人切实履行遵守相关法律法规的义务,一旦他们出现违规违纪,可以依据合规进行事后的责任划分。其次,随着以跨国企业为代表的巨无霸企业的出现,公司内部组织结构越来越复杂,企业管理难度越来越大,治理成本越来越高,企业相关主体因违规违纪而被追责的风险也越来越高。在这种背景下,企业合规实际上就成了各个利益主体责任分担机制,在最大程度上减少出现的不合规行为所引起的风险,将企业违规主体与其他主体分隔开来,降低企业面临的利益损失。

（三）合规是一种独立的风险防控机制

合规具有独立性。企业在市场经济环境中面临多重风险,如投资风险、经营风险、市场风险等,合规风险是与这些风险不同的一种风险,是企业在经营者由于违规违纪而可能遭受国家行政部门、司法部门追究责任的风险,具体包括监管处罚、刑事处罚以及国际制裁等风险。一旦合规风险失控,除了当事企业受到严厉的处罚,如缴纳罚款、剥夺经营资格或者吊销经营执照等,甚至被追究刑事责任,由此对企业的影响将是灾难性的后果,使企业面临巨额的经济利益损失和社会形象崩塌。

正因为如此,企业建构完善的合规管理机制,有效防范合规风险,从而起到有力的约束和震慑作用。此外,合规管理与企业其他方面的管理一方面相互独立,合规管理不能受到其他人员和部门的干涉,必须独立地运作履行监督职能,另一方面,彼此也相互影响、相互补充,在公司治理中发挥不同的作用,从而建立一套完整综合的企业监管体系。

（四）合规兼具道德属性

合规作为一种公司治理方式,同时也是一个道德问题。企业合规无非是企业行为合乎规则规范,为自己的经营过程建章立制,企业行为能否真正切实符合这些规则规范,实际上在很大程度上依赖于企业长期所形成的依法依规经营的企业文化,而文化本身就是属于道德或者伦理的范畴。

合规具有多重含义,也是一种异常复杂的企业治理方式,合规从字面上理解主要是遵纪守法,同时也包含了如果违规违纪则必然受到监管或刑事处罚。根据合规发展的过程,企业最初在内部建立合规管理机制就是为了避免、减少或者应对处罚,企业合规的发展也从最初的道德约束演变为当前的法律治理,成为企业外部行政或司法监管企业行为、督促企业自我管理、自我整改、防范合规风险的法律依据。由此可见,合规既是一种重要的法律法规,也具有道德的属性。

（五）合规兼具私法和公法双重属性

合规的推动来自市场驱动与监管驱动。市场驱动意味着企业为了能够在市场竞争中取得竞争优势,实现长期发展而主动建立合规体制,防范自身因经营行为不合规而可能丧失的商业机会;监管驱动表现为企业为避免外部监管机构的处罚,在外力的作用下而被迫进行合规建设。从当前国际实践来看,企业开展合规建设更多源自监管驱动。[①]

从企业合规实现的路径来看,合规管理需要公法与私法的共同作用。首先,通过行政监管和刑事惩戒,以违规惩罚和合规激励的手段,促使企业内部建立起合乎法律法规的合规体制,保证其经营行为符合法律法规、社会经济发展的要求;其次,企业合规也属于公司治理的范畴,它要受到《公司法》的约束,离不开《公司法》的参与,同时企业合规也是《公司法》重点关注的问题,《公司法》能为企业合规提供统一的制度指引,再加上行政法和刑法的惩戒监督,两者相互配合、相互补充共同推动企业合规管理的实践。

二、合规的意义

(一)企业合规是落实依法治国战略的客观要求

2014 年 10 月,中国共产党第十八届中央委员会第四次全体会议首次专题讨论依法治国问题,2017 年 10 月 18 日,习近平总书记在党的十九大报告中指出,成立中央全面依法治国领导小组,加强对法治中国建设的统一领导。依法治国已经成为我国治国的基本方针。企业作为基本经济单位,依法经营、合规管理必然成为中国企业发展的趋势。这既体现了我国依法治国的执政理念,又符合了时代发展的要求与方向。

(二)企业合规是提升企业治理水平、实现可持续发展的内在需要

当前百年未见之大变局为企业治理提供了新的发展契机。在我国经济进行高质量发展、经济增长速度放缓的宏观背景下,作为国民经济基本单位的企业应审时度势,积极应对适应经济新常态下的调整与变化,进一步建立与完善现代企业制度,提升经营管理水平、增强核心竞争力。通过加强企业合规管理,可以有效地实现及时预防、识别及应对合规风险,主动采取措施降低或者化解风险带来的损失,帮助企业提升治理水平,促进企业可持续发展。

(三)企业合规是反腐倡廉、建立廉洁高效企业的重要保障

企业合规的理念与反腐倡廉相契合,在我国政府不断加大反腐力度的环境下,不断强化企业合规管理,建立廉洁诚信的企业文化,将企业合规作为企业股东、董事会、企业员工、高管以及合作伙伴的行为准则,确保企业相关利益主体的行为符合廉洁诚信的要求,这是建立廉洁高效企业、降低系统性腐败风险的重要保障。

---

① 尹云霞:《中国企业合规的动力及实现路径》,《中国法律评论》2020 年第 3 期,第 159 页。

（四）企业合规是"引进来""走出去"战略的必然要求

"引进来""走出去"是鼓励我国企业开展与世界各国的经贸往来，参与国际合作与竞争，全面提升我国对外开放的基本战略。随着全球合规监管日益严格，我国部分企业合规方面也逐渐暴露出一系列问题和风险，在面对国际竞争中往往处于非常不利的被动局面。其次，与合规体系相对完善、发展相对成熟的国际知名企业开展合作，也必须自身先做到合规，只有这样才能更好地实现走出去与引进来，有效地防范各种企业合规风险，确保我国企业走得稳、走得远。

三、合规体系

当前经济全球化的深入发展，我国经济进入新常态，宏观环境的变化为我国企业发展创造了更多的机遇。对企业提出了更高的要求，如果不能及时调整应对，则势必被时代所淘汰。企业为了寻求可持续发展，增强核心竞争力，合规经营必然成为每个企业管理的核心要求。强化合规意识，坚持合规原则，建立健全合规管理体系，为企业的长远发展奠定坚实的基础。

关于企业合规体系所包含的范畴，不同的学者从不同的视角、研究背景进行划分。有的学者将企业合规分为三个维度：一是行为规范，即企业及其员工需要遵守的法律法规及内部规范；二是企业约束员工与企业行为合规的内部规章制度；三是公司合规的组织性规范，包括公司内部合规职责的分配、合规工作的组织和内容。[①] 有的学者将企业合规分为四个层次：公司治理方式的合规、行政监管的合规、刑法的合规、应对国际组织的合规。[②] 但是，从企业自身视角来说，合规就是承诺并主动采取有效措施做正确的事情，因此，企业合规应包括三个层次：一是企业及企业员工的行为要符合法律法规，从而使得企业作为独立的民事主体，其行为要合乎相关法律规范、行业准则等；二是企业运营的合规治理制度，合规的组织架构以及权责分配等；三是国家提供的引导性、服务性、规范化制度支持，保障企业内部合规的持续运行，避免出现企业内部治理失败与外部行为失焦的问题。

建立健全合规管理体系，就要从之前的点合规推进到全面合规。合规涉及企业经营的方方面面，不仅包括各个利益主体，还包括企业经营的全过程；企业合规体系的构建并非一蹴而就，这是一个复杂的体系，涉及企业众多部门和每一个利益主体，既包括所有层级的法律法规、各部门法领域的法律和规范、不同国家和地区的管辖法律和规范，又包括各层级公司和部门全合规，企业全员合规与企业文化合

---

① 王东光：《组织法视角下的公司合规：理论基础与制度阐释》，《法治研究》2021 年第 6 期，第 19 页。

② 陈瑞华：《企业合规基本理论（第三版）》，法律出版社，2022 年版，第 28-56 页。

规,以及各经营管理领域全合规等(图1-1)。

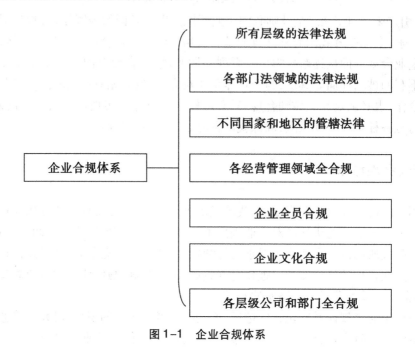

图1-1　企业合规体系

第三节　合规管理的基本原则

合规本质上是一种以风险防控为导向的内部控制体系。它通过建立一套合规管理体系,试图减少或避免企业违法违规的行为,以建立一种防控合规风险的长效保障机制。依据发挥作用的时机不同,合规可以分为"事前合规预防"与"事后合规处理"两种类型。前者是企业并未发生违规情形,为加强管理,规范行为而设定的合规体系,解决的是企业合规管理"从无到有";后者则是在企业违规发生后的应对处理,特别是在接受执法调查或刑事追查时,及时进行违规整改和应对补救,实现的是企业合规管理"从虚到实"。

一般来说,在缺乏外部监管、外部压力的情况下,企业很难自觉建立起较为完善的合规管理体系,难以实现企业合规的管控效果。企业合规的建立通常是需要外力的介入,通过合规指导、合规强制等方式,"涉案企业"将面临违规带来的处罚、刑事追究以及制裁等风险,因此外部压力将给予企业建立合规管理体系的强大动力,"涉案企业"必然会尽力满足合规要求,比如由外力推动的合规包括由政府机关推动的行政合规、由司法部门推动的刑事合规、由行业组织推动的行业合规以及国际组织推动的国际合规等。企业合规管理要能达到有效预防或降低风险,企业应建立起完善的对企业经营活动的全程监控以及应对违规的反应控制体系。2018年,我国发改委发布了《企业境外经营合规管理指引》,其中明确了企业合规管理的基本原则:独立性原则、实用性原则、全面性原则。2022年,国资委出台了《中央企业合规管理办法》确立了合规管理的全面覆盖、权责清晰、务实高效的基本原则。为督促涉案企业建立有效的合规管理体系,我国目前已经建立起合规指引、合规强制与合规激励等多元化的合规监管方式,包括第三方合规考察监督,对合规整改并通过验收的企业,可作出不起诉或从轻量刑的宽大处理。同时,合规管理的理念也逐渐深入人心,合规管理的基本原则,则是实现有效合规管理的重要依据。

一、风险导向原则

我国企业合规管理在当前遵循的是一种全面合规的理念,以国家的法律法规、行政监管规则、行业准则、国际惯例与规范以及企业规章制度等为依据,建立起一套覆盖全过程、全员、全方位的合规管理体系。这种全覆盖的合规管理体系虽然试图规范企业的方方面面,但实际上无法做到有针对性地预防企业违规行为的发生,特别是在当前企业面临越来越复杂的经营环境,许多领域出现了新情况、新变化与新形势,包罗万象的合规管理往往难以有效面对。正因为如此,许多国家、企业提出了以风险为导向取代上述以各种法律规则为导向的合规管理原则。以风险为导向的合规管理的优势在于,让企业更加关注风险识别、风险评估、风险预防、风险应对,从事前、事中、事后三个阶段进行风险监控,从而起到有效预防违规行为的发生。例如国际标准组织《合规管理体系　要求及使用指南》中就明确了"以风险为基础,将风险评估视为开展合规管理的基础性工作"。将合规评估分为"固有风险"与"残余风险",要求能尽快识别风险、划分风险等级、在企业面临重大变化时开展风险评估,将企业有限资源集中在高风险事件上。

美国是较早建立合规评估标准的国家。在《公司合规计划评价》中将企业建立"风险评估机制"视为企业合规的首要标准,审查企业在风险识别、风险评估以及定义风险等方面投入了多少资源等。英国在其反腐败法律中明确了有效合规管理的六项原则,第三项原则就是风险评估原则,要求企业对其可能面对的外部和内部的整体风险进行定期评估;法国反腐败法律将风险评估列为有效合规管理的要素之一,要求企业定期对其可能面对的风险进行识别、分析和分级。2020年,法国在《反腐败指南》中又进一步将风险识别包括风险确认、评估与分级,风险管理包括预防违规行为或对已经发生的违规行为实施相应制裁等,视为有效合规管理的主要内容。

我国发布的合规管理指引也对合规风险做了明确的要求。在国资委《中央企业合规管理办法》中，合规管理界定为企业为有效防控合规风险而采取的管理活动，企业应建立合规风险识别评估预警机制，在发改委《企业境外经营合规管理指引》中，将合规风险识别、评估和处理视为合规管理的重要工作之一。在我国最高人民检察院发布的《涉案企业合规建设、评估和审查办法（试行）》中，将合规整改视为合规建设的目标，即"有效防止再次发生相同或类似的违法犯罪行为"。为此涉案企业应制订专项合规计划，针对合规风险防控与风险管理，建立健全合规管理机制。我国相关机构部门普遍强调了合规风险识别与评估，并将其视为合规管理的重要工作。

以风险为导向的合规管理应以有效防控风险的发生为目的，不能仅仅定位于对法律法规的遵从，合规风险在某种程度上属于一种战略风险，是否合规附带有"资格剥夺"这一严重后果，即企业或暂停或取消或永久性禁止各种市场准入资格，这与一般性的违规在经济上、声誉上的损失有着显著的区别，因此合规管理应视为企业的一种战略管理，是企业需要解决的重大治理课题。监管部门、司法机关等机构对涉案企业的合规整改进行评估，都要以有效防控合规风险作为基本的衡量标准。

二、相适应原则

在企业资源、规模、人员有限的情况下，全覆盖、大而全或者标准化的合规管理并非最佳选择，因为像这样的合规管理将可能不会区分风险的高低，将企业有限的资源均分在所有领域，从而无法实现资源投入与企业面临风险的相适应匹配，结果是有可能无法对那些高风险、高危领域内的违规行为进行有效的管控与预防。因此，要实现有效的合规管理，就要遵循相适应原则，即企业应该根据自身的规模、经营情况、业务类型、企业文化等条件对风险进行识别、分类、分级以及评估，进而建立起与不同风险相匹配的合规管理体系，将企业有限资源根据不同的风险进行合理分配。同时相适应原则还表现在"必要性"与"比例性"，对于不同的合规风险要尽可能选择那些对企业影响最小，代价最低的制度安排，而且也不能"过度合规"，避免企业投入远超整改要求的资源，承担不成比例的合规管理负担。

相适应原则被视为是有效的合规管理基本准则，在很多国家得到认可和确立。美国认为每个企业都应该根据自身需求、面临的风险来制订合规计划，投入相适应的企业资源，建立成比例的合规防范、监控与应对措施。英国的"充分程序"原则就是商业组织用来预防贿赂的程序应当与其所面临的贿赂风险及该组织活动的性质、规模与复杂程度相适应、成比例，要以风险为基础进行评估，使合规程序与面临的合规风险相适应。法国《反腐败指南》将相适应原则设定为企业反腐败的核心理念，企业应以合规风险的具体情况按照相适应原则制定合规计划。我国在开展企业合规管理的活动中，也逐渐确立了相适应原则作为合规建设、评估和审查的基本原则,2022年4月发布的《涉案企业合规建设、评估和审查办法(试行)》中,明确涉案企业应根据自身规模、业务、行业特点等条件,逐步增设专项合规计划,推动全面合规。在保证有效合规的前提下,要求涉案企业投入相适应的企业资源。

三、承诺原则

合规管理作为一种防范企业战略风险的内控,要能在企业经营中得到贯彻执行,不能浮于表面,流于形式。企业应建立起相应的管理制度和企业文化,特别是企业高管,更要充分重视合规管理,投入充分的资源保证合规管理的有效执行。承诺原则就是指企业高级管理层对于推动企业合规管理所发挥的领导、监督的重要作用,强调高层将合规风险视为公司的战略风险之一,与决策风险、经营风险和财务风险给予同等地充分重视。

高管承诺原则应包括三个方面的内容:一是要负责推动合规管理体系在企业内部的建立,推动合规管理体系有效制定与持续改进;二是应在企业内部营造合规的企业文化,传达合理理念,作出合规表率,重视合规管理,通报合规进展等;三是要确保合规管理体系在企业内部的有效运行。各部门和员工都要符合合规要求,通过激励与惩罚保障合规管理的落实与执行。

承诺原则也是一个旨在实现有效合规管理的基本准则。2005年,巴塞尔银行监督管理委员会发布的《合规与银行内部合规部门》中,明确规定了合规应从银行高管做起,唯有董事会和高级管理层作出表率,合规才最为有效;国际标准化组织发布的《合规管理体系　要求及使用指南》中,也强调了高层管理者在推进合规管理的重要性,组织合规的实现是由领导层运用核心价值观以及普适的优秀治理方法,结合道德要求和社会准则共同形成的。包括发挥合规的领导作用并作出合规承诺、制定符合要求的合规方针以及在组织内分配和沟通相关岗位的职责和权限。美国《公司合规计划评价》中提出,有效的合规计划需要公司中高级管理层创造和培养合规文化和有效地监督。中高层管理者应向员工明确表达企业的道德标准、价值观念,并以身作则来履行这些标准。

我国在推进企业合规管理中,也意识到承诺原则的重要性,并将这一原则体现在不同的制度中。最高人民检察院在2022年4月发布的《涉案企业合规建设、评估和审查办法》中指出,企业高层在开展合规整改方面可以发挥的作用表现在:企业高层应是合规管理的领导机构,研究制定合规计划与内部规章制度;企业高层要明确合规是企业的优先价值,确保合规融入企业的发展目标、发展战略与管理体系;企业应当为合规管理制度机制的有效运行提供必要的人员、培训、宣传、场所、设备和经费等人力物力保障。应当建立合规绩效评价机制,并引入合规指标对企业主要负责人等进行考核。

四、权威原则

权威原则体现的是企业内部合规监管部门在合规监管中应被赋予较大的权力，既能禁止那些有重大合规风险的企业活动，也可以对那些存在违规的当事人展开调查，作出处罚。但实际情况是企业内部合规监管部门缺乏这样的权力，从而导致其逐步被边缘化，难以发挥有效地防控合规风险的作用。

为此，企业应确保这些部门的权威性，保证其独立自主地履行职责，这就是权威原则。国际标准组织《合规管理体系　要求及使用指南》中明确要求企业合规管理部门要有效履行合规管理职责，必须具备以下条件：有足够的资源来保障其工作，可以直接接触企业最高层、保持独立性、保持权威性等。巴塞尔银行监督管理委员会发布的《合规与银行内部合规部门》中，针对合规部门的独立性和资源配备做出了明确的规定，合规部门应选定一名负责人全面协调银行合规风险管理工作，合规管理中可以获取任何资料，并有权直接向银行最高层报告调查结果等。我国发改委在《企业境外经营合规管理指引》中强调了合规管理部门的独立性，企业的合规管理应在制度设计、机构设置、人员配备等方面保证其独立性。

可见，从企业合规管理部门能够发挥有效作用的角度看，必须贯彻权威性原则，体现出独立性、优先保障性等特征。企业合规应确立自上而下的领导体制，确保合规管理部门能令行禁止，同时保障合规管理部门在企业重大决策中的发言权，任何重大决策的形成须经过合规管理部门的参与和审核。在涉及具体的业务和人员时，企业合规部门有权直接报请最高层批准，对存在违规风险的事、物或人有权否决，作出惩戒。同时企业合规管理应确保具有足够的资源保障，合规管理人员必须赋予相应的身份和地位，同时为合规管理投入足够的人力、物力等，确保其开展工作所需的各种资源。

五、全面融合原则

合规管理必须与企业日常业务全面渗透融合才能有效发挥预防、监控和应对合规风险的作用。但实际情况却不容乐观，很多企业的合规管理与经营管理往往是"两张皮"，各行其是，合规只是设定在遵纪守法，不违法违规的最低标准，不仅不能与企业业务相融合，不能区分和识别存在的不同合规风险，也没有针对这些不同风险制定相应的风险管控措施，更难以做到通过不断检查、监控和评估发现新的潜在的合规风险和隐患，持续不断地改进合规监控水平，甚而企业合规管理逐渐流于形式，纸面合规。

全面融合原则就是指企业合规不能流于表面形式，应当全面嵌入企业全业务流程中。国资委在2020年发布的《中央企业合规管理办法》中明确了合规管理的

"全面覆盖原则",要求将合规要求嵌入经营管理各领域各环节,贯穿决策、执行、监督全过程,落实到各部门、各单位和全体员工,这实际上就体现了合规的全面融合原则。对于全面融合原则,应从风险识别评估、风险管理、组织三个环节来体现。首先,在风险识别评估环节,企业应全面检视业务流程,找出存在重大现实风险的合规风险源,对其风险的等级、爆发的可能性以及可能的后果进行评估分析并排序;其次,针对第一阶段的评估排序结果,制定针对性、差异性的管控措施,消除业务流程的风险隐患与管理漏洞,将合规管理全面与企业业务相融合;最后,在合规管理组织环节,将业务管理与合规管理深度融合,通过建立完善的合规监管安全网降低合规风险,保障企业经营的合规运作。合规监管安全网可以由业务管理部门、企业稽查督查部门、合规管理部门等三方组成三位一体合规安全网,共同监督、相互联系,互为补充,促进合规管理与企业日常经营的全面融合。

六、持续改进原则

很多企业为了应付相关部门的监管,会在短时间内建立一套合规管理体系。这种仓促建立的合规管理也许在短时间内能发挥一定的作用,但毕竟效果有限,特别是当企业经营环境发生改变,国家法律法规不断更新,企业所面临的合规风险也必然发生变化。因此,合规管理的持续改进原则就体现了对这些外部因素动态改变的应对,即合规管理应不断地进行调整和更新,以持续性发挥防控合规风险的作用。

国际标准组织《合规管理体系　要求及使用指南》中明确了合规管理持续改进原则,合规管理的有效性取决于持续改进和发展的能力,由于外界环境、因素的不断变化,需要及时对合规风险重新评估,对合规管理体系不断完善改进,确保合规管理的有效性。美国司法部和证交会所发布的反腐败合规指南中,也明确提出定期改进合规计划,有效的合规管理是建立在不断改进的基础上,为激励企业及时改进、更新合规管理,司法部和证交会将对这样的涉案企业予以宽大处理或免于处理。我国国资委2022年发布的《中央企业合规管理办法》中,要求央企定期梳理业务流程,查找合规风险点,将合规要求和防控措施嵌入流程,针对关键节点加强合规审查,强化过程管控。为此企业应根据客观环境、内外部的变化及时识别新的合规风险,针对这些风险采取有针对性的合规管理措施,同时将相关法律法规的最新变化反映在企业合规管理中,更新合规管理体系,实现合规管理体系的与时俱进。

综上所述,尽管企业合规管理体系的建立有多种形式,但这些基本原则为企业合规管理体系的建立提供了重要的依据和指导,它们从不同角度发挥着维护合规管理有效性的功能,适用于不同企业建构合规管理体系的场景,为企业建立、运行评估有效合规计划,提供了最低限度的行为准则。如"风险导向原则"指导企业建立一种基于风险评估、风险管理、风险控制的内控体系取代"管理导向"合规管理；"相适应原则"强调企业合规管理体系的建立要与企业业务、规模、合规风险等相适应，并确保相应的合规组织体系、足够的资源投入等保障合规管理的需要；"承诺原则"强调的是避免企业合规部门逐渐被边缘化的命运，加强企业高层对合规管理的重视与支持，维护合规管理的有效运行；"权威原则"要求合规管理部门要体现"独立性"与"优先保障性"，在处理相关违规行为和对当事人的惩戒等方面维护其权威地位；"全面融合原则"要求合规管理与企业业务流程的相互渗透融合，实现对业务流程合规风险的有效管控，避免出现合规管理与企业业务"两张皮"的问题；"持续改进原则"则强调企业内外环境的变化必然要求合规管理体系的不断调整、更新与完善，只有与时俱进，合规管理才能持续有效地发挥防控合规风险的作用。

第四节　企业合规与企业治理、企业发展

我国的企业合规在全面依法治国、建设法治中国的进程中逐渐展开，这对企业治理、企业发展产生了深刻的影响。企业合规是优化企业治理方式的创造性探索，不仅有利于降低企业违规违法行为的发生，而且还可以营造公平、公正的市场，助益司法效能的提升，进而促进经济高质量的发展。

一、企业合规与企业治理

合规普遍适用于各类经济、社会组织，合规性是对所有组织运作的内在要求，并非只是一种风险管理手段。合规与企业治理之间存在辩证关系。合规意味着任何组织要遵守国家相关法律法规、市场行业规范和伦理道德，开展合法活动，这样既可以维护企业的声誉与形象，减少法律风险，确保组织治理的成效，促进企业发展，同时这也是社会对各种组织提出的合理要求，将有益于整个社会的经济繁荣和可持续发展。

合规从其本意上讲，就是要求企业行为符合法律法规，这本身就是企业治理的范畴，企业合规管理与传统的风险管理、财务管理等都属于企业治理。随着时代的发展，企业合规管理越来越涉及相关法律学科，包括了行政监管与刑事司法。企业治理是基于现代委托代理理论而产生，是为了提高企业经济效益而采取一系列程序、惯例、政策、法律及机构，影响着如何带领、指导和控制企业。广义的企业治理包括内部、外部两方面治理，即通过一整套内部与外部的制度来协调公司与所有利益相关者之间（股东、债权人、职工、潜在的投资者等）的利益关系，以保证公司决策的科学性、有效性，从而最终维护公司各方面的利益。当前，企业合规已成为企

业治理的核心内容,企业治理与企业合规之间存在着紧密的关系。企业治理本质上是通过一系列契约将企业所有利益主体联系在一起,形成利益共同体,其目标是实现利益最大化。但企业各方利益主体由于其立场、角色、能力等方面存在差异,因此各自的利益目标不尽相同,这种情况下,对企业治理提出更高的要求,企业治理框架的边界不断扩大,涉及的当事人逐渐扩大,企业治理要合理分配各个利益主体的权利与责任,制定有效的激励机制与制衡体系,从而平衡各方利益关系。而合规正好能起到约束制约各方利益主体的作用,如合规激励机制主要是来自行政法和刑法上的奖励制度,企业合规就能得到相关监管部门的宽大处理,从而有助于实现企业治理的目标。

企业治理存在两大问题:委托代理问题与监管成本问题。随着企业经营权与所有权的分离,市场信息的不对称性与不完全性,委托代理问题必然无法避免,经营者与所有者之间的利益目标不完全一致,如何既要有效地监督和约束经营者,又要使监督成本最小化,成为企业治理需要面对的根本问题。同时,有效地激励机制是实现企业治理目标的重要外部手段。OECD 公布的《公司治理准则》中指出,公司治理的目的是提高效率与透明度,一个有效的公司治理应是保障企业各方利益主体之间都能形成可信赖的契约关系,明确各方权利与责任,从而创造一个明确的制度环境。而合规为解决该问题提供了一个平台,通过稳定的、可预期的法律规则规范约束与调整企业各方利益关系,进而为实现企业有效治理的目标开辟了一条途径。

二、企业合规与企业发展

合规是建立现代企业制度的重要前提和基础,具有十分重要的意义。合规的价值引领表现为企业的可持续发展,合规制度通过约束企业各方利益主体结成利益共同体,督促各方履行责任义务、防范合规风险等方式实现企业目标与社会责任的平衡,从而促进企业经营健康、稳定、有序,实现企业可持续发展,企业各相关利益主体的和谐共生。

企业可持续发展不仅仅是局限在单个企业、单一市场的层面,而是成为社会进步、经济发展的重要组成部分和不同利益主体的价值体现。合规通过法律法规激励约束机制规范企业行为和引导企业发展,是实现我国国民经济高质量发展、实现我国依法治国基本方针的重要保障,从而更好地优化资源配置、营造良好的营商环境、促进我国社会主义市场经济发展。企业合规通过自我监管与外部监管的协同,督促企业遵纪守法,合法合规经营,按照市场规则办事,从而可以增进企业良性竞争、避免逐底恶性竞争,提高资源配置效率。企业合规一方面惩治违法违规者,同时也可以保护合规合法经营者,这是尊重、保障市场主体生存权与发展权的重要举措。

　　合规通过督促企业各利益主体履行自身职责,规范其行为等方式引导企业可持续发展。各利益主体履行的责任包括法定义务、约定义务以及职业道德、公序良俗和行业准则与惯例等。当前企业经营目标不仅是实现利益最大化,实现股东权益最大化,而且是要将企业收益与承担社会责任、塑造社会形象有机结合,这才是企业实现经营长期性、发展可持续性的重要基础。尽管企业股东与企业利益相关者目标不尽一致,努力营造企业各方利益主体和谐共生的生态系统也是企业可持续发展的基本保障。合规的引入,通过激励企业承担更多的社会责任,在逐利实现利益最大化的同时关注社会关切,如环境保护、劳工权益、社会公益与社会服务等,塑造良好企业形象,进而反哺企业可持续、高质量健康发展。

内部生产经营专论

第二部分

第二章

产品质量法律风险与合规管理

随着全球化市场的竞争加剧,产品质量成为中小电商企业竞争的重要因素之一。为了满足市场需求,企业可能会面临加快产品研发和生产的压力,但如果在产品质量上有所疏忽,可能会面临法律风险和市场的淘汰。消费者权益保护意识的提高、法律法规的完善、产品质量事故的频发,要求企业必须重视产品质量法律风险,建立合规管理体系,保障企业的可持续发展。

第一节　产品质量标准与评价指标

一、产品质量的基本理论

(一)产品质量的概念

产品质量是指产品适应社会生产和生活消费需要而具备的特性,它是产品使用价值的具体表现。在长期的社会发展中,产品质量发展出了狭义质量和广义质量两个概念。①

狭义的质量是指产品质量,包括外观、强度、纯度、尺寸、寿命、不良率、包装等方面,主要是指在制造业产业内部,对组织内部与质量有关的人员进行培训,使与产品提供相关的过程符合工厂规范、程序和标准;而广义的质量更多是指全面质量,该概念下,覆盖范围拓展到与产品相关的一切过程,而且包括工作质量、服务质

---

① 王关义:《现代企业管理》,清华大学出版社,2023年版,第235页。

量、信息质量、过程质量、部门质量、人员质量、系统质量、公司质量、目标质量等。

现代质量的理念涉及三个方面的特征：

第一，顾客满意。顾客的满意与否有助于组织明确产品质量发展方向，组织的成功只能通过了解并满足顾客要求来实现。企业必须致力于创造顾客满意，获得了满意的顾客会回报企业，实现企业的长期发展。对于中小型电商企业来说，就需要在生产或者选品时注重产品质量与顾客满意的适配，确定出合适的产品质量。

第二，适度质量。消费者的偏好多种多样，市场上供应的产品范围非常广泛，为了满足不同顾客的需求，产品质量并不过于追求完美，"不要最好的，只要最适合的"。适度质量关注的主要是产品质量的经济性问题，过低的产品质量达不到顾客的满意，过高的质量水平将造成不必要的浪费。

第三，质量的阶段性。消费者的价值观随社会环境的变化而变化，在当前能够满足消费者需求的产品，一段时间后可能被认为是不合格的产品。同样的产品放在不同的环境中，其使用价值不一样，产品价值也会出现不合格的风险。①

（二）质量特性的类型

质量特性主要分为以下几种类型：

1.技术性或理化性的质量特性

例如汽车外壳的刚性、耐磨性、耐腐蚀性，水泥的化学成分、细度、凝结时间、强度，手表的防水、防震、防磁等。技术性的质量特性可以用理化检测设备精确测定。科技的进步已经使得许多原来无法测定的特性成为可能，由此可以对质量做出更加客观的判断。

2.心理方面的质量特性

例如首饰的式样、美观程度，食品的味道，房子象征的社会地位等。心理方面的质量特性反映了顾客的心理感受和审美价值，人们的心理感觉和审美价值差别很大，很难用准确的技术指标来衡量，心理方面的质量特性对于构成产品的"独家特色"，构成产品对每一具体用户的"适用性"来说非常重要，尤其是在消费品领域就更为突出。

3.时间方面的质量特性

时间方面的质量特性是与产品的使用寿命、周期、费用相联系的，使用过程中的及时性、可靠性、可维修性以及使用费用等在很大程度上影响着顾客对产品质量的满意度。比如，对于耐用品来说，可靠性和可维修性是非常重要的，如汽车的首次故障里程、平均故障里程间隔、车体结构是否易于维修等都是顾客十分重视的质

---

① 苏秦:《质量管理》,中国人民大学出版社,2019 年版,第 6 页。

量指标。①

4.安全方面的质量特性

产品的安全质量特性是指产品在存放和使用过程中对使用者的财产和人身不会构成危害的特性。因此,产品必须有各种安全措施以及相应的保证条款。对于家用电器、汽车、工程机械、食品、医药等产品来说,安全性是一个特别重要的质量指标。重视安全方面的质量特性对于企业避免和防止产品责任问题的发生具有极为重大的意义。

5.社会方面的质量特性

在考虑质量特性的内容时,仅仅考虑对应顾客需求是不够充分的,还必须考虑法律、法规、环保以及社会伦理等有关社会整体利益方面的要求,即公司或企业必须体现良好的社会责任感。

(三)产品质量的分类

产品质量是指产品适应社会生产和生活消费需要而具备的特性,它是产品使用价值的具体体现。它包括产品内在质量和外观质量两个方面。

1.产品内在质量

产品的内在质量包括产品提供给顾客的利益、效用即使用价值,可表现为产品的功能、用途、特性等。产品的内在质量是指产品的内在属性,包括性能、寿命、可靠性、安全性、经济性五个方面。②

2.产品外观质量

产品的外观质量指产品的外部属性,包括产品的光洁度、造型、色泽、包装等,如自行车的造型、色彩、光洁度等。

产品的内在质量与外观质量特性比较,内在质量是主要的、基本的,只有在保证内在特性的前提下,外观质量才有意义。③

二、产品质量的标准

标准是衡量事物的准则。产品质量的标准是衡量产品质量的准则。具体地说,质量标准是对物质产品(如工业产品的零件、部件的类型,性能,尺寸,公差,所用材料,工艺装备,技术文件和生产消耗等)的具体规定。产品的质量表现为不同的特性,对这些特性的评价会因为人们掌握尺度的不同而有所差异。为了避免主

---

① 梁增元:《浅谈质量的含义》,《黑龙江科技信息》2007年10月第19期,第16页。

② 任保平等:《超越数量　质量经济学的范式与标准研究》,人民出版社,2017年版,第68页。

③ 冯云晓等:《基于企业实际运营状况的用友ERP沙盘改进策略》,《河北联合大学学报》(社会科学版)2015年5月第3期,第39页。

观因素影响,在生产、检验以及评价产品质量时,需要有一个基本的依据、统一的尺度,这就是产品的质量标准。[①]

(一)产品质量的广义标准

产品质量不仅包括其内在质量也包括外观质量,不仅包括实用质量也包括审美质量,站在使用者和消费者的角度,他们的满意度也是衡量产品质量的标准之一。

1.质和量的统一

产品的质和量既有区别又有联系。产品的质总是具有一定量的质,产品的量也是具有一定质的量,产品是质和量的统一体。产品一定的质决定着一定的量,产品的质规定着产品的量的界限,决定着产品的生产批量。市场上同类产品由于内含的质的差异必然会出现不同的销售量。产品质量的高低具有相对性。产品质量的高低必须以消费者的需求为参照系,生产产品的目的是满足人类生产和生活的需要,所以,我们在设计产品和生产产品的时候,要准确地、适度地掌握产品质和量的统一,防止和避免过剩与不及带来的负面影响。

2.实用和审美的统一

产品质量不仅包括产品的实用质量,还包括产品的审美质量。生产厂家在生产产品的过程中,最主要的是注重产品的实用质量,包括功能的优越性、安全可靠性、坚固耐用性、方便舒适性、效率先进性、利于维修等特征,这些实用质量对于消费者来说是最重要的,产品的耐用性是消费者最关注的。但是,对于一个产品来说,除了实用质量之外,还应该有他们的审美质量,审美质量主要从造型、色彩、商标、图案、包装等方面入手吸引消费者,也是提升产品质量的另一个重点。对于一个产品来说,只有在整体质量上不断加强,才能真正达到应有的质量标准。

3.用户满意度

用户满意度也称为客户满意指数,是对服务性行业的顾客满意度调查系统的简称。它是一个相对的概念,表示客户期望值与客户体验的匹配程度。换言之,它是客户通过对一种产品可感知的效果与其期望值相比较后得出的指数。用户满意度研究的主要目的是通过连续性的定量研究,了解消费者对特定服务的满意度、消费缺陷、再次购买率与推荐率等指标的评价,找出内、外部客户的核心问题,并发现最快捷、有效的途径以实现最大化价值。[②] 影响用户满意度的主要因素包括产品和服务质量、价格、品牌和口碑、售前和售后服务以及竞争对手。为了提高用户满意度,企业可以采取多种策略,如了解客户需求和期望、提供优质的产品或服务、建

---

① 颜雨彬:《消防产品质量与百姓生活相关》,《中国消防》2015 年 3 月第 6 期,第 17 页。

② 尹敏:《货代企业客户满意度评价指标研究》,《中国储运》2018 年 3 月第 3 期,第 118 页。

立良好的沟通渠道、提供个性化的服务体验、关注客户反馈和投诉以及建立客户忠诚计划。此外,有多种方式可以调查用户满意度,包括问卷调查、面对面访谈、网络调查、客户反馈收集、焦点小组讨论、在线评价和评论以及盲测和秘密顾客等。在现代竞争激烈的市场环境下,用户满意度已经成为企业赢得客户、实现增长和发展的重要因素。通过提高用户满意度,企业可以促进客户忠诚度、即时问题解决以及品牌形象和口碑的提升。

(二)产品质量标准的类别

产品的质量标准是根据产品生产的技术要求,将产品主要的内在质量和外观质量从数量上加以规定,即对一些主要的技术参数所作的统一规定。它是衡量产品质量高低的基本依据,也是企业生产产品的统一标准。我国采用的产品质量标准有以下几种。

1. 国际标准

国际标准是指某些国际组织,如国际标准化组织(ISO)、国际电工委员会(IEC)等规定的质量标准,也可以是某些有较大影响的公司规定的并被国际组织所承认的质量标准。积极采用国际标准或国外先进标准是我国当前的一项重要技术经济政策,但不能错误地把某些产品进口检验时取得的技术参数作为国际标准或国外先进标准,这些参数只是分析产品质量的参考资料。[1]

2. 国家标准

国家标准是在全国范围内统一使用的产品质量标准,主要是针对某些重要产品而制定的。

3. 部颁标准(行业标准)

部颁标准(行业标准)是指在全国的某一行业内统一使用的产品质量标准。

4. 企业标准

企业标准是企业自主制定,并经上级主管部门或标准局审批发布后使用的标准。一切正式批量生产的产品,凡是没有国家标准、部颁标准的,都必须制定企业标准。企业可以制定高于国家标准、部颁标准的产品质量标准,也可以直接采用国际标准、国外先进标准,但企业标准不得与国家标准、部颁标准相抵触。把产品实际达到的质量水平与规定的质量标准进行比较,凡是符合或超过标准的产品称为合格品,不符合质量标准的称为不合格品。[2]

---

① 李瑞俊:《铁路物资采购质量风险控制》,《铁路采购与物流》2012 年 7 月第 12 期,第 27 页。
② 任保平等:《超越数量 质量经济学的范式与标准研究》,人民出版社,2017 年版,第 72 页。

三、产品质量的评价体系

(一)抽查合格率

抽查合格率是指从已经检查合格入库的产品中随机抽出若干件,按品种为单位进行合格率的计算。它是衡量产品质量的一个重要指标,可以通过以下公式计算:

$$合格率 = (合格产品数 \div 总产品数) \times 100\%$$

例如,一个工厂抽取了1000个产品,其中950个产品通过了质量检测,那么抽查合格率为95%。抽查合格率的高低反映了企业产品质量的稳定性和可靠性,也是企业质量控制能力的重要体现。如果抽查合格率较低,可能意味着企业的生产过程存在一些问题,如原材料问题、生产过程问题、质量管理问题等,需要及时进行分析和解决。为了提高抽查合格率,企业可以采取多种措施,如加强原材料的质量控制、优化生产过程、提高员工的质量意识和技能水平、加强质量管理体系的建设和执行等。同时,企业也可以定期进行抽查,及时发现和解决潜在的质量问题,确保产品质量的稳定性和可靠性。

(二)质量损失率

质量损失率是一个非常重要的经济指标,它指的是产品质量成本的内部损失与外部损失成本之和与工业总产值之比。具体来说,内部损失成本是指产品交货前因不满足规定的质量要求所损失的费用,而外部损失成本则是指产品交货后因不满足规定的质量要求,导致索赔、修理、更换或信誉损失等所损失的费用。

质量损失率的计算公式如下:

$$F = (Ci + Ce) / Pc \times 100\%$$

其中:

F 是质量损失率,以百分比表示;

Ci 是内部损失成本(现行价),以万元为单位;

Ce 是外部损失成本(现行价),以万元为单位;

Pc 是工业总产值(现行价),以万元为单位。

质量损失率不仅反映了企业生产过程中的质量控制水平,也是衡量企业经济效益的重要指标之一。通过降低质量损失率,可以有效提高企业的经济效益和社会效益。

对于中小电商企业来说,外部损失是质量损失中最常见的一种类型,也常常因此导致经营问题,现有电商平台基本上全部都有对店铺进行退货率考核,因此,退货不仅导致因此产生的物流成本、产品折价成本,还有可能导致店铺评级等的损失。

（三）回收利用率

回收利用率通常指的是在废弃产品中能够被回收利用部分的质量之和与已回收的废弃产品的质量之比。这个概念广泛应用于各种领域，比如生活垃圾处理、工业生产等。以生活垃圾为例，回收利用率可以表示为生活垃圾中可回收物量和进入专用设施处理的湿垃圾量在生活垃圾总量中的占比，即（湿垃圾量+可回收物量）/生活垃圾总量。在实际应用中，回收利用率是一个非常重要的指标。比如在上海，2023 年的生活垃圾回收利用率达到了 43%。这表明有相当一部分的生活垃圾被有效地回收并重新利用，这对于资源的节约和环境的保护都有着重要的意义。

回收利用率也是衡量一个地区或者国家环保水平的重要指标之一。一般来说，回收利用率越高，说明该地区的环保意识越强，对资源的利用效率也越高。回收利用率常用来考核产品的环境友好程度，当今，环保是产品生产中不能回避的一个问题，很可能因此导致重大公关事故。因此，提高回收利用率是每一个国家和地区都需要面对和解决的问题，也是每一个电商企业要考虑到的问题。

（四）产品投诉率

产品投诉率是指在一定时间内，产品或服务的投诉数量占总销售数量的比例。它是衡量产品或服务质量的一个重要指标，反映了消费者对产品或服务的满意度。一般来说，产品投诉率越低，说明产品或服务的质量越好，消费者的满意度越高。产品投诉率的计算公式如下：

$$产品投诉率 = （投诉数量/销售总量）\times 100\%$$

需要注意的是，产品投诉率并不能直接反映产品的质量，因为投诉的原因可能包括产品质量、服务态度、物流速度等多个方面。因此，降低产品投诉率需要从多个方面入手，包括提高产品质量、优化服务流程、加快物流速度等。同时，也需要注意投诉的处理方式，及时响应并解决问题，可以有效降低产品投诉率。

第二节　产品质量法律风险

法律风险，是指在特定的法律规范体系调整范围内，特定主体由于作为或不作为而引起的违法或违约行为，或者由于未能充分利用法律、合同所赋予的合法权利，从而承担不利后果的可能性。

产品质量风险主要是市场风险、道德风险和法律风险。其中，市场风险是指产品质量本身符合法律法规的要求，但由于各种原因导致商品不再满足市场的需要；道德风险是指产品质量不违反法律的规定且能够满足市场的需要，但由于该产品可能造成资源浪费等不符合主流价值观的问题而造成的风险；法律风险则是指产品质量由于违反法律法规或合同要求而造成的风险。

一、产品质量法律风险的分类

（一）按产品质量法律风险的来源分类

按产品质量法律风险的来源进行分类，可以分为以下两种。

1. 违反法律法规造成的风险

例如，某公司在电商店铺中销售假冒的某品牌轴承，后被该品牌方发现，双方协商未果后诉诸法庭，经法庭审理后电商店铺赔偿品牌方损失。

2. 违反合同条款造成的法律风险

例如，某公司在其网店销售 80~85 毫米的苹果，实际交付的是 75~80 毫米的苹果，后消费者维权，该公司赔偿消费者损失。

（二）按产品质量法律风险的后果分类

按产品质量法律风险的后果进行分类，可以分为以下三种。

1. 行政处罚法律风险

此类法律风险大多出现在法律的特定章节中，如我国《产品质量法》的第五章"罚则"、《消费者权益保护法》的第七章"法律责任"等专门的章节。在这一点上，无论是基本法、特别法还是相关法，基本上都是如此。对于产品质量责任的行政处罚法律风险，适用各部法律中的具体规定以及《行政处罚法》中的相关规定，法律后果包括了警告、责令改正、责令停止生产销售、没收违法产品、罚款、没收违法所得、吊销营业执照等。

2. 刑事处罚法律风险

刑事处罚法律风险大多集中于《刑法》及其相关的修正案中。例如《刑法》第140条对于生产、销售伪劣产品罪的规定为："生产者、销售者在产品中掺杂、掺假，以假充真，以次充好或者以不合格产品冒充合格产品，销售金额五万元以上不满二十万元的"，即可被追究刑事责任。又如，《刑法》第146条对生产、销售不符合安全标准的产品罪的规定为："生产不符合保障人身、财产安全的国家标准、行业标准的电器、压力容器、易燃易爆产品或者其他不符合保障人身、财产安全的国家标准、行业标准的产品，或者销售明知是以上不符合保障人身、财产安全的国家标准、行业标准的产品，造成严重后果的"。此外，刑法中还对生产销售假药劣药、生产销售有毒有害食品、生产销售不符卫生标准食品、生产销售不符标准卫生器材等进行了规定。在其他法律对"法律责任"或"罚则"的规定中，也往往会直接或笼统地规定涉及刑事处罚时的处理。

3. 民事责任法律风险

对于产品质量责任中的民事责任，《产品质量法》《民法典》第七编侵权责任均有明确的规定。产品质量民事责任的构成要件主要有:产品缺陷;缺陷产品造成了损害;缺陷产品与损害之间存在因果关系。只有当这三个条件同时满足时,企业才需要承担产品质量的民事责任。当产品存在质量问题导致消费者遭受损害时,企业应当承担相应的赔偿责任。同时,企业还应当根据消费者的要求,采取修理、更换、退货等补救措施,以消除产品质量问题对消费者的影响。为了避免产品质量民事责任,企业应当加强产品质量管理,确保产品符合法律法规和强制性标准的要求。企业应当建立完善的质量管理体系,加强从原材料采购到产品销售全过程的质量控制。同时,企业还应当加强对产品质量的监测和检验,及时发现和处理产品质量问题。

二、常见的产品质量法律风险

确定具体的法律风险点对于实施有效的法律风险管理有着至关重要的作用,没有这一基础工作,就无法对某类产品的产品质量法律风险进行系统、全面的识别。如果法律风险识别的依据存在漏洞,识别的结果必然无法系统、全面,而基于识别结果而设计的防范措施也必然存在漏洞。

法律风险管理始于法律风险点识别,终于法律风险解决方案的设计。只有在法律风险评估阶段,才会关注某个具体法律风险点是否能够引起多重不利后果。而在识别阶段,首先要制作出相应领域的法律风险点清单,然后再按这份清单对企业的法律风险进行尽职调查,以发现企业实际存在的法律风险点。[①]

每种产品的法律风险一般都包括两个部分,一部分是共性的、所有产品都会面临的法律风险,另一部分则是个性的、只有该类产品才会面临的法律风险。鉴于普遍性的产品质量责任法律风险来源于基本法和相关法,特别法领域的法律风险只有在产品涉及相关领域时才会遇到,因而企业的基本法律风险只包括所有产品都会遇到的、具有普遍意义的法律风险。

(一)产品违法类法律风险

这类产品严重违反国家强制性的法律法规,属于禁止生产和销售之列。如有生产和销售,都有可能导致刑事处罚。主要包括:①生产销售明令淘汰的产品;②产品不符合国家标准、行业标准;③伪造产品检验、检疫结果;④产品以次充好;⑤伪造或冒用厂名、厂址、认证标志。

(二)产品质量类法律风险

产品质量法律风险多是因为产品质量达不到其明示或应有的质量标准,而非恶意违反相关标准的要求。主要包括:①不符合在商品包装上注明采用的商品标

---

① 吴江水:《略论产品质量责任的基本法律风险》,《中华全国律师协会经济专业委员会.全国律协经济专业委员会 2010 论坛(成都)论文集》2010 年 12 月,第 5 页。

准;②不具备商品应当具备的使用性能而出售时未作说明;③不符合商品表明的质量状况;④包装不符合法定要求;⑤未警告注明储运的特殊要求。

(三)产品表述类法律风险

此类法律风险主要体现在对产品的标示或表述、宣传等活动,因违反了相关规定而导致对产品的表述与实际情况或法律要求不符。主要包括:①产品无质检合格证明;②产品无中文产品名称、厂名、厂址;③未根据产品的特点和使用要求标明主要成分的名称、含量和规格;④限期使用产品未在显著位置清晰标明生产及失效日期或安全使用期;⑤销售或赠与产品的质量、性能、用途、有效期等瑕疵未说明告知;⑥对产品进行引人误解的虚假宣传。

(四)产品服务类法律风险

此类法律风险体现在企业围绕其产品在销售、服务等与最终客户接触的过程中,因违反法律规范或约定,而侵犯客户合法权益或违约的风险。主要包括:①侵害消费者人格尊严、人身自由;②违反法定或约定义务,无理拒绝或拖延修理、更换、退货、补足数量、退款、赔偿损失的要求;③服务的内容和费用违反约定;④产品投入流通后发现存在缺陷,未及时采取补救措施;⑤运输、储存中引起产品质量问题。

第三节 产品质量合规管理

按照所销售的产品来源,中小电商企业的经营主要存在三种模式,第一种是由企业自行生产并成立自营网店在电商平台进行销售的自营类电商企业;第二种是由电商企业在市场上选择合适的商品并在其管理的网店进行销售的平台类电商企业;第三种是由电商企业在电商平台选择其他网店在销售的产品并在自己的直播间进行销售的主播类电商。在进行产品质量的合规管理时,不同的产品来源,其质量管理的重点也会存在一些区别。

在企业内部,产品质量的合规管理属于企业管理特别是企业风险管理的重点领域。受制于空间的距离,消费者不能方便地查看商品的外在质量,只能通过网页链接中的文字、图片、视频等形式去估计产品的真实情况,这就不免会造成销售方为了成功交易过分美化产品质量、过分强调产品质量的优点和消费者估计质量严重偏离产品真实质量的问题。为了避免相关的法律风险,从企业内部出发,可以从生产阶段风险管理、流通阶段风险管理、事故处理阶段风险管理三个方面入手。

一、生产阶段风险管理

生产阶段的质量风险管理的重点是设计开发阶段的质量合规管理和生产阶段的质量合规管理。

(一)设计开发阶段的质量合规管理

项目规划评审是决定项目能否实现的重要环节,必须严格按照项目规划流程开展各项工作,完成项目规划评审,确定项目开发是否可行。在项目可行性分析中,应首先进行质量合规分析,对于质量合规论证结果不理想的项目,及时更换项目。设计开发过程中的质量合规管理是指在产品的设计和开发阶段,通过一系列的管理措施和规定,确保产品符合相关法律法规和质量标准的要求。设计开发过程中的质量合规管理是确保产品设计和开发符合相关法律法规和质量标准要求的重要环节,通过建立完善的质量管理体系、评估和控制质量风险、加强设计开发人员培训和意识提升,以及建立文档和记录管理体系,企业能够有效降低质量合规风险,提升产品质量和竞争力。

第一,企业应建立完善的质量管理体系,包括设计开发阶段的质量管理流程和规范。这包括确定产品设计和开发的目标和要求,明确设计开发的流程和责任,确保设计开发过程中的质量可控。

第二,企业应对产品的质量风险进行评估和控制。在设计开发阶段,通过风险评估工具和方法,识别和分析可能存在的质量风险,确定相应的控制措施。例如,通过模拟测试、原材料的选择和验证、工艺流程的优化等方式,降低产品质量风险。

第三,企业应确保产品的设计和开发符合相关的法律法规和质量标准要求。在设计和开发过程中,要对产品进行合规性评估,确保产品的设计和开发符合国家和地区的法律法规要求,以及行业标准和技术规范。例如,对于某些特定的产品,可能需要进行安全性能测试、环境友好性评估等。

第四,企业应加强对设计开发人员的培训和意识提升。设计开发人员应了解和遵守相关的法律法规和质量标准要求,掌握产品设计和开发的最佳实践。通过培训和教育,提高设计开发人员的专业素养和质量意识,减少设计开发过程中的质量合规风险。

第五,企业应建立设计开发过程中的文档和记录管理体系。设计开发过程中的各项决策、设计变更、测试结果等应进行记录和归档,以便日后的追溯和证明。这有助于企业在面临质量合规问题时,能够提供相关的证据和数据支持。

第六,企业应建立内部审核和评估机制,定期对设计开发过程中的质量合规管理进行审核和评估。通过内部审核和评估,发现和纠正设计开发过程中的问题和不足,确保质量合规管理的有效性和持续改进。

（二）生产阶段的质量合规管理

生产阶段的质量合规管理是指在产品的实际生产过程中,通过一系列的管理措施和规定,确保产品符合相关法律法规和质量标准的要求。生产阶段的质量合规管理是确保产品生产过程符合相关法律法规和质量标准要求的重要环节,通过建立完善的质量管理体系、评估和控制质量风险、加强生产人员培训和意识提升,以及建立文档和记录管理体系,企业能够有效降低质量合规风险,提升产品质量和竞争力。

第一,企业应建立完善的生产质量管理体系,包括生产过程的质量控制流程和规范。这包括确定生产过程的目标和要求,明确生产流程和责任,确保生产过程中的质量可控。

第二,企业应对生产过程中的质量风险进行评估和控制。通过风险评估工具和方法,识别和分析可能存在的质量风险,确定相应的控制措施。例如,通过设立质量检测点、加强工艺流程控制、进行产品抽样检验等方式,降低产品质量风险。

第三,企业应确保生产过程符合相关的法律法规和质量标准要求。在生产过程中,要对产品进行合规性评估,确保生产过程符合国家和地区的法律法规要求,以及行业标准和技术规范。例如,对于某些特定的产品,可能需要进行环境保护和安全生产的评估和控制。

第四,企业应加强对生产人员的培训和意识提升。生产人员应了解和遵守相关的法律法规和质量标准要求,掌握生产过程的最佳实践。通过培训和教育,提高生产人员的技能和质量意识,减少生产过程中的质量合规风险。

第五,企业应建立生产过程中的文档和记录管理体系。生产过程中的各项数据、检测结果、质量记录等应进行记录和归档,以便日后的追溯和证明。这有助于企业在面临质量合规问题时,能够提供相关的证据和数据支持。

第六,企业应建立内部审核和评估机制,定期对生产过程中的质量合规管理进行审核和评估。通过内部审核和评估,发现和纠正生产过程中的问题和不足,确保质量合规管理的有效性和持续改进。

二、流通阶段风险管理

产品质量法律风险是指中小电商企业在生产和销售产品过程中,可能违反相关法律法规而导致的法律责任和经济损失。为了有效管理产品质量法律风险,企业可以采取以下措施:

（一）了解法律法规

企业应全面了解与其产品相关的法律法规,并确保产品的销售符合这些法律法规的要求。这包括国家和地区的法律法规、行业标准和技术规范等。通过对员工进行法律法规培训,企业可以提高员工对法律法规的认识和理解,增强他们的合规意识和能力,从而有效降低产品质量法律风险的发生概率。同时,这也有助于建立企业的合规文化和形象,提升企业的法律风险管理水平。

（二）建立合规管理体系

企业应建立完善的合规管理体系,包括制定和执行合规政策、流程和规范。通过建立合规管理体系,企业能够确保产品销售过程中的合规性,并及时发现和纠正潜在的合规问题。合规目标和政策应与企业的核心价值观和业务需求相一致,建立监测和评估机制,定期检查合规管理体系的有效性和符合性。这可以通过内部审核、合规检查、风险评估等方式来实施。

（三）风险评估和控制

企业应对产品销售过程中可能存在的合规风险进行评估和控制。通过风险评估工具和方法,识别和分析可能导致合规问题的因素,并采取相应的控制措施,降低合规风险。风险评估和控制的目的是降低产品质量法律风险的发生概率和影响程度,确保产品的合规性和质量可靠性。通过科学的风险评估和有效的风险控制措施,企业可以及早发现和应对潜在的法律风险,减少法律责任和经济损失的风险。

（四）建立文档和记录管理体系

企业应建立完善的文档和记录管理体系,明确文件的命名、编号、格式、存储和保管要求。规程应包括文件的创建、审批、发布、变更和废止流程,对产品生产和销售过程中的关键环节进行记录和归档。确保文件的记录和保存责任到相关人员,这可以通过内部通知、培训、电子文档管理系统等方式来实施。建立文档和记录管理体系有助于确保企业的产品质量法律合规性,并提供必要的证据和记录以应对法律风险和纠纷。通过规范的文档和记录管理,企业能够更好地管理和控制产品质量,降低法律责任和经济损失的风险。

（五）与专业律师合作

选择具有产品质量法律专业知识和经验的律师或律师事务所,可以通过参考业内推荐、律师协会、专业网络等途径来寻找合适的律师。与律师建立合作关系,明确合作方式、费用结构和责任分工,确保双方的期望和目标一致。如果发生产品质量法律纠纷,律师可以提供法律代理和辩护服务。他们可以代表企业处理法律纠纷,保护企业的权益。此外,律师也可以及时了解和更新相关的法律法规,帮助企业保持合规性。他们可以提供法律法规的解读和分析,指导企业的合规工作。

通过以上措施,企业可以有效管理流通阶段的产品质量法律风险,降低法律责任和经济损失的风险,确保产品销售的合规性。同时,这也有助于提升企业的声誉和竞争力。

三、事后处理阶段风险管理

产品质量法律风险事后管理是指在产品质量问题发生后,企业应采取的措施来应对法律风险和处理相关的法律事务。以下是一些产品质量法律风险事后管理的措施:

(一)及时响应和调查

一旦发现产品质量问题,企业应立即采取行动,停止相关产品的生产、销售和分发,并通知相关部门和人员。这有助于防止问题进一步扩大,并保护消费者的权益。成立专门的调查团队,由相关部门和专业人员组成,调查团队应具备必要的技能和知识,以便全面调查和分析问题的原因和影响。收集相关的证据和数据,包括产品样本、生产记录、质量检测报告、客户投诉等。这些证据有助于确定问题的根源和责任。对收集到的证据进行仔细分析,以确定产品质量问题的具体原因。这可能涉及生产工艺、原材料、设备故障、人为失误等方面。基于调查结果,企业应制定相应的解决方案,以修复产品质量问题并防止类似问题再次发生。这可能包括产品召回、质量改进计划、供应链管理等。与相关方进行及时的沟通,包括消费者、供应商、合作伙伴和监管机构等。及时沟通有助于维护企业的声誉和信誉,并减少法律风险。

(二)法律纠纷解决

如果发生法律纠纷,应与专业律师合作,进行法律风险评估。由律师团队帮助企业评估可能面临的法律责任和经济损失,并提供相应的建议和策略。律师可以代表企业进行谈判、调解或诉讼,保护企业的权益。在解决法律纠纷时,企业应根据具体情况选择合适的解决方式,并与律师合作制定相应的策略。通过积极参与纠纷解决过程,企业可以寻求最佳的解决方案,并尽量降低法律风险和经济损失。

(三)修正措施和改进

企业应采取适当的修正措施,以解决产品质量问题,并避免类似问题再次发生。在产品质量问题发生后,企业应采取修正措施和改进措施,以解决问题并防止类似问题再次发生。以下是一些常见的修正和改进措施:

如果产品存在严重的质量问题,企业可以主动召回产品,修复或替换受影响的产品,召回措施有助于保护消费者的权益,并避免进一步的损失和承担法律责任。企业应加强对供应商的管理和监督,确保供应商提供的原材料和组件符合质量要求。这可以通过建立供应商评估和审核机制、签订质量协议、定期进行供应商审查等方式实现。企业也要加强员工培训,提高员工对产品质量的重视和意识。培训可以涵盖质量管理知识、操作规程、质量标准等内容,以提升员工的技能和质量意识。企业要定期进行内部审核和评估,以确保质量管理体系的有效性和合规性。

通过审核和评估,企业可以发现问题并及时采取纠正措施,以提高产品质量和降低法律风险。通过采取修正措施和改进措施,企业可以解决产品质量问题,提升产品质量水平,并降低法律风险。修正措施和改进措施应综合考虑产品质量问题的原因和影响,并与相关部门和人员密切合作,以确保有效实施和持续改进。

（四）风险防范和保险

企业可以购买适当的商业保险,以应对可能的法律风险和经济损失。保险可以提供赔偿和法律支持,降低企业的风险和负担。产品责任保险是一种保护企业在生产和销售产品过程中可能面临的法律责任和经济损失的保险,它可以覆盖由于产品缺陷导致的人身伤害、财产损失或其他损失,并提供相关的法律费用和赔偿。产品召回保险可以为企业在发生产品召回时提供保障,它可以覆盖召回成本、产品替换或修复费用、公关和营销费用等,并提供相关的法律支持。质量控制保险可以为企业在质量控制过程中可能发生的错误、疏忽或疏漏提供保障,它可以覆盖由于质量控制不当导致的损失,并提供相应的法律支持。供应商保险可以为企业在与供应商合作过程中可能发生的质量问题提供保障,它可以覆盖由于供应商提供的产品或材料存在缺陷而导致的损失,并提供相应的法律支持。对于从事产品设计、制造或销售的专业人员,专业责任保险可以为其在产品质量方面可能面临的法律责任提供保障,它可以覆盖由于专业错误或疏忽导致的损失,并提供相关的法律支持。

企业在选择商业保险时,应根据自身的产品特点、风险评估和保险需求,选择适合的保险产品,并与保险公司充分沟通和协商,确保保险合同的条款和保障范围符合企业的实际需求。同时,企业也应加强内部质量管理和风险控制,以最大程度地降低产品质量风险。

产品质量法律风险事后管理是企业在面对产品质量问题时的重要环节。通过及时响应、法律风险评估、法律纠纷解决、修正措施和改进等措施,企业可以降低法律责任和经济损失的风险,保护企业的权益和声誉。与专业律师合作可以提供必要的法律支持和指导,确保企业在法律风险事后管理中做出正确的决策和行动。

第四节　产品质量管理与企业发展

电商行业在过去几年中迅猛发展,成为经济的重要组成部分。随着电商平台的不断涌现和用户对线上购物的接受度的不断提高,电商企业面临着日益激烈的竞争。在这个竞争激烈的市场环境中,电商企业需要注重产品和服务的质量管理,以提高企业的竞争力和盈利能力。本节将详细阐述电商企业质量管理的经济意义,从提升用户体验、减少成本、增加市场份额和降低风险四个方面进行分析。

一、提升用户体验

质量管理是一种系统性的管理方法,旨在提高产品和服务的质量水平,以满足用户的需求和期望。提升用户体验是质量管理的核心目标之一。

(一)质量管理与用户体验的关系

质量管理与用户体验有着密切的关系。用户体验是用户在使用产品或服务过程中的主观感受和评价,是用户对产品或服务的整体感知和满意程度。而质量管理则是通过管理各个环节,确保产品和服务的质量达到或超过用户的期望,从而提升用户体验。质量管理通过以下几个方面提升用户体验:

1. 产品和服务的可靠性

可靠性是产品和服务是否能够在预期的时间内、以预期的方式、达到预期的性能水平的能力。质量管理通过严格的质量控制和检测,确保产品和服务的可靠性。可靠的产品和服务能够减少用户的不确定性和风险,提升用户的信任感和满意度。

2. 产品和服务的性能

性能是产品和服务在特定条件下所表现出的功能和特性。质量管理通过优化产品和服务的设计和制造过程,提高产品和服务的性能。高性能的产品和服务能够满足用户的需求和期望,提升用户的满意度和体验。

3. 产品和服务的一致性

一致性是指产品和服务在不同时间、不同地点、不同条件下的表现是否一致。质量管理通过标准化的生产和服务流程,确保产品和服务的一致性。一致的产品和服务能够让用户在不同的使用环境下得到相似的体验,增强用户的信任感和满意度。

4. 产品和服务的易用性

易用性是指产品和服务是否容易被用户理解、学习和使用。质量管理通过用户研究和人机工程学的原则,优化产品和服务的界面和操作方式,提高产品和服务的易用性。易用的产品和服务能够减少用户的学习和使用成本,提升用户的满意度和体验。

5. 产品和服务的安全性

安全性是指产品和服务是否能够保护用户的隐私和财产安全。质量管理通过严格的安全措施和防护措施,确保产品和服务的安全性。安全的产品和服务能够增加用户的信任感和满意度,提升用户的体验。

(二)质量管理对用户体验的影响

质量管理对用户体验的影响是多方面的,具体表现在以下几个方面:

1.提升用户满意度

质量管理通过提高产品和服务的质量水平,满足用户的需求和期望,从而提升用户的满意度。用户对于质量好的产品和服务更加满意,愿意持续购买和使用这些产品和服务。通过不断改进和优化,质量管理能够不断提升用户满意度,增强用户对企业的忠诚度。

2.增强用户信任感

质量管理通过提供可靠、高性能、一致和安全的产品和服务,增强用户的信任感。用户对于质量好的产品和服务更加信任和偏爱,愿意选择这些产品和服务。用户对企业的信任感将促使他们更加愿意与企业建立长期合作关系,增加用户对企业的忠诚度。

3.提高用户体验

质量管理通过提升产品和服务的可靠性、一致性、易用性和安全性,提高用户的体验。用户在使用质量好的产品和服务时,能够更加方便、舒适和愉悦地完成任务,增强用户的满意度和体验。优秀的用户体验将增加用户对企业的好感度,促使他们推荐给他人,从而扩大企业的市场份额。

4.减少用户流失

质量管理通过提供优质的产品和服务,减少用户的不满和投诉,从而降低用户的流失率。用户对于质量好的产品和服务更加满意,愿意持续购买和使用这些产品和服务。通过不断改进和优化,质量管理能够减少用户流失,保持用户的忠诚度,增加企业的市场份额。

5.增加用户口碑和推荐

质量管理通过提供优质的产品和服务,赢得用户的好评和口碑。用户对于质量好的产品和服务会进行口口相传,推荐给身边的亲朋好友。良好的口碑效应将吸引更多的潜在用户,从而增加企业的市场份额。

(三)质量管理提升用户体验的案例分析

以下是两个成功案例,展示了质量管理如何提升用户体验的效果。

1.酒业公司

湖北某酒业公司成立于1994年,是地市级重点食品生产企业,主要产品有糯米封缸酒、配制酒和白酒等品种,公司设计产能900吨/年,目前实际产量400吨/年,年销售收入2000万元,产品主要供应当地、区域商超和中小电商。酒业公司完善内部质量管理体系后,开展了质量管理体系及过程内部自查,针对发现的问题制定了纠正措施,初步建立了管理体系的持续改进机制。治理提升后,该公司拓展了1个土特产专营店销售渠道,年销售收入约为200万元,新增淘宝店铺等线上销售平台及直播带货业务,预计每年新增收入400万元。

2.苹果公司

苹果公司以其高品质的产品和卓越的用户体验而闻名。苹果公司注重产品的设计和制造过程的质量控制,确保产品的可靠性和一致性。同时,苹果公司注重用户体验测试,通过用户反馈和建议进行改进和优化。苹果公司还培养了一支专业的客户服务团队,为用户提供优质的售后服务。这些措施使得苹果公司的产品和服务在市场上赢得了广泛的认可和用户的好评。

二、减少成本

成本是企业经营的重要指标之一,直接影响企业的盈利能力。在电商行业,成本主要包括产品的生产成本、运营成本和售后成本等方面。降低成本可以提高企业的竞争力和盈利能力。质量管理可以帮助电商企业降低成本。首先,质量管理可以减少因质量问题引起的退货、维修和赔偿等成本。通过建立质量管理体系,电商企业可以提前发现和解决产品的质量问题,降低产品的缺陷率和质量问题的发生率。其次,质量管理可以优化生产和运营流程,提高生产效率和资源利用率,降低生产成本。例如,电商企业可以通过改进供应链管理、优化仓储和物流等方式,降低采购成本和运输成本。

降低成本可以带来经济效益。首先,降低成本可以提高企业的竞争力。降低产品的生产成本和运营成本可以使企业在价格上具有竞争优势,吸引更多的用户。其次,降低成本可以提高企业的盈利能力。降低成本可以增加产品的利润率,从而提高企业的净利润。最后,降低成本可以提高企业的抗风险能力。降低成本可以减少企业面临的风险,例如质量问题引起的法律诉讼、投诉和声誉损失等风险。

三、增加市场份额

市场份额是企业在市场中所占有的销售额或销售量的比例,是衡量企业竞争力的重要指标之一。在电商行业,市场份额决定了企业的市场地位和影响力。质量管理对市场份额的影响主要体现在以下几个方面:

(一)增强品牌形象和声誉

质量管理可以提高产品和服务的质量水平,从而增强企业的品牌形象和声誉。用户对于质量好的产品和服务更加信任和偏爱,愿意选择这些产品和服务。当企业的产品和服务质量得到用户的认可和赞誉时,企业的品牌形象和声誉将得到提升,从而吸引更多的用户。

(二)提升用户满意度和忠诚度

质量管理可以提高产品和服务的质量,从而提升用户的满意度和忠诚度。用户对于质量好的产品和服务更加满意,愿意持续购买和使用这些产品和服务。用户的满意度和忠诚度的提升可以降低用户的流失率,减少因用户流失而引起的市场萎缩和用户再获取的成本。

(三)吸引更多的用户

质量好的产品和服务能够吸引更多的用户。用户对于质量好的产品和服务更加信任和偏爱,愿意选择这些产品和服务。当企业的产品和服务质量得到用户的认可和赞誉时,用户将主动选择购买和使用这些产品和服务,从而增加企业的市场份额。

(四)提高竞争力

质量管理可以提高企业的竞争力,赢得更多的市场份额。质量好的产品和服务能够吸引更多的用户,从而扩大企业的市场占有率。当企业的产品和服务质量得到用户的认可和赞誉时,企业将在竞争中具备更强的竞争优势,从而赢得更多的市场份额。

(五)增加口碑效应

质量好的产品和服务会带来良好的用户口碑效应。用户对于质量好的产品和服务会进行口口相传,推荐给身边的亲朋好友。良好的口碑效应将吸引更多的潜在用户从而提升其社会影响力。

四、降低风险

在电商行业,质量风险是企业经营过程中无法避免的,包括质量问题引起的法律诉讼、投诉和声誉损失等方面。降低风险可以保护企业的利益,提高企业的抗风险能力。

质量管理可以帮助电商企业降低风险。首先,质量管理可以减少因质量问题引起的法律诉讼、投诉和声誉损失等风险。通过建立质量管理体系,电商企业可以规范和标准化产品和服务的生产和交付过程,降低质量问题的发生率。其次,质量管理可以提高企业的品牌形象和声誉。通过建立质量管理体系,电商企业可以提高产品和服务的质量水平,增强用户对企业的认可和信任,从而降低因质量问题引起的声誉损失。

电商企业质量管理的意义在于提高企业的竞争力和盈利能力。质量管理可以提升用户体验,增加用户的购买意愿和消费频率,从而带来更多的销售和利润。质量管理可以降低成本,提高企业的竞争力和盈利能力。质量管理可以增加市场份额,扩大企业的市场规模和影响力。质量管理可以降低风险,保护企业的利益和声誉。因此,电商企业应该重视质量管理,不断提升产品和服务的质量水平,以获得更好的经济效益。

第三章

数据信息安全法律风险与合规管理

随着科技的进步,数据已经成为现代社会的基础资源,对于企业的运营、决策和创新具有至关重要的作用。数字化、信息化和网络化的浪潮不仅重塑了企业的商业模式,也深刻改变了数据收集、存储和交易的方式:在数字化时代,企业可以更加便捷地获取和分析大量数据,从而更准确地洞察市场需求、优化产品设计、提升服务质量;信息化则进一步推动了企业内部流程的自动化和智能化,提高了运营效率;网络化则使得数据的传输和共享变得前所未有的便捷,促进了企业间的合作与交流。以上方式的改变在提高便捷性和高效性的同时,也使得数据合规问题提上日程并日益得到重视。首先,随着大数据应用场景的不断丰富,数据收集中涉及的个人信息数量不断增大,这使得数据隐私保护变得更加困难。其次,在数据存储和处理方面,云计算、边缘计算等技术的发展使得数据的存储和处理变得更加集中和高效,但同时数据更容易遭受非法访问和篡改,人工智能的算法决策引发数据歧视和隐私泄露等问题。最后,在数据交易方面,随着数据市场的不断成熟,数据交易的规模和频率都在不断增加,这使得数据安全变得更加难以保证。这些变化影响了企业的竞争优势以及发展方向。能够快速适应并利用这些趋势的企业将能够更好地满足用户需求、优化运营流程、提高决策效率,从而获得市场竞争中的优势地位;而不能有效管理和保护数据的企业将可能面临法律风险和声誉损失,可能因此失去市场份额,甚至被市场淘汰。因此,企业需要积极适应并利用数字化、信息化和网络化带来的机遇和挑战,加强数据管理和保护,确保合规性。

在电子商务领域,数据安全是企业生存和发展的基石。全球范围内对数据保护问题的立法日趋细化与完善,欧盟的《通用数据保护条例》(GDPR)为数据保护设定了严格的标准,并对违规企业处以重罚。《网络安全法》《电子商务法》《个人信息保护法》以及《数据安全法》等法律相继推出,对相关规制对象予以明确,共同构建了我国数据安全法律法规体系,对企业在数据收集、存储、处理等方面作出了规范性要求,为电子商务企业加强数据安全与合规管理,确保数据机密性、完整性、可用性以及合规性等提供了法律屏障。同时,大数据、云计算、人工智能等新技术的快速发展,为电子商务企业加强数据安全与合规管理提供了有力支持,有助于电子商务企业更好地平衡数据利用和用户隐私保护之间的关系。例如,区块链技术可以用于确保数据完整性和可信度,同态加密等隐私保护技术可以在保护用户隐私的同时进行数据分析和挖掘。

第一节　数据收集法律风险与合规管理

当今信息化社会,数据被视为一种具有高价值的资源和资产,作为数字经济时代的核心,数据是一种重要的、新型的生产要素,数据的价值和作用将会在未来不断增强,对于各行各业的发展都起着重要的引领作用。用户个性化特征分析、消费预测以及精准的市场洞察都离不开对大量数据的收集与分析,此也为企业开发产品、更新服务、作出发展决策提供支持。个性化服务成为电子商务企业与消费者之间的重要链接,精准的消费行为以及需求分析使得电子商务企业提供更加符合市场需求以及消费特征的个性化产品和服务、满意的用户反馈等成为可能。

2014年,大数据首次写入政府工作报告;2019年,十九届四中全会首次将数据增列为生产要素;2022年,中共中央、国务院印发《关于构建数据基础制度更好发挥数据要素作用的意见》("数据二十条"),为激活我国数据要素潜能、做强做优做大数字经济、增强经济发展新动能以及构筑国家竞争新优势提供了有力支持。进入数字时代后,全球数据产量呈指数级增长,面对海量数据,首先要考量的即是数据来源与合规收集问题,因为数据收集是整个数据链条的起点。

一、数据收集的基本知识

(一)数据收集的传统模式

随着互联网技术的发展,数据收集的传统模式如纸质问卷调查、线下或电话访谈等已不再成为主流,但对于特殊群体(如数字弱势群体)在弥合使用性数字鸿沟的过程中,传统模式的数据收集仍然占据重要位置。

1.纸质问卷调查

主要通过设计和分发纸质问卷来收集数据信息,实施者将设计好的问卷打印出来,并选择合适的分发方式,如邮寄、面对面分发等,将问卷分发给目标人群,等待受访者完成问卷后,可以通过邮寄回收、设立回收箱等方式将其收集起来,最后将收集到的问卷数据进行录入和分析,提取出有用的信息,并对数据进行统计和解读。纸质问卷调查易于操作,对于受访者来说相对简单,只需要填写纸质问卷即可,无须掌握额外的技能或设备,问卷也更直观地展示问题和选项,方便受访者阅读和填写。问卷可以覆盖各个年龄段和背景的人群,特别是那些不太熟悉电子设备或网络的人群,具有广泛的适用性。但其劣势也是显而易见的,时间和成本效率较低,在数据录入和分析方面也存在一定困难,例如:在学术会议中,会议组织者想要收集参会者对会议的评价,如果采用纸质问卷,在回收问卷后需要手动录入每个参会者的答案,这个过程既烦琐又容易出错,此外,对于大量的纸质数据,分析和提取有用信息的难度也会增加;相反,如果使用电子问卷,数据可以自动录入并分析,大大提高了效率。

2.线下面对面沟通

线下面对面沟通作为一种传统的数据收集模式,其核心在于直接与受访者进行面对面的交流,以获取第一手的数据和信息。数据收集者需要根据目标和问题,设计一份沟通指南或问卷,列出需要了解的关键点和相应的问题,同时确定目标受访者群体,并根据研究目的选择合适的受访者样本,然后在约定的时间地点与受访者进行面对面的沟通,逐一询问受访者并记录其回答,最后将收集到的数据进行整理,包括转录、编码等,然后进行分析,以提取有用的信息。线下面对面沟通作为一种传统的数据收集模式,在数据准确性和深入探索方面具有优势,但同时也面临着高成本、低效率和样本局限性等挑战。例如:市场调研公司计划了解消费者对某新产品的接受程度,他们选择在购物中心、街头等地点与潜在消费者进行面对面的交流。通过这种方法,不仅了解了消费者对产品的看法和购买意愿,还收集到了关于产品改进和定价策略的有价值建议。然而,由于需要投入大量的人力和时间成本,该研究的样本规模相对较小,且主要集中在某些特定区域。

3.电话访谈

其与线下面对面沟通在明确调研目的及目标人群、设置访谈提纲、数据整理和分析等方面具有相似性,但也具有其自身优势。首先,电话访谈无须支付场地租赁、交通费用等额外成本,只需支付电话费用即可。其次,访谈者可以更容易地控制访谈环境,避免一些不必要的干扰,有助于保持访谈的连贯性和一致性。因此,对于预算有限的数据收集项目来说,电话访谈是一种经济实惠的数据收集方法。

(二)数据收集的新型模式

大数据时代背景下,互联网、物联网、人工智能的推陈出新,不断影响人们日常生活、生产的方方面面,大量数据在此技术下不断被收集、存储和交易,数据收集的方式也随之变化更新。

1.线上问卷调查

线上问卷调查利用在线资源,依托应用程序,通过问卷方式大量的收集用户的数据信息。线上问卷调查与传统线下问卷调查相比具有共通性,同时具有覆盖广泛、成本较低、快速收集大量数据的优势,但也可能存在样本偏差(如仅针对网民),数据质量参差不齐等问题。

2.社交媒体监测

社交媒体监测也是一种收集数据的常规方法,其可以通过专业的社交媒体管理平台进行实时监测和分析平台内用户的活动情况,这些工具可以帮助追踪关键词的提及、用户情感、竞争对手的活动等,并将数据以可视化的方式呈现出来。

3.物联网(LOT)数据收集

物联网数据收集是通过信息设备(如传感器)实现物体与网络的连接,从而源源不断地从承载物体中获取并收集数据的过程,具有典型性的如智能家居设备、工业设备、交通工具、可穿戴设备等。这些设备和传感器不断地监测和测量各种物理量、状态和环境参数,如温度、湿度、压力、位置、速度等,并将这些数据转化为可以传输和处理的数字或模拟信号。

4.移动应用程序

PC和智能手机的广泛应用性,带来了大量移动应用程序的开发与使用,由此成为数据收集最普适的方式和途径。用户在使用移动应用程序时会主动输入注册账号、填写表单、搜索关键词等,这些信息都是宝贵的数据资源,可以用于分析用户行为和优化应用功能。常用的微信、电子银行、淘宝、抖音、百度地图等应用软件,可以在使用过程中向用户索取位置信息、读取通讯录、读取相册、人脸识别、手机验证等,直接获得用户个人信息,也可以通过分析用户的浏览记录、购买历史等数据,向用户推荐相关内容或产品,提高用户的参与度和转化率,或者根据用户的兴趣、地理位置等数据,精准地投放广告,提高广告效果和收益。

二、数据收集的法律解读

企业在从个人主体中获得有关姓名、学历、交易记录、客户名单、需求偏好等数据收集的来源与场景极为丰富与多样,且构成亦呈现复杂化。关于数据收集的法律风险分析与合规管理措施制定,须首先探讨数据的分类问题,使得企业在不同的数据类别与级别中匹配合规操作措施,这是保障数据安全的基础,同时也释放企业的数据价值。

(一)数据的分类

数据的分类具有多维度和多方法的特点,按照数据资源存储的维度,可分为基础层数据、中间层数据和应用层数据等;按照对数据资源加工程度的维度,可分为原始数据、衍生数据和数据产品等;按照数据安全维度,可分为一般数据、重要数据和核心数据等。①

国内外关于数据的分类标准存在一定差异,国外数据分类大多以按照私人利益和公共利益的不同指向标准,例如欧盟的《通用数据保护条例》(GDPR)以及《数据法案》《非个人数据在欧盟境内自由流动的框架》,美国的《开放政府数据法案》等。我国在 2021 年颁布实施了《数据安全法》,其在第 21 条首次确立了在国家层面建立并实行数据分类分级保护制度,此后的《个人信息保护法》对企业处理个人信息的活动提出了详细的规制要求。2022 年,《关于构建数据基础制度更好发挥数据要素作用的意见》("数据二十条")按照数据权益归属的差异性,将数据分为公共数据、企业数据和个人数据。② 由党政机关以及事业单位在履行行政管理职责或提供公共服务中产生的用于推动公共治理和公益事业的发展的数据,称之为公共数据。因此,针对电商企业,本章所指的数据安全法律风险与合规管理主要以企业数据和个人数据为对象。此外,个人数据和个人信息虽然在实务场景的应用中存在不同侧重,但在立法规制上并无太大差异性,均认定为具有"可识别性"与"可关联性",因此对其在本章中的探讨不做严格区分。

(二)数据收集的原则

《民法典》《网络安全法》《个人信息保护法》《数据安全法》《关于开展 App 违法违规收集使用个人信息专项治理的公告》《信息安全技术公共及商用服务信息系统个人信息保护指南》等在数据收集方面确立了具有共识性的收集原则。《网络安全法》第 41 条、《个人信息保护法》第 5 条、第 6 条、第 13 条以及《数据安全法》第 8 条是收集个人信息所遵循原则的主要法律依据。

1. 合法与正当原则

《网络安全法》和《数据安全法》在合法与正当原则的规定上具有概括性特征。《个人信息保护法》第 5 条规定了合法、正当、必要和诚信的法定原则,有利于明确个人信息处理的标准,同时该法第 13 条进一步强调了个人信息在被收集过程中所要符合的合法性以及正当性条件,这也是合法与正当原则在实际场景中应用的具体标准,此原则往往通过用户个人知情同意以及职责义务之必需来实现。

个人信息收集之前,数据处理者应向数据主体提供充分、明确、透明的信息,并

---

① 中国信息通信研究院:《数据要素白皮书(2023 年)》,http://www.caict.ac.cn/kxyj/qwfb/bps/202309/t20230926_462892.htm,2023 年 9 月 26 日。《网络数据安全管理条例(征求意见稿)》第 5 条:"国家建立数据分类分级保护制度。按照数据对国家安全、公共利益或者个人、组织合法权益的影响和重要程度,将数据分为一般数据、重要数据、核心数据,不同级别的数据采取不同的保护措施。"

② 《关于构建数据基础制度更好发挥数据要素作用的意见》第 3 条:"探索数据产权结构性分置制度。建立公共数据、企业数据、个人数据的分类分级确权授权制度。"

获得数据主体的明确同意。这意味着数据主体应被告知个人信息被收集的范围、目的以及将会如何使用,特别是在涉及第三方共享使用时尤为关键。数据主体需要理解这些信息收集要求,并在此基础上作出自愿、明确的同意或不同意的选择。当然,告知同意存在例外情况,此例外来源于《个人信息保护法》第 13 条的明确规定,也是遵循合法原则与正当原则的具体表现。如收集的个人数据属于订立合同之必需(强调劳动人事领域用工管理的豁免要求)或基于公共利益保护、法定职责履行之必需等(例如公安机关刑事侦查、新冠疫情等突发公共卫生事件等客观因素)。

2. 必要与诚信原则

《个人信息保护法》第 5 条规定了必要原则与诚信原则,在处理个人信息过程中误导、欺诈、胁迫等方式都应被禁止使用。该法第 6 条与第 19 条又进一步确立了"最小影响、最小范围、最短时间"规则,也可以称之为数据最小化。其中有关数据收集问题,明确了收集范围与方式,特别指出数据收集主体应审慎考量数据处理目的的相关性,对于具有直接相关性且保障个人信息处理目的,同时对个人信息主体利益影响最小的数据可归为收集的必要。

收集行为与数据处理目的直接相关是实现数据最小化的前提。在不同的收集场景下,处理目的的直接相关性存在不同考量。例如电子商务购物中,收集用户的姓名、地址、电子邮件和电话号码,以便处理订单、进行配送和提供客户服务,这些信息的收集直接关联处理目的,具有数据收集的必要性。如果在此收集之外,另行索取电子邮件往来记录、通讯录中他人信息等,则超出了完成订单以及提供客户服务的处理目的。再如,智能穿戴设备或 APP 应用收集用户的运动数据、饮食记录、睡眠时长等信息,以帮助用户追踪和记录日常健康数据,如步数、饮食、睡眠等,提供个性化的健康建议,这些信息的收集也直接关联处理目的,具有数据收集的必要性。但如果强制索取敏感个人信息甚至是生物识别数据,则此收集行为与处理目的不具有直接相关性。

三、数据收集的法律风险分析

（一）过度收集个人信息

过度收集个人信息是当前个人信息保护面临的挑战,数据处理者未履行告知同意义务,收集了超出合理和必要范围的个人信息,不仅侵犯了个人隐私权,还可能导致数据泄露、滥用等风险,严重影响自然人人格权益、财产权益保护以及市场稳定良性发展。过度收集个人信息在多个场景下都有所体现,不仅限于在线商品或服务交易,也可能发生在线下实体店面等环境中。在注册或使用某些在线服务时,要求提供超出服务所需的大量个人信息,如详细的家庭地址、电话号码、生日、家庭成员信息等,在没有充分理由的情况下,要求用户提供敏感信息,如身份证号、护照号码或银行账户信息。或者采用强制用户接受隐私政策,否则无法使用服务,而隐私政策中可能包含用户不希望的信息收集条款等。而在线下实体店面环境中,可能存在使用摄像头、人脸识别技术或其他监控设备对顾客进行过度监控,超出合理的安全或防盗需求。

个人信息处理者因过度收集个人信息而侵犯他人个人信息权益的,应当承担停止侵害、消除影响、赔礼道歉、赔偿损失等侵权责任。另外,根据《个人信息保护法》第66条至第71条的规定,依照不同违法情节以及危害后果,可能承担罚款、没收违法所得、责令暂停或者终止违法处理个人信息的应用程序提供服务、停业整顿、通报有关主管部门吊销相关业务许可或者吊销营业执照等法律责任。

(二)强制频繁索取数据收集权限

数据处理者在个人信息收集过程中,以违反个人意愿或过于频繁的方式要求数据主体提供个人信息收集权限。根据个人信息保护相关法律法规的规定,个人信息的收集和处理应是基于数据主体的自愿同意,如果数据处理者在未经充分告知和解释的情况下强制要求或频繁索取数据主体提供个人信息收集权限,则违反了自愿原则,也超出了数据收集合法和必要限度。这些行为损害了数据主体的隐私权以及自主选择权,也干扰了数据主体日常生活与生产。例如某APP在更新版本后,频繁弹出窗口要求用户授予位置、通讯录、相机等权限,且在隐私条款或通知中未明确说明数据收集目的,若用户拒绝,则APP无法正常使用。当然,若应用通过强制索取权限的方式获取用户数据,进而用于商业竞争,可能构成不正当竞争行为。

(三)个人信息自动化决策中的差别待遇

科技向善理念倡导科技应该被用来为人类创造福祉,促进社会进步,而不是被滥用或误用。随着数智技术的大批应用,有关个人信息自动化决策的问题受到公众较广泛关注,特别是"大数据杀熟""用户画像""算法推荐"等。《个人信息保护法》第24条立法规定了对自动化决策须进行必要限制,确立了自动化决策须严格遵守透明性要求,体现公平公正原则,严禁对不同主体通过算法采用差别待遇,特别是广为关注的交易价格等条件。"大数据杀熟"是利用收集到的数据,针对不同用户或消费者的个人信息和消费行为进行分析,推断出用户的消费能力、偏好等特征,从而对不同用户进行歧视性定价或服务。这种行为违反了公平交易的原则,侵犯了用户隐私,损害了消费者权益,也违背了科技向善理念。

四、数据收集的合规管理措施

(一)明确知情同意的关键要素,履行告知同意义务

根据数据处理所确立的合法与正当原则,企业收集信息时应严格履行告知同意义务,应就处理个人信息的相关事宜①,以显著方式、清晰易懂的语言充分告知当事人。建议企业应在明确知情同意的相关关键要素前提下,以隐私政策或隐私协议、个人信息保护指引、个人信息告知书等形式显著告知数据收集主体确立的个人信息收集规则,特别关注数据收集的范围、目的以及方式等。隐私政策(privacy policy)源于英文直译,虽以"隐私"命名,但规则文件只是针对"个人信息"。虽表述为"政策",但其实质内容为说明、指引。② 隐私政策不仅公开披露了企业对个人信息的处理规则,而且是企业和用户间关于个人信息收集、存储、使用、加工、删除等系列问题达成的协议。企业应主动制定并公示隐私政策,并按照法律法规要求进行定期合规优化与升级,当然,涉及知情同意的例外情形③以及单独同意④情形时,需要特别关注隐私政策的合规要求。

关于知情同意的关键要素,可做如下理解:一是透明度要求。数据处理者应该提供透明的隐私政策或声明,明确告知数据主体有关个人信息的收集和处理的详细信息。这包括收集的具体信息、处理的目的、使用的方法、存储的时间、可能的共享情况等。这些信息应以清晰、明确的语言呈现,避免使用复杂、模糊或隐晦的措辞。二是明确性要求。数据处理者应当明确告知数据主体的个人信息将如何被使用和处理。这可能涉及个人信息的使用范围(例如是否仅限于特定服务或产品)、使用方式(例如分析、营销或个性化推荐)以及可能的第三方使用情况。三是自由选择性要求。知情同意必须是自愿的,数据主体应被允许自由选择(手动勾选同意或手动点击确认)是否同意个人信息的收集和处理。数据处理者不应通过默认勾选、强制要求同意或者其他欺诈手段来获得同意。四是容易撤回要求。数据主体应能够按照自身意愿,无条件的撤回数据处理的同意,同时明确停止处理其个人信息的之后程序。数据处理者需要提供简单、容易的撤回机制,例如提供撤回同意的链接、联系方式或在线平台。一旦撤回同意,数据处理者应根据法律法规的要求删除或匿名化个人信息。

---

① 参见《个人信息保护法》第17条。

② 杨杰:《大数据时代企业数据合规之路》,法律出版社,2022年版,第73页。

③ 参见《个人信息保护法》第13条。

④ 参见《个人信息保护法》第23条、第29条、第39条。

（二）明确数据处理目的，控制数据收集的必要限度

在进行数据收集之前，数据处理者须严谨考虑数据收集与处理目的的直接相关性，并在隐私政策或通知中向数据主体清晰地说明这些目的。例如一家电商公司在收集用户信息时，明确目的是提供个性化的推荐和定制化的服务。因此，它只收集与推荐如用户的购买历史、浏览记录、收藏行为等和定制化服务相关的数据，而不收集与此无关的个人隐私信息。同时，基于数据收集必要和诚信原则，最小影响、最小范围等数据最小化要求，收集个人数据的范围、数量和频率上应控制在必要限度内。关于收集数据频率的合规管理标准，可以对标《信息安全技术 移动互联网应用程序（APP）个人信息安全测评规范》有关收集个人信息的参照频率。当然，在数据的收集范围上，企业在不同情形下，也可以应用数据去标识化技术，将个人数据中的身份识别信息与其他数据分离，使得数据在不包含个人身份信息的情况下仍然具有分析和应用的价值，从而符合数据收集的必要限度合规要求。例如市场评测公司在进行用户调研时，使用数据去标识化技术将用户的个人身份信息与调研数据分离，只保留匿名的调研结果和统计数据，从而保护用户的个人隐私，达到数据收集处理目的，符合数据最小化的合规要求。

（三）通过"增强式告知"或"即时提示"完善单独同意

如上文所述，企业收集数据时应履行告知同意义务，遵守法律规定的"知情—同意"合规要求，此也是保障用户知情权和同意权之必然。除一般场景下的告知同意外，法律还确立了特殊场景下处理个人信息的法定限制机制——单独同意，即当处理信息涉及影响个人利益的重大事项时，如向第三方提供个人信息、处理敏感个人信息（如通过"刷脸认证""指纹识别"收集生物识别数据，以及医疗健康数据等）以及向境外提供个人信息，企业需要针对单一事项征得信息主体授权同意，不得与其他非相关事项捆绑或混同。在实务操作中，企业可以通过"增强式告知"或"即时提示"完善单独同意。

1.增强式告知

要实现"增强式告知"，可以使用粗体、下画线或颜色等视觉手段，将关键信息（如数据收集的目的、共享对象等）突出显示，以引起用户的注意。也可以在隐私政策或用户协议中，对数据收集的相关术语和概念进行详细解释，并且在页面上提供一个可点击的链接或标识（指向一个单独的页面或弹出一个浮层），用户可以点击或悬停在上面，以获取更详细的数据收集信息。

2.即时提示

要实现"即时提示"，可以在关键操作或进入特定页面时，弹出一个明确、简洁地呈现关键信息的弹窗或对话框，展示与数据收集相关的关键信息。也可以在页面的某个位置，如页面边缘或关键字段旁边，显示一个不干扰用户正常操作的悬浮提示或气泡信息，提醒用户关于数据收集的重要信息。

案例

郭某诉杭州野生动物世界有限公司服务合同纠纷一案[①]

　　法院认为:本案双方因购买游园年卡而形成服务合同关系,后因入园方式变更引发纠纷,其争议焦点实为对经营者处理消费者个人信息,尤其是指纹和人脸等个人生物识别信息行为的评价和规范问题。我国法律对于个人信息在消费领域的收集、使用虽未予禁止,但强调对个人信息处理过程中的监督和管理,即个人信息的收集要遵循"合法、正当、必要"的原则和征得当事人同意;个人信息的利用要遵循确保安全原则,不得泄露、出售或者非法向他人提供;个人信息被侵害时,经营者须承担相应的侵权责任。本案中,野生动物世界基于年卡用户可在有效期内无限次入园畅游的实际情况,使用指纹识别、人脸识别等生物识别技术,以达到甄别年卡用户身份,提高年卡用户入园效率的目的,该行为本身符合前述法律规定的"合法、正当、必要"三原则的要求。郭某办理年卡时,野生动物世界的店堂告示以醒目的文字告知购卡人需要提供包括指纹在内的部分个人信息,郭某自行决定提供该信息成为年卡客户。该店堂告示内容保障了郭某的消费知情权和对个人信息的自主决定权,未作出排除或者限制消费者权利、减轻或者免除经营者责任、加重消费者责任等对消费者不公平、不合理的规定。但是,野生动物世界在合同履行期间将原指纹识别入园方式变更为人脸识别方式,属于单方变更合同的违约行为,郭某对此明确表示不同意,故店堂告示和短信通知的相关内容不构成双方之间的合同内容,对郭某也不具有法律效力,郭某作为守约方有权要求野生动物世界承担相应法律责任。双方在办理年卡时,约定采用的是以指纹识别方式入园,野生动物世界采集郭某及其妻子的照片信息,超出了法律意义上的必要原则要求,故不具有正当性。此外,审理中未发现有证据表明野生动物世界对郭某实施了欺诈行为。

第二节　数据存储法律风险与合规管理

　　近些年,数据泄露事件频发,Twitter 数据泄露事件、Microsoft 数据泄露事件、中国移动数据泄露事件、滴滴出行数据泄露事件等,对个人和企业都造成严重影响和

---

　　① 参见:杭州市富阳区人民法院(2019)浙 0111 民初 6971 号民事判决书,被称为"人脸识别第一案"。

损失。一次数据泄露事件可以涉及大量的个人信息,甚至影响到数百万乃至数亿用户,它暴露了敏感信息和个人隐私,也会导致企业品牌声誉受损、经济损失和法律责任。避免因数据存储问题引发的数据泄露成为数据安全的焦点内容。当然,数据存储问题不仅包括数据泄露,还涉及数据丢失、数据损坏等。构建稳定、安全的数据存储系统是企业释放数据价值、发展数据潜能的基础。

一、数据存储的基本知识

数据存储是通过一种或多种介质将数据进行保存,为之后的访问和使用数据提供便利。合理、有效的数据存储以保护数据安全和隐私为目的,也有助于数据存储企业有序、便捷、高效地使用数据,从而降低企业风险和成本,提高创新能力和市场竞争力。

数据存储的方式和方法多种多样,可以根据需求和情况选择不同的存储解决方案。数据存储可以分为两种主要类型:持久性存储和临时性存储。持久性存储考虑数据的长期保存,所使用的介质也较为稳定,从而保障后期使用,如硬盘驱动器、固态硬盘、网络存储等。临时性存储是将数据保存在临时的介质中,如内存、缓存等,用于临时性的操作和处理。随着数据量不断增长,选择具有足够容量的存储介质变得至关重要。

根据不同类型的数据和相关法律法规规定,企业需要在一定时间内保留存储的数据,即数据存储期限。值得特别关注的是,企业应建立完备的数据管理制度,并不断优化数据管理流程,确保数据在适当的时间内进行保留和删除。数据存储期限的确定应该综合考虑法律法规、合规要求、业务需求以及数据保护和隐私权。

二、数据存储的法律解读

(一)数据存储的期限

数据存储期限是一个较为复杂的问题,需要考虑多种影响因素,如数据类型、存储目的、存储介质、使用场景等。考虑金融交易记录、客户资料等核心业务数据对业务运营和合规性的重要性,通常需要长期保存,甚至永久存储;而日志、临时文件等非核心数据,可能只需要存储较短的时间,以满足故障排除、审计等需求。我国有关数据存储期限的规定较为庞杂,有法律法规、部门规章,还有特定行业的国家标准。

为防止数据泄露、被窃取或者被篡改等,《网络安全法》第21条规定了企业的网络安全保护义务,此是企业必须履行的强行义务。同时,该法第21条第3款还明确了网络日志中存储的重要数据信息,如网络运行状态、网络安全事件技术措施等，其存储期限的最低标准为 6 个月。

《个人信息保护法》第 19 条①是对个人信息保存期限的规定。其并未规定固定期限，而是提出了存储期限的原则性要求，即"必要最短时间"，此也是《个人信息保护法》最小必要原则在个人信息存储方面的具体体现。全国网络安全标准化技术委员会制定的国家标准《信息安全技术　个人信息安全规范》(GB/T 35273—2020)规定了信息存储的时间最小化要求。另外，《信息安全技术　个人信息安全规范》第 6.1(b)条还规定，存储期限届满后，根据情况，个人信息需进行删除或匿名化处理。

《电子商务法》第 31 条②就电子商务交易完成后的商品、服务信息等存储期限，明确规定不少于 3 年，同时也设置了兜底条款，即其他法律、行政法规另有规定的，依照其规定。

有关数据存储期限的规定还散见于其他特定行业的法律法规，如《证券法》第 153 条、《电子签名法》第 24 条、《缺陷汽车产品召回管理条例》第 9 条和第 11 条第 1 款、《互联网直播服务管理规定》第 16 条第 1 款等等。

(二)数据存储的去标识化要求

《个人信息保护法》第 51 条明确了去标识化等安全技术措施的责任主体为个人信息处理者。通过去标识化操作，使得个人信息不易被识别，从而阻止数据泄露或篡改等。因此，如果去标识化处理程序未进行，从而导致个人信息泄露等风险，则相应的违反了法律规定的个人信息处理者安全保障义务。除此之外，有关去标识化规定还存在于国家标准《信息安全技术　个人信息安全规范》中，《信息安全技术　个人信息安全规范》明确了去标识化的定义③，即通过对个人信息的技术处理，使其在不借助额外信息的情况下，无法识别或者关联信息主体的过程。换而言之，通过结合具有相关性以及推导性的额外信息，即便已经进行了去标识化处理，仍具有关联特定主体、特定个人信息的可能，故去标识化的数据仍然属于个人信息。鉴于以上内容，经过去标识化处理的数据存储介质应与可恢复识别的数据存储介质相区别，同时确保此类个人信息在后期的处理活动中不被重新关联到特定个体。数据去标识化是企业和组织遵守相关法规和合规要求的重要手段之一。当然，通过数据去标识化还可以实现数据共享的良性循环，各组织或个人不再担心数据共享可能导致个人隐私泄露或违反法律法规，从而更愿意参与数据共享和合

---

① 《个人信息保护法》第 19 条："除法律、行政法规另有规定外，个人信息的保存期限应当为实现处理目的所必要的最短时间。"

② 《电子商务法》第 31 条："电子商务平台经营者应当记录、保存平台上发布的商品和服务信息、交易信息，并确保信息的完整性、保密性、可用性。商品和服务信息、交易信息保存时间自交易完成之日起不少于三年；法律、行政法规另有规定的，依照其规定。"

③ 参见《信息安全技术　个人信息安全规范》第 3.15 条。

作,此种合作可以促进创新、加快问题解决的速度,并为不同领域的决策和研究提供支持。

三、数据存储的法律风险分析

数据存储过程中不符合法律法规规定的存储期限,违反数据安全保护义务的,应承担相应的法律责任。

(一)民事责任

如果数据存储不当违反了与相关方签订的合同约定,如合同中明确规定了数据存储的方式、期限和安全性要求,但数据存储方未能履行合同义务,导致数据泄露、丢失或损坏,则违反了合同约定,承担违约责任(包括赔偿损失和违约金等)。用户隐私被侵犯、商业秘密被泄露等侵害他人数据权益,数据存储方不能证明自己没有过错,需承担赔偿损失、消除影响、恢复名誉及受损权益等侵权责任。

(二)行政责任

相较于《网络安全法》,《个人信息保护法》增加了行政处罚的力度和方式,特别是第66条的大额罚款,针对违法行为情节严重,没收违法所得的同时,按照罚款金额两种计算标准(罚款定额或营业额比例,二者取其高),可并处5000万以下罚款或者上一年度营业额5%以下罚款,直至吊销业务许可或营业执照。对个人(直接主管人员和其他责任人员)的罚款也予以明确,同时可处以一定范围的禁业限制。《数据安全法》第45条对违反数据安全保护义务的组织和个人,根据违法后果的严重程度,明确了相应的行政处罚。

(三)刑事责任

我国《刑法》第253条之一规定了侵犯公民个人信息罪。对于企业或个人,非法获取或未经授权而将存储在计算机系统中的数据泄露给外部人员或机构,这种行为可以侵犯公民个人信息罪追究单位或个人的刑事责任。除此之外,网络服务提供者不履行信息网络安全管理义务,经监管部门责令采取改正措施而拒不改正,《刑法》第286条之一规定了拒不履行信息网络安全管理义务罪。关于网络服务提供者、致使违法信息大量传播、造成严重后果、情节严重等的界定问题,在2019年施行的《最高人民法院、最高人民检察院关于办理非法利用信息网络、帮助信息网络犯罪活动等刑事案件适用法律若干问题的解释》中予以明确。

四、数据存储的合规管理措施

(一)强化数据存储的安全保障机制

建立有效的数据安全保障机制可以防止违规访问、数据泄露以及被篡改,同时提高数据常规存储、转移和使用的安全,这是企业安全运行的关键,也是确保存储数据的使用性、完整性和机密性的重要措施。企业首先应制定明确的数据安全政策,包括数据的分类、访问控制、加密标准、备份和恢复策略等。具体实施时,企业需采取必要的访问控制,严格而准确的身份认证机制不可或缺(如单击登录、双因素或多因素认证),保证经合规授权的用户才可以访问存储数据,监控和记录用户的访问行为也是必要的,以检测异常访问和未授权访问。企业应使用强大的加密算法并定期更新和升级,无论是数据传输还是数据存储,采用分层次的加密方案,对数据和存储设备进行多重加密。除此之外,还应建立完备的数据备份策略,对备份频率、存储位置、恢复流程等予以明确,以确保数据的完整性和可恢复性。还可考虑将数据备份存储在多个地理位置和存储设备上,以应对硬件故障、自然灾害等风险。

(二)完善数据分类分级管理

企业在建立数据安全保障机制的同时,还应开展数据资产的全面梳理(任何物理或非物理形式记录的数据库表、数据图像、数据文件等多元化的数据类型,如企业管理活动数据、业务数据、员工信息以及企业对外收集的信息等),形成系统化的数据资产清单。同时根据数据的重要性、敏感性、法律合规要求、产生和使用阶段、业务核心架构要求、价值等因素进行分类划分,不断细化数据分类分级管理要求,形成有效闭环。最后,企业应根据不同数据分类级别,制定相应的访问控制、加密要求、备份策略、审计和监控要求等安全控制标准。企业也可以参照2023年9月深圳发布的《深圳市企业数据合规指引》第9条以及第23条的规定,按照数据对国家安全、公共利益或者个人、组织合法权益的影响和重要程度进行分类分级,并报数据合规管理部门审查,最终形成数据分类分级清单。当然,如果企业在进行数据分类分级管理时遇到困难,可以寻求第三方提供深入的调研、充分的信息收集、评估调研结果、组织内部培训、编制相关指导文件、构建相关管理体系、指导结果审核以及监控咨询质量等服务,以确保数据分类分级管理的有效进行。

(三)数据存储期限合规

《个人信息保护法》以及《信息安全技术　个人信息安全规范》都确立了数据存储期限应遵循"必要最短时间""时间最小化"原则。"最小化"原则的落地实施,一般可结合企业业务范围、业务特征、业务以及行业场景综合确定,仍需注意特定行业的特别存储期限规定,另外,超出存储期限后应注意对个人信息进行删除或匿名化处理。

(四)加强对敏感数据存储的特别关注

敏感数据中的个人数据往往备受关注,其中个人生物识别数据较为特殊,具有唯一且不可替代性,需要企业特别关注。参照《深圳经济特区数据条例》①,生物识别数据包括自然人的基因、指纹、声纹、掌纹、耳廓、虹膜、面部识别特征等数据。在健康医疗领域,企业应根据《信息安全技术 健康医疗数据安全指南》,在为个人提供在线健康医疗服务时,存储的个人身份标识信息以及医疗健康数据均应该进行加密。另外,根据《信息安全技术 人脸识别数据安全要求》(GB/T 41819—2022)国家标准,企业在对可进行自然人身份识别的人脸图像或人脸特征信息存储时,应加密存储,同时隔离存储身份信息,在经数据主体要求时应及时删除存储的人脸识别数据。

案例

网络服务提供者未落实网络安全保护主体责任行政处罚典型案例②

广西北海公安网安部门在查处一起涉个人信息保护违法案件时发现,涉案公司建设有一网站,主要提供网上咨询服务,在日常工作中收集了个人和企业等大量公民信息,但未能按照《数据安全法》《网络安全法》以及有关等级保护工作要求落实网络安全保护主体责任。该网站服务器安全防护措施不足,存在被多个境外 IP 攻击入侵的情况。同时,涉案公司未采取数据加密等有效的技术保护措施来确保其收集的个人信息安全;在发现个人信息泄露后,未及时告知用户,也未主动向公安机关报告;还存在网络日志留存不足 6 个月及相关安全管理制度缺失等问题。对此,北海公安机关根据《网络安全法》第 42 条的规定,对涉案公司及其直接负责人分别作出罚款 20 万元、3 万元的行政处罚。

第三节　数据跨境法律风险与合规管理

数据的资产性特征使得数据价值日益凸显。伴随着数据的收集与存储,数据共享、转让等流通已成为当今全球经济发展的重要助推因素。数据跨境流动场景日益增多,且影响范围不断扩大,此不仅需要完备的数据出境监管体系以保障数据的安全流通,更为重要的是将数据跨境流动上升为保障国家安全、维护公共利益层面考量。

---

① 参见《深圳经济特区数据条例》第 2 条第 4 项。

② 《罚款 20 万元! 北海某公司因泄露约 22 万条个人信息数据被罚》,载光明网 https://m.gmw.cn/2023-08/14/content_1303479409.htm,2023 年 8 月 14 日。

一、数据跨境的基本知识

数据跨境是在中国境内的数据处理者通过网络及其他方式,将其在中国境内运营中收集和产生的数据传输至境外的组织或个人的行为。整个数据跨境活动可能在一次服务中完成,也可能存在多次数据跨境输出的连续性。在此过程中,数据出境体现为数据所有者直接输出数据或者依托企业经营业务提供产品或服务。数据出境的应用场景广泛,主要包括:在学术会议、科技展览等活动中,为促进技术进步和创新,进行人工智能技术交流,相关数据需要跨境传输;生成式人工智能(AIGC)技术的产品和服务在跨境贸易中,需要将数据传输至其他国家或地区进行处理;跨国公司在不同国家之间进行传输数据,以满足其内部业务和研发需求;为实现技术共享和资源利用,国际科技合作项目中数据的跨境流动等等。

二、数据跨境的法律解读

(一)出境数据的界定

对于符合出境条件的数据范围的界定,可参照《个人信息保护法》、国家互联网信息办公室2022年出台的《数据出境安全评估办法》以及2024年3月发布的《促进和规范数据跨境流动规定》。《个人信息保护法》第三章明确了个人信息跨境提供的基本规则要点,对向境外提供个人信息的出境路径、个人单独同意规则以及数据出境的安全评估要求作出了明确规定。《数据出境安全评估办法》第2条[1]明晰了向境外提供的重要数据和个人信息需进行安全评估。《促进和规范数据跨境流动规定》第1条和第2条明确了数据出境的监管客体为重要数据和个人信息,而未纳入规制范畴的一般数据则可以结合业务需求,自行合法有序的出境。综上,出境数据的范围应包含一般数据、重要数据和个人信息。《网络安全法》《数据安全法》并未明确界定"重要数据",对其范围的理解可以参照2022年国家互联网信息办公室发布的《数据出境安全评估办法》第19条。[2]

(二)数据出境的路径

《个人信息保护法》第38条对个人信息的出境规定了安全评估、保护认证和

---

[1] 《数据出境安全评估办法》第2条:"数据处理者向境外提供在中华人民共和国境内运营中收集和产生的重要数据和个人信息的安全评估,适用本办法。法律、行政法规另有规定的,依照其规定。"

[2] 《数据出境安全评估办法》第19条:"重要数据,是指一旦遭到篡改、破坏、泄露或者非法获取、非法利用等,可能危害国家安全、经济运行、社会稳定、公共健康和安全等的数据。"

标准合同三种路径。2024 年 3 月发布的《促进和规范数据跨境流动规定》进一步明确了数据出境的三种路径,同时还通过第 3 至第 6 条具化了免予申报数据出境安全评估、订立个人信息出境标准合同、通过个人信息保护认证的适用情形。实务中,不同的出境路径适用于不同的数据类型和数据处理者,同时这些路径的操作规范也大多依据不同的规范性文件。

1. 安全评估

《个人信息保护法》第 40 条明确了数据本地存储制度要求以及数据出境前置安全评估的要求。安全评估的实施主体为国家网信部门,两类责任主体向境外提供个人信息的,均须通过安全评估,包含关键信息基础设施运营者和处理个人信息达到国家网信部门规定数量的个人信息处理者。同时,《数据出境安全评估办法》第 4 条还规定了数据出境安全评估的四种情形,除进一步明确重要数据出境和关键信息基础设施运营者向境外提供个人信息均需要进行安全评估外,还就《个人信息保护法》中“规定数量”的标准进行了明确,即“处理 100 万人以上个人信息”和“自上年 1 月 1 日起累计向境外提供 10 万人个人信息或者 1 万人敏感个人信息”。2023 年 11 月发布的《促进和规范数据跨境流动规定》第 7 条明确了数据出境安全评估的两类适用情形。

2. 保护认证

《个人信息保护法》第 38 条第 1 款第 2 项规定了个人信息经专业机构保护认证后,可以成为个人信息跨境提供的路径之一,但对保护认证如何实施,具体的适用条件以及程序等均未具体规范实施细则。2022 年 6 月国家互联网信息办公室发布《数据安全管理认证实施规则》,同年 11 月发布《个人信息保护认证实施规则》,二者一同构建了我国个人信息保护认证体系,明确了个人信息保护采用“技术验证+现场审核+获证后监督”的认证模式。① 2022 年 12 月全国信息安全标准化技术委员会发布了第一个个人信息保护认证的国家标准——《网络安全标准实践指南—个人信息跨境处理活动安全认证规范 V2.0》(TC260-PG-20222A),该标准明确界定了个人信息跨境处理中的三方主体(即个人信息主体、个人信息处理者、境外接收方),明确了跨境处理的基本原则、基础性要求以及个人信息主体权益保障要求。《促进和规范数据跨境流动规定》第 8 条对须通过个人信息保护认证的场景予以明确。

3. 标准合同

标准合同是个人信息出境可供选择的另一条合规路径。《个人信息保护法》第 38 条第 1 款第 3 项对数据跨境适用国家网信部门制定的标准合同予以明确。2023 年国家网信办发布了《个人信息出境标准合同办法》,详细规定了四种情形下

---

① 李昊:《中国企业数据合规应用及交易指引》,法律出版社,2023 年版,第 119 页。

的普通主体(即个人信息处理者)可以通过合同明确双方的权利义务关系,从而向境外接收方提供个人信息,包括非关键信息基础设施运营者;处理个人信息不满100万人的;自上年1月1日起累计向境外提供个人信息不满10万人的;自上年1月1日起累计向境外提供敏感个人信息不满1万人的。同时,《个人信息出境标准合同办法》还进一步明确以标准合同进行个人信息出境时的备案要求,即备案的时间以及需提交的相关手续,①确立了自主缔约合同+备案管理相结合的模式。其中,个人信息保护影响评估报告需重点评估六项内容,②以保障个人信息跨境安全以及自由流动。

三、数据跨境的法律风险分析

(一)事先审批的强制要求

根据《数据安全法》第36条以及《个人信息保护法》第41条的规定,中华人民共和国主管机关根据有关法律和中华人民共和国缔结或者参加的国际条约、协定,或者按照平等互惠原则,处理外国司法或者执法机构关于提供数据(存储于境内个人信息)的请求。非经中华人民共和国主管机关批准,境内的组织、个人(个人信息处理者)不得向外国司法或者执法机构提供存储于中华人民共和国境内的数据(个人信息)。根据前文关于出境数据的界定,出境数据包含一般数据、重要数据和个人信息,虽然《数据安全法》和《个人信息保护法》的调整对象有所区别,但着眼于国家安全、社会公共利益、数据安全的核心要求以及价值考量,均明确了数据出境的事先审批强制要求,境内任何组织和个人都不得违反此规定。同时《数据安全法》第48条第2款还明确了根据情节以及后果严重程度的不同,违反事先审批强制要求的违法主体的责任承担,包括警告、罚款、责令暂停相关业务、停业整顿、吊销相关业务许可证或者吊销营业执照。

(二)违反数据出境安全评估、保护认证以及标准合同要求

安全评估、保护认证和标准合同是数据出境的三种路径,面对不同场景、不同类型的个人信息以及不同的数据处理者,数据出境的路径要求存在差异。数据处理企业需根据数据类型以及应用场景的差异,严格按照《数据安全法》《个人信息保护法》的规定,同时参照《数据出境安全评估办法》《个人信息保护认证实施规则》以及《个人信息出境标准合同办法》,选择适用的数据出境路径,符合出境的必备要件,否则将承担相应的法律责任。

---

① 参见《个人信息出境标准合同办法》第7条。
② 参见《个人信息出境标准合同办法》第5条。

（三）个人信息出境的"知情—同意"规则

《个人信息保护法》第 39 条规定了个人信息出境的合法性基础，即"知情—同意"。个人信息体现了人格利益，企业在对其进行处理时，必须遵循"知情—同意"规则，在数据跨境中也应予以遵守。个人信息出境会带来数据控制权变弱、权益易受侵害以及保护难度增大的问题。因此，在出境情形下，对"知情—同意"规则的设置更为严格，企业也必须特别关注并予以遵守，否则按照《个人信息保护法》第 66 条的规定，根据违法情节不同，企业将会受到责令改正、警告、没收违法所得以及不同金额的罚款，同时，其直接负责的主管人员和其他责任主体将会受到罚款并在一定期限内限制担任企业职务的行政处罚。

四、数据跨境的合规管理措施

（一）严格遵守事前审批强制要求

按照《数据安全法》第 36 条、第 48 条第 2 款以及《个人信息保护法》第 41 条的事前审批强制规定，企业在境内存储的数据（包括个人信息），如涉及处理外国司法或者执法机构关于提供数据（存储于境内个人信息）的请求时，必须经主管机关批准才可以出境。此附条件的限制，规制的主体范围不仅包含国内的基于国际条约、双边或多边协定而向境外提供个人信息的司法机关和行政机关，还包含市场主体中所有可能向境外提供个人信息的主体，特别是在境外参加诉讼或被执法的企业，更应特别关注。

（二）安全评估与自评估结合

企业出境数据如符合《数据出境安全评估办法》所规定的四种安全评估情形，则需严格按照规定经由省级网信部门向国家网信部门申报并通过出境数据的安全评估。数据出境企业要想通过国家网信部门的安全评估，不仅要准备申报书，根据相关规定，企业还应先期进行数据出境风险自评估，形成自评估报告，并与其他申报材料一并报送国家网信部门。企业数据出境风险自评估作为安全评估申报的前置程序，应得到企业足够重视，成为企业数据出境合规管理的重要环节。企业需组建由数据安全专家、法律顾问、业务代表等多部门人员组成的评估团队，确定数据出境的范围、目的及涉及的数据类型，明确评估的重点，同时评估数据在出境过程中是否被非法获取或泄露，评估接收方是否存在滥用出境数据的情形以及所涉及的技术系统、网络架构等是否存在安全漏洞等。当然，企业也可以委托有资质和经验的律所对数据合规框架进行评估和调整，提出整改意见，以符合我国法律法规要求。企业整改完毕后，由律所按照《数据出境安全评估办法》出具符合安全评估申报要求的数据出境风险评估报告。

(三)标准合同与个人信息保护影响评估结合

大部分中小电商企业进行个人信息出境,将会采用订立标准合同方式。此方式相比安全评估与保护认证具有更高的便利性和效率性。根据《个人信息出境标准合同办法》第 7 条的规定,"个人信息处理者应当在标准合同生效之日起 10 个工作日内向所在地省级网信部门备案",除提交标准合同外,还需提交个人信息保护影响评估报告。个人信息保护影响评估报告并非只适用于数据出境场景,当涉及敏感个人信息的处理活动以及个人信息应用场景下的自动化决策时,也应完成个人信息保护影响评估报告。个人信息保护影响评估报告以个人利益的影响程度为出发,应首先考虑个人信息的处理目的、采用的处理措施的合法、必要与正当性评估,从而进一步分析排查个人信息处理过程中的安全风险,最后就提出的保护应对措施能否满足对安全风险的防控采取综合判断和评估,特别要注意保护措施的合法合规性以及质效性。涉及个人信息出境时,数据处理企业除按照上述要求开展个人信息保护影响评估外,还应将境外接收方处理个人信息的目的、范围、方式等的合法与正当,出境后的泄露、篡改、违法违规转移等风险预测,个人信息主体权益维护救济渠道的通畅性等纳入评估的重点,从而确保出境个人信息主体权益。

案例一

境内科技公司将我国铁路信息数据跨境违法输出典型案例①

2021 年 12 月,上海某信息科技公司接受一境外公司委托,在对方规定的北京、上海等 16 个城市及相应高铁线路上,采集了我国铁路信号数据(包括物联网、蜂窝和高铁移动通信专网敏感信号等数据),并在数据采集设备上为该境外公司开通了远程登录端口,方便境外公司实时获取对应的测试数据。经鉴定,两家公司为境外公司搜集、提供的数据涉及铁路 GSM-R 敏感信号。境内公司的行为是《数据安全法》《无线电管理条例》等法律法规严令禁止的非法行为。相关数据被国家保密行政管理部门鉴定为情报,相关人员的行为涉嫌《刑法》第 111 条规定的为境外刺探、非法提供情报罪。

---

① 《焦点访谈:失算的数据买卖》,载光明网 https://m.gmw.cn/baijia/2022 - 04/14/1302898257.html,2022 年 4 月 14 日。

案例二

北京市通过首家企业个人信息出境标准合同备案①

北京德亿信数据有限公司与香港诺华诚信有限公司签订的个人信息出境标准合同已通过北京市网信办组织的备案审核,备案号为"京合同备202300001",成为首家通过订立标准合同实现个人信息合规出境的企业,标志着个人信息出境标准合同备案制度在北京率先落地。同时,该项目首次实现了北京市与香港特别行政区间征信数据的合规出境,为京港两地个人信用风险管理及评价机制的一体化进程提供了有力支撑,也为香港特别行政区持牌金融机构增添了全新的跨境服务创新驱动力。

---

① 《北京市通过首家企业个人信息出境标准合同备案》,载网信北京 https://mp. weixin. qq. com/s/PCJluMb_6hdpB5BbMCsz5g? scene=25#wechat_redirect,2023 年 6 月 25 日。

第四章

个人信息保护法律风险与合规管理

随着数字化时代的来临以及数字经济的迅速发展,加强个人信息保护已经成为应对数字化挑战、维护个人合法权益、维护网络空间健康生态、推动数字经济健康发展的关键举措。近年来,非法获取、滥用、泄露和出售个人信息的情况日益严重,这不仅直接威胁到个人信息安全,而且也为违法犯罪活动提供了可能,如电信诈骗、金融犯罪等。这些行为不仅危害公民的人身财产权益,还可能导致大量个人信息在不法网站上被非法交易,甚至威胁到国家信息安全。在电子商务企业的经营过程中,往往涉及对用户个人信息的收集和处理,作为个人信息处理者的电子商务企业有责任切实保障用户的个人信息合法权益,这有助于提升其服务水平,增强其在数字经济时代市场竞争中的地位,尽管在短期内可能会增加个人信息处理者的运营成本,但对于其长期发展具有重要的积极影响。

第一节　个人信息收集法律风险与合规管理

一、个人信息收集基本知识

（一）个人信息的特征

个人信息是大数据的重要内容,个人信息也是隐私权保护的重要内容。个人信息是以电子或者其他方式记录的能够单独或者与其他信息结合识别特定自然人的各种信息,包括自然人的姓名、出生日期、身份证件号码、生物识别信息、住址、电话号码、电子邮箱、健康信息、行踪信息等。个人信息具有如下特征:

1.具有可识别性

可识别性是个人信息的一个重要法律特征,是个人信息的实质性要素。每个自然人自出生至离世,都在不断地产生与其紧密相关的各类信息,在这些纷繁复杂的信息中,那些能够直接识别或经过组合间接识别出特定自然人的部分,即被定义为个人信息。这些个人信息就像自然人的独特名片,使每个个体在社会中得以区分,保持其独立存在。

个人信息识别的方式可以是直接识别,也可以是间接识别。① 所谓直接识别,即是通过某种信息可以直接识别出信息主体,如手机号、身份证号等明显具有个人从属性的信息。所谓间接识别,即是通过某个信息无法识别出信息主体,要与其他数据关联,进行数据合并,计算等处理后即可识别出信息主体,如通过用户浏览网站的 IP 地址、结合登录网站的账户信息和手机的定位信息即可准确定位到信息主体。

2.兼具人格属性及财产属性

一旦自然人的个人信息遭到非法处理,侵犯了其人格权益,该自然人便有权依法捍卫自己的合法权益。② 此外,也不能忽视个人信息背后所蕴含的巨大的财产价值。在大数据经济迅猛发展的当下,谁能够掌握丰富的个人信息资源,谁便能在激烈的市场竞争中占据优势地位,甚至可能因此而抢得市场先机。这种价值不仅体现在商业决策的精准性上,更体现在对未来市场趋势的预见和把握上。因此,对于个人信息的保护,不仅关乎个体的人格尊严,也关系到整个社会的经济秩序和公平竞争。

(二)个人信息收集的范围

收集个人信息是个人信息处理活动的基础,也是个人信息全生命周期保护的开端。个人信息不仅具备财产价值,更承载着人格属性。在推动信息经济迅猛发展的同时,还必须高度重视个人信息的保护工作,以捍卫信息主体的人格权益。因此,信息收集者绝不能肆无忌惮地随意搜集个人信息。自 2012 年《全国人大常务委员会关于加强网络信息保护的决定》颁布以来,我国对于个人信息保护的法律规定日益完善。随后的 2016 年《网络安全法》和 2021 年《民法典》等法律都明确规定了个人信息收集时的合法、正当、必要性原则。这意味着,任何组织或个人在收集个人信息时,必须严格遵循这些原则,确保所收集的信息不仅符合法律法规,还要符合正当性目的。同时,这些信息必须是实现收集目的所必需的,不得过度收集。

---

① 王磊:《大数据视域下个人信息民法保护研究》,黑龙江大学法学博士论文,2021 年,第28 页。

② 甄梅:《个人信息收集告知同意原则及其限制研究》,武汉工程大学法学硕士论文,2021年,第10 页。

（三）个人信息收集的方式

个人信息收集方式可分为直接收集与间接收集，直接收集是指自然人主动提供个人信息或者收集主体告知被收集者后，获得其同意的信息收集方式。

间接信息收集涵盖追踪、算法及第三方数据获取。追踪收集是指通过跟踪目标个体的行为与状态来获取数据的方式，比如行动路径、网络购物历史、浏览过的网页等；算法收集则是基于直接、追踪或第三方获取的个人信息，利用计算机算法进行深入分析，进而提炼出所需数据。例如，淘宝卖家可以根据消费者的浏览和搜索习惯，推测出他们的购物喜好，进而实施精准的商品推荐。而第三方收集，指的是通过第三方平台共享的信息来收集数据。在这些间接信息收集的过程中，被收集者往往处于不知情或不完全知情的境地。

二、个人信息收集法律解读

电商企业在收集个人信息时，应遵循个人信息处理的基本原则，即"告知—同意"原则。

（一）个人信息收集中告知的法律解读

1. 告知的内容

电商企业在进行个人信息收集时，有义务将相关的必要事项全面、真实的告知被收集者：

（1）收集及后续处理个人信息的主体及联系方式。[①] 电商企业与后续处理者可能并非同一主体，对于个人信息的主体，他们有权知道哪些机构或个人正在收集他们的信息，以及这些信息将由哪些机构或个人进一步处理。此外，他们也有权知道这些机构或个人的联系方式，这样在他们的个人信息被滥用或侵犯时，他们可以及时并准确地采取行动来保护自己的权益。

（2）收集个人信息的范围及存储期限。当电商企业准备收集个人信息时，他们必须清晰、全面地告知用户这些信息将被收集的范围以及后续存储的期限。这样的透明度有助于用户建立合理的心理预期。只有当用户充分了解了这些必要的细节，他们才能根据自己的意愿，做出真实、准确的同意决定。

（3）收集的目的及方式。个人信息的主体有权了解他们的个人信息将被用于何种目的。这种要求使得个人能够作出明智的决策，评估风险，并在必要时对潜在的不当使用提出异议。通过了解个人信息的收集和用途，个人可以更好地保护自

---

① 甄梅：《个人信息收集告知同意原则及其限制研究》，武汉工程大学法学硕士论文，2021年，第10页。

已的隐私,防止数据在未经授权的情况下被用于非法或他们反对的目的。

(4)可能出现的风险。处于信息优势的信息收集主体有义务将个人信息收集后可能出现的风险如实告知被收集者,以便其对是否同意收集作出合理判断。

(5)出现问题时的解决途径。《民法典》第1037条规定,"……自然人发现信息处理者违反法律、行政法规的规定或者双方的约定处理其个人信息的,有权请求信息处理者及时删除"。电商企业有责任向被收集者明确说明,如果后续处理环节出现问题,应该如何寻求解决方案。例如,如果被收集者发现其个人信息被不恰当地收集或利用,应如何进行投诉,或如何要求不当收集或利用者立即删除这些信息。如果被收集者的权益受到侵犯,他们还有权要求获得相应的损害赔偿。

2.告知的方式

在电商领域,收集用户个人信息已成为企业运营不可或缺的一部分,电商企业在收集个人信息时,不仅要确保向被收集者提供必要的信息,还必须以明显且易懂的方式传达这些信息。首先,电商企业应采用醒目的方式向用户展示必要的信息收集事项。例如,可以通过在网站或应用的首页上设置明显的提示,或者在信息收集过程中使用醒目的字体和颜色来标示关键信息。此外,企业还可以通过定期推送通知或消息来不断提醒用户关注其个人信息的收集和使用情况。其次,企业在向用户传达信息时,必须确保所使用的语言和表述方式易于理解。一些电商平台的隐私协议往往篇幅冗长,充斥着复杂的法律和技术术语,这对普通用户来说无疑是一道难以逾越的障碍。因此,电商企业应尽量采用简洁明了、通俗易懂的语言来解释和说明信息收集的目的、范围和使用方式。这样不仅可以提高用户的阅读和理解效率,还能增强用户对企业的信任感和满意度。

(二)个人信息收集中同意的法律解读

1.同意的界定

取得个人同意,从字面意思上讲,可以理解为个人信息处理者处理个人行为的目的、方式等获得了相应个人信息主体的肯定、允许或认可。从法律上讲,同意或不同意可以理解为个人作出的一种意思表示,通过该意思表达其对个人信息处理者的行为、自身的行为的认可或不认可。

在审视个人对信息处理行为的同意时,不能仅凭表面的意愿认定其对信息处理者的行为毫无异议或完全接受。① 根据《个人信息保护法》第14条的规定,个人的同意必须建立在充分知情的基础之上,且必须是自愿、明确作出的,这样的同意才能被认定为真实的意愿表达。因此,任何基于这样的同意进行的个人信息处理行为,才能被认定为合法且有效。对于负责处理个人信息的企业而言,在追求获取

---

① 吴锦煜:《一文读懂〈个人信息保护法〉中的"同意"规定》,四川省律师协会,2021年8月。

同意的同时,更应注重同意前的告知环节,确保个人在充分了解情况的基础上,自愿、明确地表达其意愿。

2.同意的分类

《个人信息保护法》从处理个人信息的种类、行为和场景等方面规定了不同情形下,个人信息理者须以不同的方式取得个人同意。从同意的方式来看,同意可分为单独同意、书面同意、一般同意三类。

(1)单独同意。单独同意指在处理特殊的个人信息或处理个人信息的特殊行为、场景时,个人信息处理者须单独向个人明确告知其处理目的、行为等,并获取其明确的同意。关于同意的形式,单独同意并未明确规定必须采用书面形式,所以可以包括口头、书面或其他形式的表达。在实际操作中,作为处理个人信息的企业,通常可以通过设计专门的"告知同意界面"来实现这一要求,例如通过独立的弹窗等方式,以获取个人的单独同意。

(2)书面同意。根据《民法典》第469条的规定,书面形式通常与口头形式形成对照,它涵盖了合同书、信件、电报、电传、传真等多种形态。此外,数据电文亦被视为书面形式的延伸。简而言之,这一条款所指的"书面"意味着必须获得个人以纸质或电子方式表达的同意。

(3)一般同意。除单独同意和书面同意外,其他情形下处理个人信息只需要取得一般同意即可,即获得的"同意"并没有"单独"和"书面"的形式要求,可以是集合式的同意和口头同意。当然,从企业合规的角度,即使是一般同意的情形,企业也应尽量取得个人的书面同意。

三、个人信息收集法律风险分析

(一)信息收集的随意性

在不需要事先批准或遵循特定程序的情况下,一些主体,尤其是市场中的企业,常常自主决定收集个人信息的类型、范围和深度。这些企业通常通过公告或短信的形式要求消费者提供个人信息,同时,对于收集哪些信息以及如何收集,企业掌握着绝对的控制权。这导致在整个信息处理过程中,信息主体往往处于被动地位,甚至对自己的信息如何被收集、处理和使用一无所知。这种情况无疑对个人信息的安全性构成了严重威胁。

(二)信息收集的过度性

不少电商企业热衷于从商业利用的角度收集消费者的各类个人信息,特别是通过各类 APP 的"一键"收集方法。① 然而,《网络安全法》第 41 条规定,网络运营者在收集、使用个人信息时,应遵循合法、正当、必要的原则,不得收集与提供服务无关的个人信息。但在实际中,由于缺乏明确、统一的标准来界定个人信息收集的界限,许多企业往往超出了实际需求,过度搜集公民的个人信息。企业出于追求利润和扩大经营规模的考虑,经常从自身利益出发,决定收集个人信息的范围、深度和方式。从最初的姓名、手机号码等基本信息,逐步扩展到指纹、人脸识别等更为敏感和核心的个人信息,出现了信息收集过度的问题。

四、个人信息收集合规管理措施

(一)信息收集遵循最小必要原则

电子商务企业在处理个人信息时,必须遵守法律所规定的最小必要原则,这意味着电商企业不得处理与服务场景无关的个人信息,也不得在非服务所必需或无合理场景的情况下自行启动或关联启动其他应用程序。② 在处理个人信息时,企业必须确保所收集的信息数量、频次和精度与所提供的服务相匹配,避免过度收集。

此外,如果用户拒绝提供与服务无关的个人信息或权限,企业不得因此拒绝用户使用服务,也不得频繁要求用户开启权限以干扰其正常使用体验。企业不得以提升服务质量或风险防控为借口,要求用户同意超范围处理个人信息。

针对不同类型的服务,电商企业应在具体使用场景中明确所需的个人信息范围、精度,以及获取个人信息所需调用的权限前台调用频次、后台运行或静默状态调用频次等。

(二)防范员工非法收集个人信息

鉴于电商企业业务广泛,员工众多,素质各异,一旦发生员工侵犯个人信息行为,不仅员工需承担个人责任,企业亦将面临不同程度的负面影响。为降低此类风险,电商企业在遵守《网络安全法》的基础上,应实施网络安全责任制,并构建内部控制体系。具体而言,对于可能接触公民信息的员工,应实施严格的管理措施,并监控其行为;对于涉及数据访问、传输、脱敏、解密等关键操作,应建立审批流程,并与员工签订保密协议。此外,企业须定期开展信息安全培训,培养员工的良好操作习惯,提高其对数据保护的意识,从而有效减少因员工行为不当而引发的企业风险。

---

① 王春业、费博:《大数据背景下个人信息收集和使用的行政法规制》,《中共天津市委党校学报》2021 年第 3 期,第 73 页。

② 韩金峰:《电商企业义务视角下的消费者个人信息法律保护研究》,《经济与法》2023 年第 1 期,第 138 页。

（三）落实告知同意原则

电商企业的运营范畴不仅局限于网络空间，实体店面、市场推广等多种线下活动同样构成了与个人信息主体互动的重要桥梁。以销售人员为例，他们在实体环境中代表企业直接与合作伙伴、消费者等外部联络人进行沟通交流，在此过程中，销售人员可能会收集并回传这些个人信息主体的数据至企业内部系统进行存储。值得注意的是，这些个人信息的处理流程往往绕过了隐私政策的展示环节，且销售代表在履行告知义务时常常出现疏忽，从而削弱了个人信息收集的合法性基础。

鉴于上述可能存在的"告知—同意"缺失问题，电商企业可通过线上管理平台集中推送隐私政策文本，并确保每位个人信息主体都明确知晓并授权其个人信息的处理。

（四）建立内容完备的隐私政策

基于《个人信息保护法》的隐私政策完备要求①，企业首先须向用户明确个人信息的处理者，其次要让用户了解目标信息、处理原因和处理方式，从法律层面来说这是对公开透明原则的遵循，从潜在风险而言，是为了让用户了解可能涉及个人信息处理行为的主体、对象和方式，保证隐私政策这项协议所涉行为的合法合理性。如果企业对隐私政策的制定不够完备，个别条款存在遗漏或瑕疵，将可能导致用户个人信息保护风险的增加。如未告知向关联第三方同步用户个人信息，则可能涉嫌侵害用户的知情权、选择权；如未明示信息侵权的争议解决渠道，则可能导致信息漏洞无法接收用户反馈，导致用户个人信息权益受损。因此，隐私政策相关内容的缺失将可能直接导致企业对个人信息的使用或处理超越了用户知情同意的范畴而构成侵权，企业针对个人信息的处理行为可能会因为未获得"告知—同意"的权利基础而失去合法性，不仅面临罚款、赔偿风险，还会被记入信用档案，不利于企业长期健康发展。

案例

北京某科技公司与罗某隐私权、个人信息保护纠纷②

原告在登录被告旗下软件时，进入账号登录界面输入用户名和密码，点击登录后出现问答界面，需要对用户"职业""学习目的""英语水平"等内容进行填写，之后还须填写个人基本信息界面，输入中英文名等必填内容才能完成注册并进入首页。登录过程中并无"跳过"选项，软件

---

① 刘文静：《平台企业个人信息保护合规研究》，《法学》2022 年第 10 期，第 736 页。
② 案例来源：北京互联网法院(2021)京 0491 民初 5094 号民事判决书。

也没有关于同意收集个人信息的提示。原告认为这属于强制收集用户画像信息。同时还主张被告存在未经同意向其发送营销短信、向关联软件共享信息等行为，侵犯了其个人信息权益。

本案中，法院确认了用户画像作为个人信息的法律属性，并明确了其收集和处理中两个基本问题的重要规则。一是是否需要获取用户同意，如果个性化推荐并非涉案软件的基础服务功能，则收集用户画像不属于履行合同所必需，从而需要获得用户同意；二是如何认定"有效同意"，被告未能提供用户自主选择情况下的强制收集行为，不能认定为有效同意，从而构成侵权。

第二节　个人信息存储法律风险与合规管理

一、个人信息存储基本知识

个人信息存储，指的是将经过加工整理的个人数据，依据特定的格式和序列，存放到特定的媒介之上的信息活动。此过程旨在方便信息管理者和用户高效、精确地识别、定位和提取所需信息。

我国《网络安全法》第 42 条对个人信息存储提出了原则性要求，其规定网络运营者应当采取技术措施和其他必要措施，确保其收集的个人信息安全，防止信息泄露、毁损、丢失；《数据安全管理办法》第 19 条对个人信息存储应参照的标准和采取的措施进行了细化，其规定，网络运营者应当参照国家有关标准，采用数据分类、备份、加密等措施加强对个人信息和重要数据保护。《网络安全法》第 64 条明确了违反个人信息存储要求的责任后果，包括责令改正、警告、没收违法所得、处违法所得一倍以上十倍以下罚款，情节严重的，可以责令暂停相关业务、停业整顿、关闭网站、吊销相关业务许可证或者吊销营业执照。《个人信息保护法》第 51 条进一步重申了个人信息处理者对个人信息实行分类管理的要求，并将其作为个人信息处理者的安全保护义务之一。

二、个人信息存储法律解读

（一）个人信息存储期限最小化

根据《信息安全技术　个人信息安全规范》第 6.1 条规定，存储期限最小化具体包括如下两项要求：其一，个人信息存储期限应为实现个人信息主体授权使用目的所必需的最短时间，法律法规另有规定或者个人信息主体另行授权同意的除外。

个人信息主体授权网络运营者处理个人信息,是为了实现个人信息主体的授权目的。在实现个人信息主体授权目的后继续存储个人信息,失去了合法性基础和合理的依据。其二,超出个人信息的存储期限后,个人信息控制者应当对个人信息进行删除或匿名化处理。删除或匿名化处理的目的都在于,避免该等个人信息再次识别到特定的个人。从程度上说,删除是最彻底的方式,但匿名化的方式既能满足个人信息保护的要求,也一定程度上能够满足大数据发展的需求。[①]

(二)个人信息存储方式安全化

从《信息安全技术　个人信息安全规范》的名称和范围就可以看出该规范对个人信息的安全的重视程度。从名称看,强调安全规范,其核心就在于安全;从范围看,其第1条明确列明,本标准规范了开展收集、存储、使用、共享、转让、公开披露、删除等个人信息处理活动应遵循的原则和安全要求,同样在强调安全的要求。

《信息安全技术　个人信息安全规范》第4条明确了个人信息安全基本原则,具体要求为企业应当具备与所面临的安全风险相匹配的安全能力,并采取足够的管理措施和技术手段,保护个人信息的保密性、完整性、可用性。

三、个人信息存储法律风险分析

(一)个人信息一般性存储涉及的法律风险

个人信息的一般性存储方式是相对于个人信息"云存储"而言的。通常来讲,电商企业出于数据安全的考量并受制于传统信息技术的约束,往往会将个人信息存储在光盘、硬盘、台式电脑以及本地服务器等介质上,这些介质统称为物理存储介质。而类似于百度网盘、腾讯微云等虚拟云端服务器则对应地被称为非物理存储介质。

然而,尽管有法律规范要求企业在实际操作中应实现存储期限的最小化以及存储方式的安全化,但这些规定并未得到全面有效的执行。造成这一现状的原因主要有两方面。首先,"为实现处理目的所必要的最短时间"这一标准缺乏具体的量化指标,因此在实际操作中难以界定和执行。其次,企业在数据删除阶段往往忽视了安全性的重要性,这也为个人信息的安全带来了潜在的风险。

(二)个人信息云存储涉及的法律风险

作为一种新兴信息存储方案,"云存储"是云计算技术的代表应用之一,通过集群应用、网格技术或分布式文件系统等高级应用软件,云存储能够将网络中多样化的存储设备有效整合,形成一个协同工作的数据中心。这个数据中心不仅提供

---

① 刘新宇:《数据保护——合规指引与规则解析》,中国法制出版社,2021年版,第258页。

了强大的数据存储能力,还为用户提供了便捷的业务访问功能。但在云存储形式下,电商企业存储的个人信息,面临如下风险:

1.隐私泄露风险

云存储服务商运用免费或低价策略吸引用户将个人数据托管于云端。随后,这些服务商借助对存储信息的便捷访问,深入分析用户数据,以提供个性化的广告推荐服务。更为严重的是,部分服务商甚至将用户信息转售给其他数据使用者,以此实现其商业价值。

鉴于控制权与所有权分离的现状,云存储服务商在收集和利用用户个人信息时,往往在用户毫不知情的情况下进行,这一行为对用户的信息保密权、支配权以及信息知情权构成了严重侵犯。云存储泄露形式主要分为两种:一种是云存储服务商未经用户同意或未告知用户,擅自将用户信息泄露给第三方;另一种则是由于黑客攻击或物理设备故障等外部因素导致的用户信息被非法获取和使用,这两种情况均对用户的信息安全构成严重威胁。

2.数据安全风险

数据安全风险对用户来说也是云存储服务的主要风险,包括数据存储位置风险、数据恢复能力风险、数据加密与隔离风险、数据的可用性与可持续利用性风险等

3.服务履约风险

服务履约风险主要体现在云存储服务商未能恪守事先约定的服务条款,构成违约行为。此外,服务商可能利用"最终解释权归××公司所有"的条款进行隐性违约。服务条款中亦可能包含不利于个人用户的条款,例如,云存储服务商通常会在其服务条款中声明,他们不直接参与用户内容的上传和整理,仅提供网络服务,因此因其他因素产生的费用和损失须由用户自行承担。此类服务协议和条款的设计,往往旨在通过特定条件在发生争议时将风险转嫁给用户,例如,因个人行为不符合协议规定或使用方法不当等原因导致无法获得赔偿的条款。更为严重的是,当云存储服务提供商未能按约定履行其义务时,用户可能因缺乏有效监测手段而无法及时察觉。

四、个人信息存储合规管理措施

(一)个人信息一般性存储合规管理措施

1.秉持类型化思维,建立分级分类管理机制

电商企业在存储个人信息时,应针对不同安全级别的个人信息设置不同的安全等级保护制度,适用不同的安全存储方案,包括最小必要存储时限、数据信息保护、基础运营能力、运营环境安全、业务连续性保障等,在此基础上建立健全安全模

型、技术指标等配套制度。

2.建立企业内部数据存储安全管理制度

企业应购置符合国家技术安全标准的物理存储介质(如硬盘、本地服务器等),并根据国家或行业技术标准等要求妥善保管存储介质,以免发生毁损、灭失等风险。

3.建立健全的信息删除程序

除信息存储之外,还应注重数据全生命周期的安全性,关注因数据删除不彻底而带来的隐私泄露风险,即使是针对处于删除阶段的个人信息,也应当有健全的删除程序和技术保障,确保个人信息及其上的隐私数据已被永久、彻底地删除。

(二)个人信息云存储合规管理措施

1.提高数据安全防护技术

(1)加密技术。在云存储中,数据在传输和存储过程中容易受到黑客攻击和窃取,因此企业需要采用强大的加密技术。对于敏感数据,可以采用端到端加密方式,保证数据在传输和存储的过程中都是加密的,确保数据的安全性。

(2)访问权限控制。企业应合理设置数据的访问权限,此方式可以保障数据只被授权人员访问和操作,减少数据泄露的风险。通过细化权限设置,可以实现对数据的精细化管控,提高数据的安全性。

(3)数据备份。在云存储中,企业进行数据备份可以避免数据丢失的风险,即使出现了数据被损坏或丢失的情况,也可以通过备份数据进行恢复,降低数据安全风险。

2.建立审计监测机制

在云存储环境中,数据的审计监测机制发挥着至关重要的作用。通过实施这一机制,企业能够迅速识别出不当操作和异常行为,从而确保数据的完整性和安全性。与此同时,结合合规政策的制定与执行,企业可以对数据的使用情况进行全面而有效的监控,确保数据的使用符合相关法规和标准。一旦发现违规行为,企业能够迅速采取措施进行处理,从而保障数据的安全性和合规性。

3.对员工进行安全培训

为确保企业数据合规管理的有效实施,针对企业员工进行系统的数据安全培训至关重要。鉴于云存储技术的广泛应用,员工需深入理解并掌握相关的合规政策及操作规程。通过专业培训,不仅能提升员工的合规意识,还能优化其操作技能,从而显著降低违规行为的发生概率。

案例

南昌某高校数据泄露事件①

2023 年 8 月 16 日,"南昌网警巡查执法"官方公众号披露了一起高校数据泄露事件。根据通报,南昌某高校 3 万余条师生个人信息数据在境外互联网上被公开售卖。南昌公安网安部门即刻开展一案双查,抓获犯罪嫌疑人 3 名,并对涉案高校不履行数据安全保护义务违法行为开展执法检查。经查,涉案高校在开展数据处理活动中:未建立全流程数据安全管理制度,未采取技术措施保障数据安全,未履行数据安全保护义务。导致学校存储教职工信息、学生信息、缴费信息等 3000 余万条信息的数据库被黑客非法入侵,其中 3 万余条教职工、学生个人敏感信息数据被非法兜售。南昌公安网安部门根据《数据安全法》第 45 条的规定,对该学校作出责令改正、警告并处 80 万元人民币罚款的处罚,对主要责任人作出人民币 5 万元罚款的处罚。

第三节　个人信息删除法律风险与合规管理

一、个人信息删除基本知识

2016 年颁布的《网络安全法》规定了当个人在认为网络运营者具有违反法定或约定情形时享有请求对方删除个人信息的权利。《民法典》在此基础上将权利主体"个人"修改为"自然人",将权利行使对象"网络运营者"修改为"信息处理者"。为保护个人信息权益、规范个人信息处理活动、促进个人信息合理利用而制定的《个人信息保护法》中,删除权正式获得立法认可。所谓删除权,是指信息处理者在违反法律或者当事人约定的情况下,自然人可以请求其及时删除有关信息,以保障公民对个人信息的控制权。

二、个人信息删除法律解读

(一)删除权的性质

《个人信息保护法》在第四章"个人在个人信息处理活动中的权利"中规定了

---

① 案例来源:江西公安机关网络安全行政执法典型案例。

信息主体的删除权。[①] 删除权不是人格权请求权的组成部分，也不是救济性、防御性的权利，而是基于个人信息处理行为产生的附条件的程序性权利，以信息处理者未主动履行删除义务为触发要件。另外，个人信息删除权是一种请求权，其核心在于保障信息主体对其个人信息的自主决策权，体现了其主动性特质。当特定条件得到满足时，信息主体便有权向相关义务人提出删除其个人信息的请求。若信息处理者违反这一权利并造成损害，信息主体可依据《个人信息保护法》第 69 条之规定，要求获得相应的赔偿。

（二）个人信息删除权的适用情形

《个人信息保护法》关于删除权的规定最为详细和具体，其中第 47 条第 1 款规定："有下列情形之一的，个人信息处理者应当主动删除个人信息；个人信息处理者未删除的，个人有权请求删除：（一）处理目的已实现、无法实现或者为实现处理目的不再必要；（二）个人信息处理者停止提供产品或者服务，或者保存期限已届满；（三）个人撤回同意；（四）个人信息处理者违反法律、行政法规或者违反约定处理个人信息；（五）法律、行政法规规定的其他情形。"以上所列举的是删除权的法定情形，删除权在行使中还要符合个人信息处理的基本原则，即当个人信息处理不再"合法、正当、必要"时，信息处理者负有主动删除义务。

（三）个人信息删除权的例外情形

《个人信息保护法》第 47 条第 2 款规定了两种删除权例外情形，在满足第 1 款规定的情况下，如果出现第 2 款规定的两种情形之一，信息处理者无须删除个人信息，而是停止除存储和必要的安全措施以外的其他处理行为，由此构成对删除权的具体限制，也成为信息处理者拒绝信息主体删除请求的正当理由。第一种情形是"法律、行政法规规定的保存期限未届满"，第二种情形是"删除个人信息从技术上难以实现"。

三、个人信息删除法律风险分析

（一）匿名化处理与删除适用不分

《个人信息保护法》规定的匿名化是指，个人信息经过处理无法识别特定自然人且不能复原的过程。删除在本质上指的是使个人信息不可再用。与匿名化相比，删除对信息的"销毁"更为彻底和有效，讲求信息无法被取得、使用。尽管经过匿名化处理的个人信息在理论上变得难以识别和复原，但这并不意味着它们是完全安全的，在某些情况下，这些匿名信息若与其他数据相结合，并借助技术手段进

---

① 汪佳芮：《论〈个人信息保护法〉中的删除权——以 APP 中隐私政策文本为研究对象》，上海外国语大学法学硕士论文，2023 年，第 8 页。

行筛选和重组,仍有可能被重新识别或复原。电商平台也有可能借此继续挖掘消费者个人信息的商业价值。

现实中,电商企业将个人信息删除义务履行方式与匿名化处理变相等同。虽然《信息安全技术 个人安全信息规范》第6.1条、第6.4条、第8.5条指出,个人信息控制者在个人信息超出存储期限、自身停止运营产品或服务、注销账户这三种情形时,应对个人信息进行删除或匿名化处理。但是,《个人信息保护法》第47条中对"个人信息处理者停止提供产品或者服务,或者保存期限已届满"明确规定的是"删除",而不是"匿名化"。这样一来,便导致了电商企业对匿名化处理与删除的适用不分。

(二)企业履行义务的真实性不明

企业履行义务的真实性不明指的是消费者无法了解作为重要个人信息处理者的电商企业是否真正履行了删除义务。消费者在面对自身信息删除请求时,往往期望电商企业能够按照内部程序分工和操作规程进行妥善处理,但由于个人信息处理活动高度依赖科学技术,这些活动通常具有较强的专业性和技术性,这导致消费者很难准确判断电商企业是否真正履行了删除义务。有的电商企业可能会采取一些较为隐蔽的技术措施,将消费者的个人信息备份或秘密转存到内部系统中,以备不时之需,而对外,这些企业可能会声称已经履行了删除义务。在这种情况下,消费者作为非专业人士,很难了解信息处理的实际情况。隐私政策虽然在一定程度上为消费者提供了保障,但在实际操作中,这些政策往往只是用来应对删除请求的一种形式,而并非真正有效的保障措施。

四、个人信息删除合规管理措施

(一)企业构建删除后的公示制度

针对企业履行删除义务的真实性问题,可以通过公示与备案来进行处理。电商企业可以组建行业协会,当电商企业完成像删除消费者个人信息等对消费者具有重要影响的义务时,便将信息处理情况报行业协会备案。行业协会将电商企业的删除情况进行实时公示,做到向消费者反馈,向社会公开。当消费者对电商企业删除信息存疑时,通过向行业协会申请,可由电商企业向消费者和行业协会出示删除信息记录等系统操作记录等证明。

(二)拓宽消费者与电商企业沟通渠道

电商企业可在隐私政策中公布个人信息保护负责人联系方式,消费者对企业信息处理活动的疑问可直接与个人信息保护负责人联系,同时,个人信息负责人必须严格监督电商企业的信息处理活动,积极寻找本企业个人信息保护的不足,再会同高管、法律顾问及时规范平台的个人信息处理活动。

（三）企业建立信息使用留痕机制

在大数据背景下,企业如果不注重对信息使用痕迹的追踪,在发现信息泄露、滥用等问题时,很难自证。电商企业在日常运营中,可定期记录网络后台数据海量的个人信息用在什么地方、如何被使用、删除等"痕迹",确保可以被追踪。

案例

孙某某与北京某网讯公司人格权纠纷案[1]

法院经审理认为,在通知删除前,北京某网讯公司作为网络技术服务提供者是否存在主观过错,应结合是否进行人工编辑整理、应具备的信息管理能力、涉案信息侵权类型和明显程度、涉案信息社会影响程度以及是否采取了预防侵权的合理措施等因素综合进行判定:涉案信息不属于明显侵权或者极具可能引发侵权风险的信息,作为一般个人信息,存在权利人愿意积极公开、一定范围公开或不愿公开等多种可能的情形,为鼓励网络信息的利用和流通,对于网络公开的一般个人信息,应推定权利人同意公开,故北京某网讯公司在接到权利人的通知前,难以预见涉案信息是未经授权公开的信息。北京某网讯公司对涉案信息不存在明知或应知的主观过错,不构成对原告个人信息权益的侵害。通知删除后,网络服务提供者应及时采取必要措施,遏制侵权行为的扩大。在收到删除通知后,北京某网讯公司在其有能力采取相匹配必要措施的情况下,未给予任何回复,其怠于采取措施的行为,导致涉案侵权损失的进一步扩大,构成对原告个人信息权益的侵害,本院对原告要求赔偿损失的诉讼请求予以全额支持。一审判决作出后,当事人均未上诉,判决已发生法律效力。

第四节　个人敏感信息处理法律风险与合规管理

一、个人敏感信息基本知识

2021 年底施行的《个人信息保护法》与世界主流的个人信息保护立法保持一致,将个人信息分为一般个人信息和敏感个人信息,并制定了敏感个人信息的特殊处理规则。这体现了对于人格权益和财产安全密切相关的敏感个人信息的倾斜保护,有利于全面预防侵害敏感个人信息的风险,切实保障信息主体的利益。《信息

---

[1]　案例来源:北京互联网法院(2019)京 0491 民初 10989 号民事判决书。

安全技术　个人信息安全规范》附录 B 规定,个人敏感信息是指一旦泄露、非法提供或滥用可能危害人身和财产安全,极易导致个人名誉、身心健康受到损害或歧视性待遇等的个人信息。个人敏感信息包括生物识别、宗教信仰、特定身份、医疗健康、金融账户、行踪轨迹等信息,以及不满 14 周岁未成年人的个人信息。

二、个人敏感信息法律解读

(一)个人敏感信息判定

对于是否属于个人敏感信息,可从以下角度判定:

1.泄露

个人信息一旦泄露,将导致个人信息主体及收集、使用个人信息的组织和机构丧失对个人信息的控制能力,造成个人信息扩散范围和用途的不可控。[①] 某些个人信息在泄露后,被以违背个人信息主体意愿的方式直接使用或与其他信息进行关联分析,可能对个人信息主体权益带来重大风险,应判定为个人敏感信息。

2.非法提供

某些个人信息仅因在个人信息主体授权同意范围外扩散,即可对个人信息主体权益带来重大风险,应判定为个人敏感信息。例如,性取向、存款信息、传染病史等。

3.滥用

某些个人信息在被超出授权合理界限时使用(如变更处理目的、扩大处理范围等),可能对个人信息主体权益带来重大风险,应判定为个人敏感信息。例如,在未取得个人信息主体授权时,将健康信息用于保险公司营销和确定个体保费高低。

(二)处置敏感个人信息的前置要件

1.敏感信息收集行为应具有特定目的

在一般个人信息保护领域,"目的限制原则"是信息处理者理应遵循的基本原则之一,它要求信息处理者应具有明确且合理的目的。但在处理敏感个人信息时,因其"敏感性",所以仅是明确、合理的目的还不够,还必须是"特定的目的"。处理目的特定与否应当与处理者提供服务或产品、处理者履行法定职责或法定义务,为应对突发事件或者为维护公共利益等处理活动结合来加以判断。

2.敏感信息收集行为应具有充分必要性

《个人信息保护法》的核心宗旨在于捍卫自然人的合法权益,确保其不受任何

---

① 刘新宇:《数据保护——合规指引与规则解析》,中国法制出版社,2021 年版,第 252 页。

形式的侵犯。敏感个人信息的充分必要性原则,指的是在特定情境下,收集此类信息是完成某项任务或活动的先决条件,若缺乏这些敏感信息,后续的相关活动将无法进行。然而,若存在其他途径可以实现同样的处理目的,而无需收集敏感个人信息,那么就不应进行此类信息的收集,更不应在此基础上进行后续的处理活动。

三、个人敏感信息法律风险分析

(一)特定目的原则难落实

针对敏感个人信息的处理,部分企业存在处理目的表述不清的问题。这种模糊、抽象的描述方式,使得用户难以明确了解自身信息将如何被处理,从而无法充分保障用户的知情权。此外,一些企业在制定个人信息保护政策时,故意模糊处理目的,甚至利用例外性规定规避特定目的原则,这无疑损害了用户的隐私权。

在修订个人信息保护政策时,部分企业未能及时通知用户敏感个人信息处理目的的变更,甚至未向用户明确说明变更内容,这种行为不仅剥夺了用户的知情权,还可能导致用户的隐私权受到侵害。再者,当敏感个人信息的处理目的消失后,部分企业仍未能及时删除或匿名化处理用户敏感个人信息,这种行为也违反了特定目的原则,对用户的隐私权构成了威胁。

(二)告知同意规则落实难

尽管《个人信息保护法》为保护用户隐私提供了一定程度的法律保障,但尚未明确规定敏感个人信息处理原则的具体目的,这一法律空白可能导致企业滥用解释权,进一步侵犯用户的隐私权益。此外,传统的"告知—同意"方式在实际操作中并不能真实保障用户的知情权与选择权。

四、个人敏感信息合规管理措施

(一)科学规定信息处理目的

首先,企业在处理用户敏感个人信息前,应当全面准确地规定敏感个人信息的处理目的。这一规定应当包含充分的细节,以便提高辨识度,使用户能够全面认知处理目的并产生合理预期。其次,企业应当准确无误地阐明敏感个人信息的处理目的。此外,企业应当依法处理用户敏感个人信息,不得以违法目的处理敏感个人信息。

(二)个人敏感信息"脱敏化"处理

个人信息脱敏化处理也就是将信息中敏感的部分通过技术手段处理到其中能够识别到唯一个人的相应信息,当敏感信息被收集并以静态模式存储时,需要在脱敏规则的指导下对数据做改变形态处理,然后通过分区域的分散加密手段模糊数据间的关系,防止信息被泄露窥视。

(三) 企业加强敏感信息防泄露保护机制

当信息进入处理环节,那么面临的风险将无处不在,最底限的保护措施就是防止敏感个人信息被泄露。个人敏感信息的泄露有可能发生在信息处理的各个环节,因此企业在各处理环节都应当针对该环节的信息处理特性设置相应的防泄露机制,企业在处理技术上可建立实时监测机制,对敏感个人信息是否有泄漏可能进行实时监测,一旦发现有泄露风险的,可以阻断数据链的传送。同时防泄露系统应当具备溯源能力,实现个人敏感信息泄露的源头追溯,及时从源头阻止信息的多重泄露的可能。

案例

广州市越秀区人民检察院与郑某等个人信息保护公益诉讼案①

2020年9月始,郑某向任某等三人出售大量居民身份证号码、照片等信息,用于制作虚假人脸动态识别视频,解封微信账号、验证工商类等政务APP的实名认证,从中非法获利。同时,郑某等四人利用"蝙蝠"软件"阅后即焚"功能删除大量信息和交易记录,导致受害人数量、身份、信息去向、用途均无法核实。广州市越秀区人民检察院认为郑某等的行为已侵害社会公共利益,遂提起民事公益诉讼,要求郑某等立即停止侵权、支付公益损害赔偿金等。

广州互联网法院生效判决认为,郑某等所处理的人脸信息属于敏感个人信息中的生物识别信息,蕴含人格权益及财产利益,其在未取得授权同意的情况下,对不特定社会公众的人脸信息进行非法收集、买卖、使用,侵害了不特定公众的信息自决权,损害了社会公共利益。综合考虑人脸信息的敏感性、侵权行为波及的领域、影响的程度等因素,酌情参照其违法所得计算公共利益损失。依据《中华人民共和国民法典》第111条、第1182条等规定,判决郑某等立即停止侵权,支付公益损害赔偿金10.3万元,通过与个人信息保护相关的警示教育、公益宣传、志愿服务等方式进行行为补偿。

---

① 案例来源:全国法院系统2023年度优秀案例。

外部市场交易专论

第三部分

第五章

知识产权保护法律风险与合规管理

《电子商务法》总则第 5 条规定,电子商务经营者从事经营活动,应当遵循自愿、平等、公平、诚信的原则,遵守法律和商业道德,公平参与市场竞争,履行消费者权益保护、环境保护、知识产权保护、网络安全与个人信息保护等方面的义务,承担产品和服务的质量责任,接受政府和社会的监督。知识产权保护是电子商务经营者应当承担的义务,也是电子商务经营者的常见法律风险。做好知识产权保护和合规,是电子商务从业者必须面对和研究的课题。

2022 年,中国电子商务市场规模再创新高,全国电子商务平台交易额43.8 万亿元。[①] 互联网经济的大背景下,电子商务平台成为经济生活不可或缺的交易场所。与此同时,电子商务平台成为知识产权侵权及纠纷的重灾区,中小电子商务企业也不可避免牵涉其中。2022 年,抖音电商合作核验注册商标超 1.4 万个,拦截超 9.2 万次使用伪造或无效授权的入驻申请。抖音的维权平台为超 2.4 万个权利人和 1.9 万份知识产权备案维权提供服务,处罚侵权行为超 1 万次,删除侵权商品链接超 15 万条。平台协助有关部门,落地线下打击侵权案件 12 起,抓捕 110 名犯罪嫌疑人,涉案金额 1.1 亿元。[②] 因此,无论是电子商务平台企业,还是平台内的中小电子商务企业,其知识产权的保护义务和合规责任均任重而道远。

"知识产权是人们依法对自己的特定智力成果、商誉和其他特定相关客体等享有的权利。"[③]传统知识产权可大致分为著作权、商标权、专利权,其中著作权自成一体,又称"版权";而商标权和专利权被合称为"工业产权"。基于知识产权的私权属性,无论是著作权对应的客体——作品、商标权对应的客体——商标,还是

---

① 数据来源:商务部电子商务司《中国电子商务报告(2022)》。
② 数据来源:2023 年 3 月 23 日《2022 抖音电商知识产权保护报告》。
③ 王迁:《知识产权法教程》(第五版),中国人民大学出版社,2016 年版,第 3 页。

专利权对应的客体——专利,都因其非物质性(无形性)特征,与电子商务经济对应的互联网经济形成"天作之合"。互联网经济使得知识产权价值凸显,商品价值及其蕴含的知识产权权利的流转、变现变得更加高效,无论该等流转、变现有无授权、是否合法、是否合规。于是,对中小电子商务企业来说,无论是维护自己的知识产权权益,还是侵犯第三方知识产权权益,都变得稀松常见。

我们认为,中小电子商务企业做知识产权的保护、风险防控、合规管理,可以根据传统知识产权的范围和框架进行全面的落地和执行。

第一节 著作权侵权风险与合规管理

一、著作权基本知识

"著作权,是著作权法赋予民事主体对作品及相关客体享有的权利,其最重要的权利类型是'排他权利',又称'专有权利',意为阻止他人许可实施特定行为的权利,如复制权、发行权等"。[①]

著作权又称版权。广义的著作权还包括著作权的邻接权,即作者之外的民事主体对作品之外的客体享有的一系列权利。依据我国《著作权法》规定,邻接权包括表演者对其表演、录音录像制作者对其制作的录音录像、广播电视组织者对其播出的节目信号和出版者对其设计的图书版式享有的权利。而狭义的著作权,贴近其字面意思,即"作者权"强调作品的作者,基于作者身份,对其创作完成的作品享有的人格权利和财产权利。

无论是英国著作权法、美国著作权法、德国著作权法、法国著作权法还是中国著作权法,无论是其具体内容表述还是权利的保护范围,都存在各种差异。尽管著作权经历一系列的历史演变,但人类的历史长河中,著作权制度的产生,都赋予了作者和其他主体相当特殊的专有权利。这种赋权极大刺激和鼓励了文学、艺术等作品的创作和传播。随着复制和传播技术的发展,著作权制度更是一路蓬勃发展,著作权的客体和权利更是不断催生出新的类型。在电子商务等互联网经济繁荣发展的当下,著作权在电子商务企业的经营体系里正在熠熠生辉。

[①] 王迁:《著作权法》,中国人民大学出版社,2020年版,第1页。

二、著作权法律解读

(一)作品与权利范围

我国《著作权法》第3条规定:"本法所称的作品,是指文学、艺术和科学领域内具有独创性并能以一定形式表现的智力成果,包括:(一)文字作品;(二)口述作品;(三)音乐、戏剧、曲艺、舞蹈、杂技艺术作品;(四)美术、建筑作品;(五)摄影作品;(六)视听作品;(七)工程设计图、产品设计图、地图、示意图等图形作品和模型作品;(八)计算机软件;(九)符合作品特征的其他智力成果。"我国著作权立法,采用的是列举加兜底的模式,一方面列举了八种类型的作品,一方面以"符合作品特征的其他智力成果"为兜底,为未来可能产生的其他形式的作品预留空间。近年来,司法实践已经将"赛事直播画面""游戏直播画面"等新型的智力成果纳入"符合作品特征的其他智力成果"的范畴。未来,我们还会看到更多的"符合作品特征的其他智力成果"。

根据我国《著作权法》第10条的规定,著作权包括著作人身权和著作财产权,其中著作人身权包括发表权、署名权、修改权、保护作品完整权,著作财产权包括复制权、发行权、出租权、展览权、表演权、放映权、广播权、信息网络传播权、摄制权、改编权、翻译权、汇编权、应当由著作权人享有的其他权利。法律同样采用了列举加兜底的模式,先列举了十六种明确的权利,再以"应当由著作权人享有的其他权利"为未来可能产生的新的权利类型预留空间。

(二)侵权行为与责任

我国《著作权法》第52条规定:"有下列侵权行为的,应当根据情况,承担停止侵害、消除影响、赔礼道歉、赔偿损失等民事责任:(一)未经著作权人许可,发表其作品的;(二)未经合作作者许可,将与他人合作创作的作品当作自己单独创作的作品发表的;(三)没有参加创作,为谋取个人名利,在他人作品上署名的;(四)歪曲、篡改他人作品的;(五)剽窃他人作品的;(六)未经著作权人许可,以展览、摄制视听作品的方法使用作品,或者以改编、翻译、注释等方式使用作品的,本法另有规定的除外;(七)使用他人作品,应当支付报酬而未支付的;(八)未经视听作品、计算机软件、录音录像制品的著作权人、表演者或者录音录像制作者许可,出租其作品或者录音录像制品的原件或者复制件的,本法另有规定的除外;(九)未经出版者许可,使用其出版的图书、期刊的版式设计的;(十)未经表演者许可,从现场直播或者公开传送其现场表演,或者录制其表演的;(十一)其他侵犯著作权以及与著作权有关的权利的行为。"

《著作权法》第53条规定:"有下列侵权行为的,应当根据情况,承担本法第五十二条规定的民事责任;侵权行为同时损害公共利益的,由主管著作权的部门责令停止侵权行为,予以警告,没收违法所得,没收、无害化销毁处理侵权复制品以及主要用于制作侵权复制品的材料、工具、设备等,违法经营额五万元以上的,可以并处违法经营额一倍以上五倍以下的罚款;没有违法经营额、违法经营额难以计算或者不足五万元的,可以并处二十五万元以下的罚款;构成犯罪的,依法追究刑事责任:(一)未经著作权人许可,复制、发行、表演、放映、广播、汇编、通过信息网络向公众传播其作品的,本法另有规定的除外;(二)出版他人享有专有出版权的图书的;(三)未经表演者许可,复制、发行录有其表演的录音录像制品,或者通过信息网络向公众传播其表演的,本法另有规定的除外;(四)未经录音录像制作者许可,复制、发行、通过信息网络向公众传播其制作的录音录像制品的,本法另有规定的除外;(五)未经许可,播放、复制或者通过信息网络向公众传播广播、电视的,本法另有规定的除外……"

著作权法律因其繁杂的作品形式、丰富的权利类型、权利与权利之间模糊的界限、条文与通行语义的偏差、公法和私法兼而有之等众多不同于普通民商事法律的特点,被称为"鬼法"。如果用通俗易懂的说法去解释著作权法的规定,就需要中小电子商务企业从业者始终告诉自己不能用直觉判断自己是否是著作权权利人,不能想当然认为自己可以行使权利,不能想当然认为自己使用第三方作品的行为不构成侵权。稍有疏忽,可能会招致权利人通过电商平台递交的著作权侵权投诉,或收到司法机关送达的"著作权权属、侵权纠纷"的立案通知、开庭传票。

三、著作权法律风险分析

人类社会走到今天,消费者购买商品已经不再满足于商品本身的实用功能,其视野已经走向兼具功能和艺术、兼具实用和美感。著作权保护的对象是创作者独创性的表达,保护的成果是具有一定美感的、具有一定独创性的文学艺术作品。因此,作品与产品的结合,成为必然。将包含著作权法律保护的"作品"融入"产品",成为商品市场抢占市场份额的有力武器。有作品加持的产品,更容易在市场竞争中大杀四方,俘获消费者的芳心,抢占更大的市场份额。没有原创作品加持的经营者,也在试图通过一些擦边球的冒险方式抢占市场份额。

随着互联网技术的发展,越来越多的作品以电子化的形式存储与传播,电子化的作品更容易被复制与传播。电子商务经济,大幅度提升了电子商务企业对作品著作权行权和获利的效率,同时也大大降低了侵权者的侵权成本,实施侵权行为更为便利。中小电子商务企业,被牵扯进入著作权侵权的案例,主要集中在具有明显"互联网属性"的复制权侵权、发行权侵权、信息网络传播权侵权等"电子"和"商务"结合的侵权类型。

(一)复制权、发行权的维护及侵权风险

我国《著作权法》规定的复制权系"以印刷、复印、拓印、录音、录像、翻录、翻拍、数字化等方式将作品制作一份或者多份的权利","发行权,即以出售或者赠与方式向公众提供作品的原件或者复制件的权利"。若将文学、艺术作品融合进入产品中,"复制"是无法绕开的手段和方式。而将艺术品原件或复制件对外销售,又伴随着发行权的行使。如产品的生产商或销售商,未经著作权人授权即将著作权人的作品复制成产品,或贴合产品,并进行公开的销售,即涉嫌对著作权人享有的复制权、发行权的侵犯。

电子商务企业最常见的著作权侵权风险,即电子商务经营者的复制权、发行权侵权风险,常见的侵权情形如下:

1. 直接复制发行

即未经作品著作权人授权,将作品(图书、光盘、雕塑、美术作品等可以直接复制的作品)复制一份或多份,并对作品复制件进行生产、销售。在中国某出版社有限公司诉浙江某网络有限公司、临高某商贸中心著作权权属、侵权纠纷案中,被告浙江某网络有限公司经营的名称为"某图书畅销店"的淘宝店铺,销售未经授权复制的《全国一级造价工程师职业资格考试培训教材(2021年版)》系列图书,法院认定"被告临高某商贸中心销售的被诉侵权图书系盗版图书,其销售盗版图书的行为侵害了原告的复制权,应当承担停止侵权、赔偿经济损失的民事责任"①。

2. 贴合式的复制发行

即未经作品著作权人授权,将作品(无论是否进行修改)复制成为产品的包装、装潢,进行产品的生产、销售。在重庆某食品有限责任公司诉重庆某食品有限公司、石某某侵害作品复制权、侵害商标权及不正当竞争纠纷案中,一审法院认为"被告在其产品包装上使用的装潢与原告的"胖子外袋"美术作品构成实质性相似,两者在配色、整体布局、背景山水图案、背景暗纹图案、品牌标识及宣传语等基本相同或相似,另一被告共同复制了原告作品,构成共同侵权,应当承担共同侵权责任"②。二审法院不仅认可了一审法院复制权的侵权定性,还另行认定"原告产品包装装潢形成时间早于被控侵权产品,被告作为同一地区同业竞争者,在被控侵权产品装潢上使用整体装潢设计与原告构成实质性近似,容易导致相关公众产生混淆,构成不正当竞争"③。

3. 转换形式的复制发行

即未经作品著作权人授权,将作品(主要指美术作品、摄影作品等平面作品)进行平面到立体的复制,或者立体到平面的复制,进行产品的生产、销售。在深圳某文化创意有限公司与杭州某科技有限公司著作权侵权纠纷案中,杭州市铁路运

---

① 参见海南省儋州市人民法院(2022)琼9003民初4651号民事判决书。
② 参见重庆自由贸易试验区人民法院(2019)渝0192民初10009号民事判决书。
③ 参见重庆市第一中级人民法院(2019)渝01民终10683号民事判决书。

输法院认为,"诉争的图案是'AI 世界'汽车车顶灯设计图,其中,涉案车顶灯设计图系点、线、面和各种几何图形组成的图纸,具体描绘了汽车顶灯的流线造型、视觉享受;体现了精细、简洁、和谐与对称的科学之美;涉案汽车车顶灯设计图描绘了车辆顶灯的外观形状,以对称、线条、金属、木框材质、孔位位置体现了设计者的独创性,具有一定的艺术美感,同时兼具实用性及可复制性,系著作权法意义上的图形作品。"①,又认定"文化创意公司提供公证书等证据证明科技公司生产、销售与文化创意公司图形作品近似的产品,实施了'从平面到立体'的复制行为,故文化创意公司主张科技公司复制权、发行权侵权诉请成立。"②

上述侵权,包含产品本身的侵权,也包括店铺或页面对第三方的侵权。如第 1 种和第 3 种侵权即属于产品本身的著作权侵权风险,第 2 种侵权属于宣传和推广型的著作权侵权风险。

(二)信息网络传播权的维护及侵权风险

我国《著作权法》规定的信息网络传播权即以有线或者无线方式向公众提供,使公众可以在其选定的时间和地点获得作品的权利。信息网络传播权这一权利类型,天然具备互联网属性,与电子商务密不可分,电子商务企业也因通过互联网销售、推广产品或服务,而无时不通过互联网传播作品。常见侵权情形包括:

1. 互联网发布产品及包装包含第三方的作品

实践中此类案例非常多,在沈阳某文化传媒有限公司与北京某商贸有限公司著作权侵权纠纷一案中,一审法院认为"商贸公司未经许可,在其销售的 4 款涉案产品上使用文化传媒公司享有著作权的涉案美术作品,侵犯了文化传媒公司对作品享有的发行权、信息网络传播权和获得报酬权,应当依法承担停止侵权、赔偿损失的民事责任"③。双方均不服,上诉至二审法院即北京知识产权法院,二审法院认为,"商贸公司所主张的合法来源抗辩仅适用免除发行权侵权的赔偿责任承担,不能免除其侵害文化传媒公司信息网络传播权赔偿责任的承担"④。法院认为被告商贸公司为了在天猫网店销售载有侵权复制品的京剧戏剧脸谱钥匙扣、相框,在其天猫网店向公众展示有关被控侵权产品的图片,构成信息网络传播权侵权。

在青岛某食品有限公司、夏邑县某贸易有限公司等著作权权属、侵权纠纷案中,浙江省高级人民法院终审判决认为,"贸易公司等在未经食品公司许可的情形下,在其开设的网络店铺的商品宣传中使用被诉侵权图案,并销售以被诉侵权图案

---

① 参见杭州铁路运输法院(2021)浙 8601 民初 2073 号民事判决书。
② 参见杭州铁路运输法院(2021)浙 8601 民初 2073 号民事判决书。
③ 参见北京互联网法院(2020)京 0491 民初 9696 号民事判决书。
④ 参见北京知识产权法院(2021)京 73 民终 3898 号民事判决书。

为包装的被诉侵权产品,侵害了食品公司享有的美术作品著作权即复制权、发行权和信息网络传播权"①。

2. 互联网发布企业的宣传片、解说视频包含第三方的作品

笔者曾代理多起类似案例,某电子商务企业,公司员工想当然的从互联网下载一些轻音乐,作为淘宝网店的产品介绍视频的配乐,被音乐公司授权的第三方公司通过技术手段检测发现,音乐公司授权的第三方公司在杭州市西湖区人民法院提起诉讼。法院经审理认为,产品介绍视频的配乐系未经授权,构成对音乐作品权利人信息网络传播权的侵犯。此类案例因争议不大,大多调解结案。类似的案例很多,电商平台的企业宣传片、产品宣传片、解说视频、介绍视频等视频、音频类的作品,使用第三方权利人的音乐作品、字体美术作品等,均构成对权利人信息网络传播权的侵犯。

3. 电子商务网站的页面使用了第三方的作品

常见的侵权包括使用第三方的美术作品(包括艺术画作、字体)、摄影作品、视听作品。在浙江某公司诉陈某著作权及侵权纠纷案中,法院认为,"被告将侵权商品细节图上传至涉案店铺的商品销售网页中,因被控侵权图案与涉案美术作品构成实质性相似,故可使公众通过网络获得作品,亦构成了对涉案美术作品信息网络传播权的侵犯"②。2023 年,某公司诉王某等侵害作品信息网络传播权、不正当竞争案,北京市互联网法院认定被告王某在网店经营过程中,使用知名节目名称和截图进行商品广告宣传的行为侵害了原告享有的信息网络传播权,同时构成不正当竞争,应承担相应法律责任。

4. 互联网直播销售画面中使用第三方的作品

为了渲染直播间气氛以带动消费,电商直播带货过程中通常会播放音乐,倘若未经许可将他人音乐作品作为直播间背景音乐使用,则可能被认定为侵犯他人音乐作品的广播权。在舒某侵犯信息网络传播权纠纷案中,网络主播舒某在 YY 直播平台进行在线直播,其间舒某演唱案涉歌曲,法院认为舒某在未经授权的情况下通过网络直播传播他人作品的行为构成侵犯广播权的行为,直播回放视频在其主播页面供用户在线浏览、播放的行为构成侵犯信息网络传播权的行为。③

5. 自媒体账号的图文广告、视频等包含第三方作品

在黄某与北京某网络技术有限公司等著作权权属、侵权纠纷中,北京互联网法院认为,"被告在未经原告许可的情况下,在其运营的新浪微博账号平台上使用涉案美术作品作为其官方微博发布文章的配图,并配有与"双 12"活动有关的宣传文

---

①　参见浙江省高级人民法院民事判决书(2022)浙民终 741 号民事判决书。

②　参见上海市徐汇区人民法院(2021)沪 0104 民初 11215 号民事判决书。

③　参见广州互联网法院(2022)粤 0192 民初 499 号民事判决书。

字,未为原告署名,侵害了原告的信息网络传播权和署名权,应依法承担侵权责任"①。

四、著作权合规管理

综合前文的内容,我们发现电子商务企业的著作权侵权风险非常大,很多经营者稍有不慎,就会收到电商平台转发的第三方知识产权投诉,或者收到第三方权利人发送的律师函,甚至直接收到法院的立案通知、开庭传票。电子商务企业的著作权合规管理,必要且非常迫切。

我们认为,中小电子商务企业要做好著作权合规管理,应从以下几点着手:

(一)坚持原创精神,树立版权意识

著作权法意义上的作品并非普通中小电子商务企业经营者触不可及,著作权也并非高深莫测的概念。相反,作品随手可得,著作权的获取轻而易举。中小电商企业经营电子商务网站、网店所需的作品,主要集中在摄影作品、美术作品等视觉作品层面,随着摄影技术的发展,摄影器材人手一份,图像处理软件可以免费使用,这些摄影作品、美术作品的创作已经走入千家万户,普通的中小企业经营者,可以通过简单的学习,拍摄精美的产品照片、处理较为复杂的网站图片,并将自己拍摄、处理的摄影作品、美术作品直接用于自己经营的电子商务网站、网店,以原创作者的身份,走入电子商务知识产权事业之中。即便追求高品质的作品,也可以通过低成本的业务外包的形式,委托第三方视觉工作者、工作室,完成企业经营过程中作品的创作、授权使用。总之,中小电商企业,应秉承基本的版权意识,将著作权权利意识植入内心,尊重并敬畏原创。

(二)严格电商素材来源的审核

中小企业在发布产品图文等素材时,应严格审核素材的来源。如相关素材系企业原创作品,应及时确认作品系员工个人创作,还是职务作品、法人作品,相关素材是否有对应的权利文件支撑。如相关作品系委托第三方创作,应及时确认是否已经以公司的名义,与第三方签署委托创作协议并明确版权归属和使用范围。如审核确认相关作品系第三方授权,应及时确认是否以公司的名义获得第三方权利人的授权书,以及具体的授权使用范围、期限、区域、渠道等。如审核确认相关作品系与第三方合作创作,应及时确认是否与合作对象签署必要的合同和权利归属文件。

(三)严格权利文书的审核管理

如前文所述,如确认作品为职务作品,应严格审核与员工之间的劳动合同是否

---

① 参见北京互联网法院(2020)京 0491 民初 34326 号民事判决书。

有明确的"知识产权归属"条款,是否就作品的来源有明确的提交痕迹,如是否要求员工通过电子邮件发送至公司指定的邮箱,以确保员工离职后,以职务作品的形式确保作品的真实来源。

如审核确认委托创作协议,应严格审核确认在委托创作协议里是否确认创作完成的成果版权归属于公司。很多中小电商企业经营者想当然认为委托设计师设计开发的作品的版权自然归自己所有,但令人遗憾的是,我国《著作权法》第19条规定"受委托创作的作品,著作权的归属由委托人和受托人通过合同约定。合同未作明确约定或者没有订立合同的,著作权属于受托人"。很显然,现行法律明确规定合同对著作权没有约定,或者约定不明确的,著作权归受托的设计师所有。有的电商企业经营者想当然认为在合同中约定"设计/制作成果所有权归甲方(公司)所有"已经可以确认著作权归属;殊不知,所有权和著作权(知识产权)是独立的权利类型,委托创作合同中的此类约定会被人民法院认定为"没有约定",进而设计(制作)成果的著作权会被认定归受托方(外包设计师)所有。

在审核确认著作权授权合同或授权书时,应严格审核确认第三方授权的具体作品、授权权利范围、授权期限范围、授权区域范围、是否可以转授权等是否符合作品的使用形式。中小电子商务企业,如使用作品的形式为互联网平台的传播,应获得信息网络传播权的授权,如使用作品的形式为产品的生产、电子商务销售、宣传推广,应获得权利至少包括复制权、发行权、信息网络传播权,如产品的销售的渠道包括线下超市,应获得展览权的授权。如产品的销售渠道包括境外,应将对应区域作为授权区域。如被禁止转授权,则不得授权第三方公司传播使用授权作品。

(四)严格版权登记确权事宜

由于电子商务平台在处理版权投诉时只认可国家或地方(省级)版权登记(保护)中心出具的版权登记证书,而不认可授权书、劳动合同等权利文件的版权证明效力。因此,版权登记的必要性和重要性凸显。版权登记除了在前述电子商务平台侵权投诉和抗辩中大有可为外,还可以应对员工离职后的原件遗失、委托创作合同等权利文书遗失等极端情况。不仅如此,版权登记证书还是人民法院认定版权归属的有效的初步证据。

五、实务疑难问题

《电子商务法》第42条规定,知识产权权利人认为其知识产权受到侵害的,有权通知电子商务平台经营者采取删除、屏蔽、断开链接、终止交易和服务等必要措施。通知应当包括构成侵权的初步证据。电子商务平台经营者接到通知后,应当及时采取必要措施,并将该通知转送平台内经营者;未及时采取必要措施的,对损害的扩大部分与平台内经营者承担连带责任。因通知错误造成平台内经营者损害的,依法承担民事责任。恶意发出错误通知,造成平台内经营者损失的,加倍承担赔偿责任。《电子商务法》第43条规定,平台内经营者接到转送的通知后,可以向电子商务平台经营者提交不存在侵权行为的声明。声明应当包括不存在侵权行为的初步证据。中小电子商务企业,在著作权法律风险防控和合规的相关法律问题,比较棘手的问题当属遭遇权利人的商业维权,尤其是批量商业维权。

批量商业维权在启动前,往往会先进行侵权证据保全,然后通过平台投诉的形式,实现"以投诉促和解"的目标。中小电商企业收到平台的侵权警示时,应第一时间通过相关平台的信息通知获取侵权产品的相关信息及投诉方具体的版权信息,分析自身产品或网页是否构成侵权,也可以咨询专业的版权律师,如认为自家产品或网页不构成侵权,可以直接向平台进行申诉;如果产品的确可能构成侵权,应迅速下架侵权产品;如所经营的店铺被平台暂停产品销售,同样可以依据平台规则来进行申诉;如果平台申诉不成功,可及时联系产品权利人,尝试和解沟通谈判,促进权利人尽快撤回投诉。前述流程,也可以委托律师代理,包括委托律师评估产品是否构成侵权、是否存在不侵权抗辩的元素、和解的可能性,通过律师的协助,慎重选择合适自身的解决方案。

第二节　商标权侵权风险与合规管理

一、商标权的基本概念

商标是区分商品和服务来源的标志。商标权,是指商标所有人对其商标所享有的独占的、排他的权利。并非所有的标志都可以称之为商标,只有具备了特定条件的标志才可以被依法注册为商标。TRIPS协定第15条第1款规定:"任何标记或标记的组合,只要能够将一企业的货物和服务区别于其他企业的货物或服务,即能够构成商标。此类标记,特别是单词,包括人名、字母、数字、图案的成分和颜色的组合以及任何此类标记的组合,均应符合注册为商标的条件。如标记无固有的区别有关货物或服务的特征,则各成员可以由通过使用而获得的显著性作为注册的条件。各成员可要求,作为注册的条件,这些标记应为视觉上可感知的。"

商标的首要功能是识别功能,即区分商品或服务的来源,让消费者通过商标将商品或服务的提供者区分开来。商标的第二功能是品质保证功能,产品的品牌方或生产方,通过商标向消费者传递信息,使用某一商标的商品或者服务,具有该商标所表达的一贯的品质。商标的第三功能是广告宣传功能,即让商标权利人利用商标进行广告宣传。商标权是知识产权中较为特殊的权利类型,商标的标识本身并非著作权法意义上的智力创造,也不是专利法意义上的发明,但商标因区分价值和标记价值而具有无形财产权利高权重的权利价值。

二、商标权法律解读

(一)权利要素与特点

我国《商标法》第 8 条规定"任何能够将自然人、法人或者其他组织的商品与他人的商品区别开的标志,包括文字、图形、字母、数字、三维标志、颜色组合和声音等,以及上述要素的组合,均可以作为商标申请注册"。我国《商标法》沿用了TRIPS 协定(《与贸易有关的知识产权协定》)第 15 条第 1 款的规定,强调商标注册的必要条件,即"与他人的商品区别开的标志",重点强调了商标的首要功能——区别功能。

我国《商标法》第 8 条还规定了商标的注册申请制度,即商标专用权依注册申请而获得。《商标法》第 3 条规定,"经商标局核准注册的商标为注册商标……商标注册人享有商标专用权,受法律保护",即只有通过商标局核准注册的商标,才享有"商标专用权"。"商标专用权"是典型的知识产权,具有一定程度的"垄断性"和"排他性",即商标权利人对其注册商标享有"排他性"的使用权,非因法律特别规定,任何第三方未经授权不得擅自进行商标性使用。

(二)侵权类型与侵权行为

我国《商标法》第 57 条规定:"有下列行为之一的,均属侵犯注册商标专用权:(一)未经商标注册人的许可,在同一种商品上使用与其注册商标相同的商标的;(二)未经商标注册人的许可,在同一种商品上使用与其注册商标近似的商标,或者在类似商品上使用与其注册商标相同或者近似的商标,容易导致混淆的;(三)销售侵犯注册商标专用权的商品的;(四)伪造、擅自制造他人注册商标标识或者销售伪造、擅自制造的注册商标标识的;(五)未经商标注册人同意,更换其注册商标并将该更换商标的商品又投入市场的;(六)故意为侵犯他人商标专用权行为提供便利条件,帮助他人实施侵犯商标专用权行为的;(七)给他人的注册商标专用权造成其他损害的。"很显然,《商标法》规定的侵权行为包括"相同侵权使用""相似侵权使用""销售侵权""伪造标识侵权""制造标识侵权""换标侵权""帮助侵权""其他侵权"。我国《商标法》第 57 条依然采用列举加兜底的立法方法,将商标侵权的基本类型进行列举,并兜底性规定未来其他可能的侵权类型。

三、商标权法律风险分析

与线下交易不同的是,电子商务交易中消费者往往无法通过直接接触产品实物完成交易。电商交易活动通过线上平台完成的,除了卖家在平台披露、介绍的信息外,买家在收到货物之前,均无法判断所购商品的真伪、质量优劣,而只能通过对品牌信任与依赖来实现对商品的判断,这种情况导致商标权侵权成为中小电子商务企业经营活动中知识产权侵权频发的"高风险区";一些电子商务企业往往会利用他人知名商标,混淆消费者视听。在电子商务领域的商标纠纷实践中,商标法律风险主要包括以下几种情形:

(一)销售商标侵权商品

最直接的商标侵权,莫过于电子商务企业销售的产品标有他人注册商标,如假冒名牌产品等。该行为直接侵犯了商标权人的商标专用权;不仅如此,该等行为还可能涉嫌销售假冒注册商标的商品罪。在红蜻蜓公司与李某侵犯商标权纠纷案中,法院确认红蜻蜓公司系第 905213 号、第 3670359 号、第 9677160 号注册商标专用权人,法院认为"李某未经许可在涉案商品及商品详情中使用了与涉案商标相同或近似的标识,给消费者在识别商品来源上造成了误导,根据《商标法》的相关规定,其行为侵害了涉案权利商标的专用权,依法应承担赔偿损失的民事责任"[①]。

在贝亲公司与陈某某假冒注册商标的商品罪刑事案件中,法院查明,陈某某在某网站以 4 元一个奶嘴、25 元一个奶瓶的价格购买假冒的"贝亲"牌产品,储存于外地某仓库中,并通过其本人注册的网店对外销售,销售数量达 3000 余单。截至案发,被告人陈某某销售假冒品牌奶瓶及奶嘴金额共计人民币 15 万余元。上海市闵行区人民法院经审理认为,被告人陈某某明知是假冒注册商标的商品而予以销售,已销售金额达人民币 15 万余元,属于有其他严重情节,其行为构成销售假冒注册商标的商品罪。

(二)将他人商标作为店铺名称或标识

一些中小电子商务经营者,没有商标法的基本法律意识,为了提高电子商务店铺的运营效率和店铺的流量,将店铺名称或网站域名注册成与其他商标相同或相似的名称,而没有经过商标权人的授权,这种行为涉嫌侵犯商标权人的商标专用权。

在王牌公司与王牌雅居企业店商标侵权及不正当竞争侵权纠纷案中,法院查明某公司曾在淘宝平台开设的店铺"王牌雅居企业店"中销售与原告注册商标类别一致的商品时,商品链接标题均含"王牌"字样。王牌公司认为,被告未经许可,在销售的卫浴产品上使用王牌公司商标,且在淘宝平台开设店铺中使用王牌公司的字号以混淆产品来源,侵害王牌公司的商标权并构成不正当竞争。上海市虹口区人民法院认为公众将"王牌"作为关键词输入平台搜索框后可出现该品牌的店铺和商品,而被告公司的行为导致公众在淘宝平台搜索"王牌"字样时出现某公司的店铺和商品,足以使相关公众误认为其与王牌公司注册商标的商品有特定联系,故该行为构成商标性使用且易于产生混淆,亦属于侵犯注册商标专用权的行为。

---

① 参见上海市徐汇区人民法院(2023)沪 0104 民初 11433 号民事判决书。

（三）抢注他人的商标

基于商标的地域性，域外注册商标如在中国大陆没有注册，将无法在中国大陆获得有效的法律保护；基于商标的在先注册原则，如商标在先使用的商家没有及时注册便开始公开使用，也将无法得到商标法律有效的保护。上述商标在先权利人的疏忽，均有可能导致其他企业有意抢注或无意注册，尤其是一些已经有一定市场影响力的未注册商标，很容易引发被第三方商家抢先注册的情形，然后通过电子商务平台销售与在先使用商标的权利人相同或类似的产品。这些行为不仅侵犯了在先使用人的在先权益，也扰乱了市场秩序和竞争环境。

在某食品店侵害商标权纠纷案中，江苏省镇江市中级人民法院认为"原告于2018年至2020年间先后申请注册了四十余件商标，其中多件商标与他人经营的淘宝或天猫店铺名称或其所售商品的品牌名称相同，而事实上原告仅与他人合伙经营一家烘焙店等情况，难以认定原告系出于正常的生产经营需要而注册上述商标，其取得涉案商标专用权的行为缺乏正当性"[①]。

（四）混淆销售

部分电子商务企业，在自己的电子商务网站做产品的介绍、产品标题时，使用与第三方商标权人相同或近似的商标，故意使用与知名商标相似或容易混淆的标识、包装等，以误导消费者购买商品。这种行为侵犯了商标权人的商标专用权，也损害了消费者的合法权益。

在东莞市慕思寝室用品有限公司诉上海寐仆实业有限公司、浙江淘宝网络有限公司侵害商标权及不正当竞争纠纷案中，法院认为"单某、寐仆公司未经慕思公司许可，在店铺名称、商品名称、商品介绍等处使用与慕思公司涉案商标相同或近似标识的行为，极易引起相关公众的混淆误认，构成商标侵权。"[②]

（五）商标搭便车

部分电子商务企业，为了高效和准确定位自己的产品，方便消费者快速搜索到自己的产品，在宣传推广自己的产品和店铺时使用关键词进行产品的推广，常见的方式包括购买百度关键词，在产品链接中直接使用品牌关键词、在淘宝自营的小黄车营销系统购买关键词进行推广等，如相关关键词系第三方的注册商标，该等行为都会涉嫌侵犯第三方的商标权。

在一起"蜜雪冰城"商标侵权纠纷案中，法院认为"被告在其商品标题"红枣牛奶粉早餐热饮极诺五谷粗粮蜜雪冰城饮品珍珠奶茶原料1KG"中使用了'蜜雪冰城'字样，进行营业宣传和销售商品，易使消费者产生混淆误认，使得相关公众误

① 参见江苏省镇江市中级人民法院（2021）苏11民初14号民事判决书。
② 参见浙江省杭州市余杭区人民法院（2019）浙0110民初15129号民事判决书。

以为其产品及提供的服务与原告产品及服务有特定联系,构成对原告注册商标专用权的侵害。"①

四、商标合规管理

中小电子商务企业制定商标合规方案时,需要采取全面而细致的策略,以确保商标权益得到充分保护。我们建议中小电子商务企业采取以下商标合规措施:

(一)商标申请与注册

中小电子商务企业在申请注册商标前,应进行全面的商标查询和检索,分析拟注册商标的可注册性,避免与现有商标产生冲突。如自身无力检索和分析,应委托具有丰富经验和专业资质的商标代理机构进行商标检索、评估分析、具体申请。当然,也应积极或督促代理机构及时跟进申请进度,关注商标申请的审查进度,对审查意见及时作出回应,确保商标能够顺利注册。

(二)商标标识使用

中小电子商务企业对已经注册完成的商标,应主动规范商标在不同场合的使用方式,确保商标标识的一致性和辨识度。同时积极区分商标与其他标识的使用,确保商标与商品名称、包装装潢等其他标识相区分,避免混淆。

(三)商标权利保护

中小电子商务企业,在进行商标权益保护的过程中,一旦发现潜在的商标侵权行为时,要积极采取法律手段进行维权,包括发送警告函、发起平台知识产权投诉、提起商标侵权诉讼等。

(四)商标合规培训与宣传

中小电子商务企业,针对公司的注册商标,要组织企业员工和管理层开展商标合规培训,增强员工的商标意识和合规意识。同时也要加强商标宣传,提高消费者对品牌的认知度和忠诚度。

通过以上措施的实施,中小电子商务企业可以更好地保护自身商标权益,提升品牌形象和市场竞争力。同时,随着市场环境和法律法规的变化,企业还需要不断调整和完善商标合规措施,以适应新的挑战和机遇。

五、实务疑难问题

《商标法》第63条规定了侵权人因侵权所获得的利益是确定侵犯商标权赔偿

---

① 参见河南省郑州市管城回族区人民法院(2021)豫 0104 知民初 101 号民事判决书。

数额的重要考虑因素。根据《最高人民法院关于审理商标民事纠纷案件适用法律若干问题的解释》第 14 条规定,侵权所获得的利益,可以根据侵权商品销售量计算。

在电子商务蓬勃发展的今天,商品销量往往在电商页面公开显示,但因侵权所获利益并未因此成为一道简单的计算题。因为侵权人往往会抗辩其在电商平台进行了"刷单",其实际侵权产品的销量远低于平台显示的销量,从而申请按照实际销量确定赔偿金额。而"刷单"行为确实在很长一段时间,在电子商务行业,是普遍存在的营销行为和现象。面对"刷单"的抗辩,司法机关该如何认定"侵权所获得的利益"? 侵权人的刷单数据能否在所获利益中扣除? 目前司法实践中,不同的法院目前存在不一致的认定方式。

浙江、上海等地区的部分法院认为刷单数据不应当被纳入计算赔偿额的考虑因素。他们认为知识产权案件赔偿额的确定需要最大限度还原真实的销量情况,如若法院查明相关交易数量系刷单而来,则在确定赔偿数额时应当予以扣除。

陕西、江苏的部分法院将刷单数据从所获利益中扣除,但将刷单行为作为赔偿额的考虑因素,将刷单行为纳入判赔金额酌情考虑范围。他们认为虽不能以刷单所得数据作为认定侵权产品实际销售数额的依据,但对刷单等不诚信行为,应当作为其侵权行为恶劣程度的考量因素,情节严重的可施以惩罚性赔偿。

广东部分法院在计算侵权所获利益时,不将刷单数据扣除,他们认为刷单行为构成虚假交易,有违诚实信用原则,又以不正当的手段欺骗消费者,损害消费者的知情权,损害了其他市场经营者的竞争利益,违反了《电子商务法》对电子商务经营者的法定义务。同时还借由刷单博取好评、赚取流量,在计算侵权获利时不应该扣除刷单数据,侵权人理应自行承担其虚假交易的违法后果,理应对其不诚信经营行为付出相应代价。

可见,关于刷单数据是否可以作为侵犯商标专用权赔偿数额的认定依据,各地法院仍有分歧。侵权人对侵权商品的刷单会使侵权人的网店搜索排名靠前,搜索排名靠前反过来又能带来更多交易机会,获得了竞争优势。在赔偿数额的计算中,如果不将刷单数据作为综合考虑赔偿数额的因素,无异于放任侵权人因不法行为获利。但在赔偿数额中如何认定刷单数据,仍待司法解释予以统一。

第三节　专利权侵权风险与合规管理

一、专利权的基本知识

"这是我的专利"。汉语语境的"专利"指向"特有的权利",非常契合知识产权的"排他的特定的权利",而专利制度中的专利权,是比知识产权制度中的著作权、商标权更"强势"更具"排他性"的垄断权利。但专利权的获取有更为明确、鲜明的前提条件,即必须"向社会公开",且须通过法定审查程序。

专利制度产生的根本目的是刺激和鼓励人们发明创造。1474年,世界上第一部专利法《威尼斯专利法》成功颁布,该部法律明确规定了专利新颖性和实用性的授权标准,为后续的技术创新浪潮创造了丰沛土壤。美国商务部大门上镂刻着总统亚伯拉罕·林肯的名言:"专利制度就是给天才之火浇上利益之油"。1984年,《中华人民共和国专利法》获得通过,其中第1条明确就规定"为了保护专利权人的合法权益,鼓励发明创造,推动发明创造的应用,提高创新能力,促进科学技术进步和经济社会发展,制定本法"。专利法的通过,为我国工业提高自主创新能力、建设创新型国家的战略目标的实现,起到巨大的推动作用。

专利权,是指国家根据发明人或设计人的申请,以向社会公开发明创造的内容,以及发明创造对社会具有符合法律规定的利益为前提,根据法定程序在一定期限内授予发明人或设计人的一种排他性权利。专利包括发明专利、实用新型专利、外观设计专利。我国《专利法》第2条规定本法所称的发明创造是指发明、实用新型和外观设计。发明,是指对产品、方法或者其改进所提出的新的技术方案;实用新型,是指对产品的形状、构造或者其结合所提出的适于实用的新的技术方案;外观设计,是指对产品的整体或者局部的形状、图案或者其结合以及色彩与形状、图案的结合所做的富有美感并适于工业应用的新设计。

在科学技术是第一生产力的今天,专利几乎能和商业价值画等号。专利在电子商务行业的巨大商业价值,同样凸显。

二、专利权法律解读

《专利法》是我国知识产权法律体系的重要组成部分,与公司的研发成果确认密切相关。对于大部分的中小电子商务企业来说,涉及自有发明专利的可能性并不大,我们虽然无须对《专利法》熟稔于心,但对专利法的基本法律规定,应该有一个基础的了解。

（一）专利的必要条件

什么样的专利才是我国《专利法》规定的可以受保护的专利？《专利法》第22条规定："授予专利权的发明和实用新型，应当具备新颖性、创造性和实用性。新颖性，是指该发明或者实用新型不属于现有技术；也没有任何单位或者个人就同样的发明或者实用新型在申请日以前向国务院专利行政部门提出过申请，并记载在申请日以后公布的专利申请文件或者公告的专利文件中。创造性，是指与现有技术相比，该发明具有突出的实质性特点和显著的进步，该实用新型具有实质性特点和进步。实用性，是指该发明或者实用新型能够制造或者使用，并且能够产生积极效果。"

可见，能够获得专利保护的专利，并非大众口头的专利，新颖性、创造性和实用性的基本要件，拦住了绝大多数的伪专利。不仅如此，有效的专利还要求排除现有技术，《专利法》第22条规定，"本法所称现有技术，是指申请日以前在国内外为公众所知的技术"。因此，中小电子商务企业在面对专利侵权投诉、专利侵权诉讼时，不妨对对方专利的有效性大胆怀疑，继而小心求证。

（二）专利的入门标准

发明专利需要国务院专利行政部门的初步审查和实质性审查，实用新型专利和外观设计专利只需要国务院专利行政部门的初步审查。即发明专利的标准比实用新型专利和外观设计专利的标准更为严格。

（三）专利的时效属性

发明专利和实用新型专利和外观设计专利的保护期限是不一致的。《专利法》第42条规定发明专利权的期限为20年，实用新型专利权的期限为10年，外观设计专利权的期限为15年，均自申请日起计算。

（四）专利的不稳定属性

《专利法》第45条规定"自国务院专利行政部门公告授予专利权之日起，任何单位或者个人认为该专利权的授予不符合本法有关规定的，可以请求国务院专利行政部门宣告该专利权无效。"第46条规定"国务院专利行政部门对宣告专利权无效的请求应当及时审查和作出决定，并通知请求人和专利权人。宣告专利权无效的决定，由国务院专利行政部门登记和公告。"不仅如此，《专利法》第47条规定"宣告无效的专利权视为自始即不存在。宣告专利权无效的决定，对在宣告专利权无效前人民法院作出并已执行的专利侵权的判决、调解书，已经履行或者强制执行的专利侵权纠纷处理决定，以及已经履行的专利实施许可合同和专利权转让合同，不具有追溯力。但是因专利权人的恶意给他人造成的损失，应当给予赔偿。依照前款规定不返还专利侵权赔偿金、专利使用费、专利权转让费，明显违反公平原则的，应当全部或者部分返还。"

（五）专利权的公共利益衡平属性

1. 专利不得损害和侵占社会公共利益

《专利法》第5条规定："对违反法律、社会公德或者妨害公共利益的发明创造，不授予专利权。对违反法律、行政法规的规定获取或者利用遗传资源，并依赖该遗传资源完成的发明创造，不授予专利权。"《专利法》第20条规定："申请专利和行使专利权应当遵循诚实信用原则。不得滥用专利权损害公共利益或者他人合法权益。滥用专利权，排除或者限制竞争，构成垄断行为的，依照《中华人民共和国反垄断法》处理。"《专利法》第25条规定："对下列各项，不授予专利权：（一）科学发现；（二）智力活动的规则和方法；（三）疾病的诊断和治疗方法；（四）动物和植物品种；（五）原子核变换方法以及用原子核变换方法获得的物质。"

2. 持有专利是有成本的

《专利法》第43条规定："专利权人应当自被授予专利权的当年开始缴纳年费。"《专利法》第44条规定："有下列情形之一的，专利权在期限届满前终止：（一）没有按照规定缴纳年费的；（二）专利权人以书面声明放弃其专利权的。专利权在期限届满前终止的，由国务院专利行政部门登记和公告。"

3. 专利侵权的判定存在大量的例外情形

《专利法》第75条规定："有下列情形之一的，不视为侵犯专利权：（一）专利产品或者依照专利方法直接获得的产品，由专利权人或者经其许可的单位、个人售出后，使用、许诺销售、销售、进口该产品的；（二）在专利申请日前已经制造相同产品、使用相同方法或者已经作好制造、使用的必要准备，并且仅在原有范围内继续制造、使用的；（三）临时通过中国领陆、领水、领空的外国运输工具，依照其所属国同中国签订的协议或者共同参加的国际条约，或者依照互惠原则，为运输工具自身需要而在其装置和设备中使用有关专利的；（四）专为科学研究和实验而使用有关专利的；（五）为提供行政审批所需要的信息，制造、使用、进口专利药品或者专利医疗器械的，以及专门为其制造、进口专利药品或者专利医疗器械的。"《专利法》还创设了"不知者无罪"条款，《专利法》第77条规定："为生产经营目的使用、许诺销售或者销售不知道是未经专利权人许可而制造并售出的专利侵权产品，能证明该产品合法来源的，不承担赔偿责任。"

三、专利权法律风险分析

相较于著作权侵权与商标侵权，专利侵权在知识产权侵权案件中所占的比例并不大，这是由专利侵权确认的复杂性与专业性所导致的。对于中小电子商务企业而言，遭遇专利侵权维权的可能性，相比于遭遇著作权侵权与商标侵权，概率要小得多。

在电商活动中，专利侵权行为主要表现为：未经授权假冒、销售专利权人的产品;未经权利人许可,许诺销售、销售、进口、制造他人享有专利权的产品;未经权利人许可,利用专利方案制造、销售、许诺销售专利产品等。虽然专利侵权的占比不高,但一旦被认定侵权,就会对电子商务企业产生较大的影响,尤其是跨境电子商务。2015 年轰动一时的"亚马逊平台下架平衡车事件"以及美国婚纱业协会诉讼事件,均是由于我国商家涉嫌销售侵害专利权产品所引起的,上述事件的相关权利人及平台均对我国超过上千家商家采取了平台产品全线下架、卖家账户资金冻结的措施,且相关商家均面临着高额的专利侵权的索赔。对于中小电子商务企业来说,重点需要关注《专利法》以下规则:

(一)许诺销售、销售、进口

"销售"和"进口"比较容易理解,如何为"许诺销售",《最高人民法院关于审理专利纠纷案件适用法律问题的若干规定》第 18 条规定,许诺销售,是指以做广告、在商店橱窗中陈列或者在展销会上展出等方式作出销售商品的意思表示。因此,无论是"销售"还是"许诺销售",都是电子商务企业的常见业务,司法实践中,大量的电子商务企业,因"销售"和"许诺销售"专利产品的行为,而被判定为侵犯专利权。在青岛青科重工有限公司与青岛晨源机械设备有限公司侵害实用新型专利权纠纷一案中,一审法院认为被告在其官方网站、阿里巴巴店铺中展示产品的行为构成许诺销售,侵犯了原告的专利权,判决被告立即停止许诺销售的侵权行为,并赔偿原告经济损失 3 万元(包括合理开支)。① 由此案例可见,在互联网上展示商品也属于许诺销售的行为。

当然,也并非所有的陈列商品的行为都构成许诺销售。在赛智环保科技(天津)有限公司与昆山资福机电工程有限公司等侵害发明专利权纠纷案中,二审法院认为"昆山公司在集团网页上展示产品系列,其中以"工业涂装环保设备"图片展示设备的整体图片,但并未展示产品细节(即相关技术特征),不能确认图片是否为侵权产品,故不构成许诺销售"②。可见认定构成许诺销售,应当确定行为人有向不特定的相关消费者宣传被控侵权产品的主观意思表示,并且客观上实施了明确指向被控侵权产品的销售意思表示。

(二)"合理来源"免责的规则

电子商务企业,尤其是中小电子商务企业,往往并非产品的生产商和进口商,而是产品的销售商,甚至经常扮演"一件代发"台前的虚拟销售角色。因此,中小电子商务企业可以充分利用我国《专利法》第 77 条的"豁免"规则为自己抗辩。《专利法》第 77 条规定"为生产经营目的使用、许诺销售或者销售不知道是未经专利权人许可而制造并售出的专利侵权产品,能证明该产品合法来源的,不承担赔偿

---

① 参见最高人民法院(2020)最高人民法院知民终 1658 号判决书。
② 参见天津市高级人民法院(2019)津民终 68 号判决书。

责任。"但需要注意以下两个方面。

1."合理来源抗辩"的条件

"合理来源抗辩"是有条件的,首要条件即"不知道是未经专利权人许可而制造并售出的专利侵权产品",即中小电子商务企业需要证明自己并没有侵权的主观故意。次要条件,需要证明侵权商品系合法取得并明确说明前手提供者。

2."合理来源抗辩"的后果

合理来源抗辩只能形成"不承担赔偿责任"的法律后果,而不能避免被认定为侵权,且需要承担"维权费用"。在杨某诉朱某、拼多多公司专利侵权纠纷案①中,一审上海知识产权法院认为朱某并未实际接触被诉商品,在没有证据显示朱某知道或者应当知道涉案商品属于侵权商品的情况下,朱某的合法来源抗辩成立,不应承担损害赔偿责任。但朱某的确销售了侵犯涉案专利权的商品,杨某为维权亦实际支出了相关费用,故法院酌定朱某赔偿杨某合理费用3000元。二审上海市高级人民法院经审理亦维持了一审判决。认为"朱某在拼多多平台销售被诉侵权商品及相关同类商品,系以接受订单后向第三方下单购买并由第三方代发的转售经营模式,在无证据表明其事先知晓或应当知晓被诉侵权商品涉及专利侵权的情形下,其合法来源抗辩成立,应予支持"②。

四、专利合规管理

中小电子商务企业,如有意在专利权层面下功夫,并避免卷入专利纠纷,应采取必要的合规管理措施。

(一)事先提前布局

预防永远比治疗更重要。专利的布局,是专利合规管理的最重要课题。中小企业往往无意或无力进行重大的发明创造,更多地涉及创造性较弱、申请流程更简单、申请周期更短的实用新型专利和外观设计专利。

因此,一旦有自研产品的策划和上市计划,应及时聘请专业的专利代理人、专利律师充分评估自家产品的专利申请可行性,并根据需要及时提交申请,在此过程中检索、研判自己产品是否可能侵犯已有产品的专利。"兵马未动,粮草先行",从专利申请到授权有一定的周期,正确的布局应该是先申请专利,后产品上市。这样可以最大程度固定自己的权益,营造自己的权利壁垒,同时避免侵犯第三方权益。

(二)事中合规审查

选品阶段应严格审核拟销售产品的合法、合规来源,除了签署正式的采购合

---

① 参见上海知识产权法院(2019)沪73民初647号判决书。
② 参见上海市高级人民法院(2020)沪民终83号判决书。

同,在合同中要求产品供应方对产品的专利权利来源进行保证,并课以对应的违约责任,以确保被提起专利侵权诉讼时自己被迫承担的"合理维权费用"以及自己应诉产生的律师费有追索的对象。不仅如此,还应要求供应方提供相应的资质证明文件,如果供应方无法提供,应当评估相关的专利侵权风险,考虑及时更换商品的种类,避免专利侵权。

对于跨境电商企业,专利权利的地域性决定了其合规义务更重和风险更大。在运营期间,尤其是产品上架前,应该对拟上线的产品(尤其是自研的产品)进行全方位的专利核查,核查的对象重点集中在产品在拟出口的国家或地区,是否符合当地的专利要求,是否构成对当地专利权人的侵犯,及时做好专利侵权预警分析,及时对产品进行规避设计或对商品页面进行调整。

(三)事后应诉策略

中小电子商务企业,在面对平台专利侵权投诉和专利诉讼时,应委托专业的专利律师,及时参与应诉。

专利应诉的专业性,决定了应诉策略丰富立体。比如投诉人投诉使用的外观设计专利和实用新型专利,虽然有专利权利证书,但现有司法实践普遍要求专利权利人提供有效的专利权评价报告来证明其权利的有效性。即便权利人提供了专利的有效的专利权评价报告,专业的应诉依然可以通过大数据检索的方式来评估该权利基础是否稳固,如检索出已公开的近似在先设计,则可以直接否定该权利,以达到无效该专利的目的,进而实现全面否定投诉和诉讼。即便无法全面否定其专利,也可以委托律师向投诉人发出律师函,说明其权利存在瑕疵,并警告其停止恶意维权,同时向电商平台申诉,争取电商平台同意复原店铺及产品链接。

通过分阶段完成证据收集、电商平台申诉、提出无效宣告请求、与投诉方对接沟通等工作,争取赢得应诉、诉讼,或在和解谈判中争取更有利的谈判结果。

五、疑难案例裁判要点

在民商事诉讼中,财产保全是常见的诉讼保全行为。在知识产权诉讼中,对于侵权行为的保全难有获得法院支持的,因此此类案例很少。对行为保全进行反担保,更为稀缺。

《最高人民法院关于审查知识产权纠纷行为保全案件适用法律若干问题的规定》第7条规定:"人民法院审查行为保全申请,应当综合考量下列因素:(一)申请人的请求是否具有事实基础和法律依据,包括请求保护的知识产权效力是否稳定;(二)不采取行为保全措施是否会使申请人的合法权益受到难以弥补的损害或者造成案件裁决难以执行等损害;(三)不采取行为保全措施对申请人造成的损害是否超过采取行为保全措施对被申请人造成的损害;(四)采取行为保全措施是否损害社会公共利益;(五)其他应当考量的因素。"

在申请人永康市联悦工贸有限公司、浙江兴昊塑业有限公司与被申请人慈溪市博生塑料制品有限公司、浙江天猫网络有限公司、谢辉侵害实用新型专利权纠纷一案①的裁定书中,最高人民法院认为,行为保全措施的申请人并不限于原告。尤其是在涉电子商务平台知识产权侵权纠纷中,允许被诉侵权的平台内经营者在符合前述民事诉讼法第一百条规定的条件下申请行为保全,要求电子商务平台经营者采取恢复链接等行为保全措施,对于合理平衡知识产权权利人、电子商务平台经营者和平台内经营者的合法利益,促进电子商务市场健康发展具有重要意义。

而对于电子商务平台经营者在诉讼过程中,何种情况下可以应平台内经营者的申请采取恢复链接等措施,原《侵权责任法》和《电子商务法》都没有作出相关规定。由于专利权等通过行政授权取得权利的知识产权在民事侵权诉讼过程中,可能因被宣告无效、提起行政诉讼等程序而使权利处于不确定状态,且平台内经营者的经营状况等在诉讼过程中也可能发生重大变化。此时,平台内经营者因情况紧急,不恢复链接将会使其合法利益受到难以弥补的损害,向人民法院申请行为保全,要求电子商务平台经营者采取恢复链接等行为保全措施的,人民法院应当予以受理,并依据民事诉讼法第一百条及相关司法解释的规定予以审查。

最高人民法院结合《最高人民法院关于审查知识产权纠纷行为保全案件适用法律若干问题的规定》第7条的规定,充分评估和论证了以下五点:①联悦公司的请求是否具有事实基础和法律依据;②不恢复链接是否会对申请人造成难以弥补的损害;③恢复链接对专利权人可能造成的损害是否会超过不恢复链接对被诉侵权人造成的损害;④恢复链接是否会损害社会公共利益;⑤是否存在不宜恢复链接的其他情形。通过详细的调查和论证,作出如下裁定:①被申请人浙江天猫网络有限公司立即恢复申请人永康市联悦工贸有限公司在"天猫网"购物平台上的被诉侵权产品销售链接;②冻结申请人永康市联悦工贸有限公司名下的支付宝账户余额632万元,期限至本案判决生效之日;③自恢复被诉侵权产品销售链接之日起至本案判决生效之日,如申请人永康市联悦工贸有限公司恢复链接后被诉侵权产品的销售总额的50%超过632万元,则应将超出部分的销售额的50%留存在其支付宝账户内,不得提取。

该案系涉电子商务平台知识产权侵权纠纷案首例"反向行为保全"裁定,且来自最高人民法院,是最高人民法院的首创案例,为电子商务企业被动的应诉局面创造了更多的可能性,对平衡专利侵权诉讼中原被告、平台以及社会公共利益、电子商务交易秩序等,均起到非常重要的示范效应。

---

① 参见最高人民法院(2020)最高人民法院知民终993号民事裁定书。

第六章

消费者权益保护法律风险与合规管理

  21 世纪以来,随着计算机和通信技术的融合与发展,商务交易的网络化和电子化成为人类社会变革的重要成果之一,电子商务在短短二十几年内,已跃然成为社会经济中的重要组成部分。2023 年 6 月 9 日,中华人民共和国商务部发布的《中国电子商务报告 2022》指出,2022 年全国电子商务交易额达 43.83 万亿元,按可比口径计算,比上年增长 3.5%。

  借助于网络这一重要媒介,相比于传统线下的商务交易,电子商务以无可比拟的开放性、多样性、便捷性深深影响着当下消费者的生活方式和消费程度。然而,电子商务为非当事人在场的交易活动,交易信息的不对等性更为突出,虚拟化、数字化及开放性特征使电子商务消费者权益侵害可能性增加,并不断出现新的问题,如网络欺诈、大数据营销、网络刷单炒信等。此外,电子商务交易中的主体有所拓展,不再局限于普通消费者和经营者两类,电子商务经营者包含电子商务平台经营者、平台内经营者(商家)等。平台经营者(如淘宝、京东、拼多多等)是电子商务新业态中的特有主体,其主导并影响线上市场的运行,成为电子商务交易复杂关系中的重要支点和关键因素。故电子商务中的消费者权益保护,一方面从正向明确法益保护范围,另一方面从反向划分"电子商务平台经营者"和"平台内经营者"义务责任。

  作为消费者保护专门法的《消费者权益保护法》,体现了消费者权益保护的立法精神和基本原则,同时在明确消费者享有的权利以及经营者义务、违法责任承担等方面发挥了重要作用。《电子商务法》以保障电子商务交易中的各方主体利益为出发点,通过规则制定,平衡各方利益,维护交易安全与秩序。关于电子商务中消费者权益保护问题的探讨,需基于《消费者权益保护法》的基础性规定,并结合《民法典》(总则编、人格权编、合同编、侵权责任编)《电子商务法》《产品质量法》《食品安全法》《广告法》《反不正当竞争法》等法律中的特别保护规则予以建构。

《消费者权益保护法》第二章以列举的方式明确了消费者享有的权利,包括安全权、知情权、选择权、公平交易权、获得赔偿权、监督权等等。此外,还列举了与前述权利相对应的经营者义务,以及对经营者恪守社会公德、诚信经营、出具发票等购货凭证或者服务单据等义务,从而规范经营者行为,避免损害消费者权益的事件发生。《消费者权益保护法》中涉及电子商务的专门规定如下:一是网络购物的七天无理由退货权,二是网络经营者、商品、售后服务、民事责任等信息提供义务,三是网络交易平台提供者承担连带责任的情形。① 为进一步加大对消费者权益的保护力度,明晰相关权利义务,营造安全的消费环境,2024 年 7 月 1 日起施行的《消费者权益保护法实施条例》在第二章进一步细化了消费者的权利与经营者的义务。

《电子商务法》在总则中确立了合法经营保护相关方权益的立法原则,明确了消费者权益保护。② 《电子商务法》旨在平衡电子商务经营者和消费者等各方利益,在权利义务配置中重点规定并细化各类电子商务经营者(包括电子商务平台经营者、平台内经营者以及通过自建网站、其他网络服务销售商品或者提供服务的电子商务经营者③)以及辅助经营者(如电子支付服务提供者)的义务,以体现该法保护消费者权益的宗旨。《电子商务法》还完善了争议解决方式,并进一步强化了商品、服务质量担保机制、消费者权益保证金制度等消费者权益保障机制,明确了经营者侵害电商消费者人身和财产安全权、知情权等权益时应承担的法律责任。

中小电子商务企业的发展来自消费的支撑,在开发质优价廉产品以及进行线上线下市场推广的同时,必须将消费者权益保护可能面临的法律风险与企业的合规管理措施作为重点考虑,此也是中小电商企业持续发展的有力保障。

第一节　消费者安全权保护法律风险与合规管理

一、消费者安全权的基本知识

保护公民人身财产不受侵犯是公民所享有的宪法性权利之一。根据公平正义之要求以及权利义务相统一原则,消费者无论是在线下还是线上购买商品或享受服务,其支付了对价,理应要求生产者和经营者提供符合安全标准、品质要求的商

---

① 吴景明:《〈中华人民共和国电子商务法〉消费者权益保护法律制度规则与案例》,中国法制出版社,2019 年版,第 47 页。

② 参见《电子商务法》第 5 条。

③ 参见《电子商务法》第 9 条。

品或服务。中小电商企业必须将保障消费安全作为经营活动的准则。

消费者安全权是消费者在购买商品或使用服务过程中所享有的保护自身安全的权利,它是消费者权益保护的重要方面,旨在确保消费者不受到不安全产品或服务的伤害。对消费者安全权的探讨,首先应基于《消费者权益保护法》的明确规定。《消费者权益保护法》第7条第1款规定:"消费者在购买、使用商品和接受服务时享有人身、财产安全不受损害的权利。"消费者安全权包括人身安全权和财产安全权,除此之外,与消费者财产和人身密切相关的个人信息、网络支付安全也日益受到重视。消费者安全权的核心是产品安全。产品安全包括产品的物理安全和健康安全。物理安全意味着产品不会对消费者的人身安全造成威胁,例如电器不会电击人,玩具不会存在窒息风险等;健康安全则指产品不会对消费者的健康造成损害,例如食品不含有害物质,化妆品不会引发过敏等。

在电子商务中消费者安全权界定的同时,有必要对电子商务中消费者安全权保护呈现的特点进行分析,有助于理清中小电商企业面临的法律风险,为企业合规管理措施的梳理提供参考背景。

第一,交易环境的虚拟化降低消费安全。在一般的实体交易中,消费者与商家的地位本就不平等,特别是交易信息的掌握上,故消费者被作为弱势群体予以立法上的保护。但消费者可以通过观看、触摸、品尝、体验服务等多种直观方式选购商品和接受服务,从而减少消费欺诈、虚假宣传的可能性。而在电子商务环境下,网络成为商品交换的平台和介质,虚拟性、数字性特征更加剧了电商消费者与商家地位的不平等性。对消费者而言,经营者只是一个网页,对商品和服务的认知主要来源于经营者投放的商品文字说明、图片展示、其他消费者评价,消费者无法触及商品和服务,消费者更容易受到误导和欺骗,从而购买到不符合安全标准的商品和服务。另外,参加者不再局限于买卖双方,还包括网络平台服务商、第三方支付平台服务商以及快递企业等,而后者属于电子商务特有的中间环节。这些中间环节参与者给电子商务中消费者安全权的保护带来新的风险因素,例如快递物流企业泄露电商消费者个人信息的侵权现象,在消费者通过第三方支付平台完成电子支付后,仍出现经营者迟延履行发货义务的违约现象等。无论是违约还是侵权,都会带来电子商务消费者交易目的难以完全实现,在带来经济损失的同时还有可能对消费者人身安全造成威胁。多方主体参与下的基于网络虚拟化、数字化特征的电子商务交易环境,扩大了消费者安全权的内容,也增加了侵害消费者安全权的发生率。

第二,交易信息的数字化提升消费效率,也给电子商务消费者安全权保护带来挑战。传统交易活动中依赖纸质的交易合同以保护双方权益,维护契约自由和安全;而电子商务环境下,交易信息以数字化模式(电子合同)存储于平台或服务器云端,现场实物也由图片和视频取代。交易信息的数字化缩短了交易的时间和距离,整个交易活动不再受地域(空间)限制,大大提升了消费效率,也会更加刺激消费活动的产生。消费效率的提升,也加剧了电子商务消费者安全权保护的严峻性。

第三,与消费者人身和财产安全密切相关的个人信息安全和支付安全问题突出。电子商务环境下,交易以网络数据传输为载体进行,这些数据包括商品或服务信息、浏览查询信息、支付快递平台信息、消费者个人信息等。网络数据传输为交易参与者带来便利性、开放性的同时,也造成消费者个人信息安全隐患,个人信息不当流出以及隐私权的直接侵犯都是交易场所开放化带来的消费安全问题。无纸化的电子商务交易中,消费者一般通过电子签证方式将支付权限授予第三方支付平台,由其代扣支付款项;或者通过银行柜台线下签署代管个人账户协议,然后在电子商务交易中按照预设支付步骤完成电子支付交易。第三方支付平台服务商作为中间环节,一般预先收款,待消费者确认收货后再将款项给付给电子商务平台内经营者,完成整个支付交易过程,无地域、空间限制。此种电子化支付方式在带来便捷和高效的同时,也带来了大量的电信诈骗等交易危机。

二、消费者安全权的法律解读

《消费者权益保护法》第 7 条第 1 款规定的消费者安全权涉及消费者人身安全权和财产安全权。其中,消费者人身安全权指消费者在消费过程中享有生命不受侵犯和身体健康不受损害的权利,包括生命安全权和健康安全权。因经营者交易的商品或提供的服务存在缺陷,导致消费者人身受损甚至死亡,则侵犯了消费者的健康安全权或者消费者生命安全权。消费者财产安全权强调消费者的财产权益不受侵害,此财产损害一方面体现财产内在价值的损失,另一方面还涉及财产外观的损毁。这里的财产安全不仅包含消费者购买、使用的商品和接受的服务是否安全,是否会引起所购所用的商品本身的损毁和价值减少,而且更为关键且日常消费中会经常出现的因购买、使用商品和接受服务导致的消费者其他财产受到损害也包含其中。例如:消费者通过电子商务经营者购买了存在质量缺陷、缺乏安全保障的家用电热杯,后电热杯在消费者家中爆炸起火,除导致消费者身体健康受损、电热杯炸坏外,还引发消费者家中部分财物被烧毁的后果。《消费者权益保护法实施条例》第 7 条在原有《消费者权益保护法》对商品或服务的安全性要求基础上,进一步明确"以奖励、赠送、试用等形式向消费者免费提供商品或者服务"也属于安全保障的范畴,解决了线上线下因免费商品或服务给消费者带来安全问题后的责任问题。

电子商务中消费者安全权的保护除《消费者权益保护法》对安全权概念、范畴的原则性规定外,更主要的是通过为电子商务经营者设定法定的强制安全保障义务,来实现消费者安全权保护效果。《电子商务法》第 13 条规定:"电子商务经营者销售的商品或者提供的服务应当符合保障人身、财产安全的要求和环境保护要求,不得销售或者提供法律、行政法规禁止交易的商品或者服务。"该条起到原则性宣誓作用,对电子商务经营者的安全保障义务予以明确:无论是线下实体交易还是线上电子商务,所售商品或提供的服务不得存在可能危及消费者人身和财产安全的缺陷,在线下被限制和禁止销售的物品或提供的服务,在网络上通过电子商务的形式来经营也受到同样的规制。① 以电子商务形式销售商品或提供服务的安全性要求,与《消费者权益保护法》中规定的消费者安全权内涵一致,该条亦是《电子商务法》第 5 条规定的"电子商务经营者从事经营活动,应当……履行消费者权益保护、环境保护、知识产权保护、网络安全与个人信息保护等方面的义务,承担产品和服务质量责任,接受政府和社会的监督"的具体体现之一。

三、消费者安全权的法律风险分析

中小电商企业在消费者安全权保护方面可能面临两类法律风险:一是违反安全保障义务的责任承担风险;二是基于电子商务平台经营者审慎管理义务采取的处置措施风险。

(一)违反安全保障义务的责任承担风险

1.电子商务经营者违反安全保障义务的责任承担

中小电商企业主要是以电子商务经营者的身份参与市场活动。电子商务经营者对于违反安全性要求造成后果的法律责任,《电子商务法》并未规定具体内容,未对电子商务经营者予以特殊规制,而是通过该法第 85 条的规定来作出准用性或链接性指引,即"依照有关法律的规定处罚"。《电子商务法》第 85 条规定:"电子商务经营者违反本法规定,销售的商品或者提供的服务不符合保障人身、财产安全的要求,实施虚假或者引人误解的商业宣传等不正当竞争行为,滥用市场支配地位,或者实施侵犯知识产权、侵害消费者权益等行为的,依照有关法律的规定处罚。"可以说,《电子商务法》施行的特殊任务之一在于与其他相关法律规定进行衔接和协调。

之所以如此设定,一方面考虑,既有的《消费者权益保护法》《产品质量法》《食品安全法》等法律已对经营者违反安全保障义务应承担的责任予以明确规定。例如《消费者权益保护法》第 49 条、52 条、56 条是对经营者民事责任、行政责任的直接规定,《消费者权益保护法》第 57 条明确了追究经营者的刑事责任。《产品质量法》对生产者和销售者设定不同法律责任(参见第 40 条、第 41 条第 1 款、第 42 条、第 44 条、第 49 条、第 62 条)。须注意的是,自建平台的电子商务经营者和电子商务平台内经营者也可能存在既是生产者又是销售者的情况(自产自销)。《产品质

---

① 电子商务法起草组:《中华人民共和国电子商务法解读》,中国法制出版社,2018 年版,第 84 页。

量法》对所出售的缺陷产品的法律规制较为严格,缺陷产品产生的源头主要来自生产者,当产品本身缺陷危及消费者人身和财产权益的,除《产品质量法》第41条第2款严格限制生产者的免责事由外,还通过《产品质量法》第43条赋予消费者选择赔偿权,即只要消费者因产品缺陷导致人身、财产损害,不论产品缺陷的原因为何,消费者可自由选择损害赔偿的对象(生产者或销售者)。电子商务中此项规定仍然适用,且更有利于电商消费者安全权保护,因为网络虚拟环境下,消费者向经营者求偿比向生产者求偿更容易。《食品安全法》主要在第九章规定食品生产经营者违反食品安全性要求的法律责任,其中在《食品安全法》第148条第1款确立了食品生产经营者的"首负责任制",此规定与《产品质量法》中消费者的选择求偿权立法精神一致,在电子商务领域同样适用,更好地保护受损消费者利益,符合设定保护消费者安全权的立法宗旨。另一方面考虑,遵循"线上线下相一致"原则,毕竟电子商务是属于商品、服务交易中的一种新型交易模式,其交易方式、样态、特点与传统交易相区别,但交易的实质仍未改变。

当电商企业因经营的产品或服务违反消费者安全权保障规定时,除按照《消费者权益保障法》《民法典(侵权责任编)》《产品质量法》《食品安全法》等承担财产损失的民事责任、人身侵权的惩罚性赔偿责任外,根据法律所明确的不同违法情形,电商企业经营者还要承担相应的行政责任,甚至刑事责任。

2. 电子商务平台经营者违反安全保障义务的责任承担

中小电商企业大多依赖头部的电商平台开展经营活动,少部分中小电商企业也会采用自建网站的形式或者通过其他网络服务交易商品或提供服务。

《电子商务法》第9条明确界定了电子商务经营者的三类主体,既包含自然人,也包括法人和非法人组织。其中电子商务平台经营者作为区别于传统交易的特殊主体,虽然并非直接提供商品或服务,但却在电子商务交易中发挥重要作用。所以,电子商务消费者安全权保护离不开对平台经营者义务的设定,但平台经营者并非电商交易的当事者,对其义务的设定也不能过于严苛,否则有碍电商市场的发展。

按照传统的侵权责任理论,平台经营者一般不承担不安全的商品或服务造成的侵害责任,但基于其对平台内经营者的管理、获利以及电商交易市场运作的主导作用,需要在维护安全有序的交易秩序、维护消费者权益方面发挥作用,通过立法方式强化平台经营者对平台内经营者资格审查、产品质量等消费者安全保障方面的义务和责任。

《电子商务法》第38条规定:"电子商务平台经营者知道或者应当知道平台内经营者销售的商品或者提供的服务不符合保障人身、财产安全的要求,或者有其他侵害消费者合法权益行为,未采取必要措施的,依法与该平台内经营者承担连带责任。对关系消费者生命健康的商品或者服务,电子商务平台经营者对平台内经营者的资质资格未尽到审核义务,或者对消费者未尽到安全保障义务,造成消费者损害的,依法承担相应的责任。"本条规定了电子商务平台内经营者出现侵害消费者权益的行为时,第三方平台经营者的责任承担方式有以下两种情况:

(1)明知或应知而不作为,必要止损措施未采用,则平台经营者与平台内经营者承担连带责任。该条款与《消费者权益保护法》第44条第2款、《民法典》(侵权责任编)保护的法益相一致,在使用连带责任追责时,仍要严格遵守《民法典》(侵权责任编)对连带责任的要求,对外连带对内按照责任大小确定赔偿金额,并享有追偿权。也就是,当消费者因平台经营者明知或按常规推定应知会出现侵权行为,必要止损措施又未采用,而导致发生侵权损害结果时,可以将平台经营者和平台内经营者一并起诉,或选择其中一方起诉,消费者在维权过程中占据主动性,保护消费者权益。

(2)未尽到审核和安全保障义务。《电子商务法》第27条规定,平台经营者要履行资质资格审核义务,即申请进入平台销售商品或提供服务的经营主体在向平台经营者提供身份、行政许可证等基本经营信息后,平台经营者需对相关基本经营信息严格把关审核,并且登记、建档。根据《电子商务法》第38条第2款规定,平台经营者如未尽审核和安全保障义务的,承担"相应责任"。虽然《电子商务法》及其相关法律尚未进一步解释"相应责任",但可以从以下两个方面进行理解:首先,相较于《食品安全法》这类特别法,在涉及平台经营者侵权责任的承担问题时,特别法如有规定,则依照特别法予以处理,而不再考虑适用《电子商务法》的第38条。例如,《食品安全法》第131条明确第三方平台经营者未履行资质资格审核义务导致消费者权益受损,则应与食品经营者承担连带责任,如第三方平台经营者不能提供实名认证信息,导致查找不到食品经营者的,则其单独进行损害赔偿,当然事后第三方平台经营者仍保留有追偿权。此外,《消费者权益保护法》第44条第1款也作出了类似规定,对消费者侵权损害赔偿的途径和方式基本保持一致。《电子商务法》第58条第3款对《消费者权益保护法》第44条的适用也进行了指引。其次,现行法律没有具体规定的,根据实际情况,在具体案件中综合考虑确定第三方平台经营者的民事责任。鉴于电子商务平台经营者未尽到资质资格审核义务或者对消费者未尽到安全保障义务的现实情况比较复杂,所谓"相应责任"也并非特定类型的民事责任,可能是连带责任,也可能是补充责任。故现行法没有具体规定时的"相应责任"理解,有待司法机关根据具体情况进行裁量。

(二)基于电子商务平台经营者审慎管理义务采取的处置措施风险

《电子商务法》第29条规定"电子商务平台经营者发现平台内的商品或者服务信息存在违反本法第十二条、第十三条规定情形的,应当依法采取必要的处置措施,并向有关主管部门报告。"该条款适用的前提是平台内经营者违反《电子商务法》第12条和第13条的规定,其中《电子商务法》第13条即是对电子商务经营者安全保障义务的设定。该条款并未列明平台经营者可以采取的具体处置措施,考虑到平台经营者的私主体地位,法律不能赋予其行政或刑事处罚的权利,因此,平台的处置措施以防止损失扩大为目的,以限制违法经营者继续参与电子商务活动为主。[①] 基于电子商务平台经营者审慎管理义务的法律规定,当电商企业因经营的产品或服务违反消费者安全权保障规定的前期阶段,可能面临平台经营者采取如下处置措施:如果商家在电商平台上存在严重违规行为或违反平台规定,平台可以关闭商家的店铺或下架其商品。违规行为包括售假、虚假宣传、违法广告、侵权行为等。电商平台可以对商家进行处罚,例如降低其搜索排名、限制其店铺活动、扣除保证金等,这些处罚旨在惩罚商家的违规行为,并促使其遵守平台规定。如果商家的商品存在质量问题或存在大量投诉,电商平台可以限制其销售或采取相应的投诉处理措施,同时平台可以要求商家改进产品质量,提供退款或换货等服务。再有,电商平台可以根据商家的信用记录和评价情况对其进行评级管理,信用评级可以影响商家在平台上的权益和待遇,高信用商家可能获得更多的曝光和优惠政策,而低信用商家可能受到限制和处罚。如果商家多次违反平台规定或存在严重违法行为,电商平台可能会解除与商家的合作关系或终止其合约。

需要注意的是,不同的电商平台在对商家采取处置措施时可能存在差异,具体的措施和流程可能会因平台而异,在法律范围内平台经营者作为私主体,具有一定的处置自主权。此外,电商平台也需要根据法律法规和政策要求来管理商家行为,并确保消费者权益。因此,商家在经营电商业务时应遵守平台规定,提供符合安全保障的优质的商品和服务,以避免被采取处置措施。

四、消费者安全权的合规管理措施

(一)构建全面的质量安全管理体系

电商企业根据自身的业务特点和安全需求,应制定一套完善的安全管理制度和流程。这些制度和流程应覆盖商品或服务的采购、存储、销售、售后服务等各个环节,明确每个环节的安全标准和操作规范。例如,建立商品质量检测制度、仓储安全管理制度、销售安全管理制度等,确保在每个程序中安全保障措施依法依规实施到位且有成效。在制度健全的前提下,还应完善质量安全管理的组织生态,明确质量安全的主管人员,同时以团队形式优化质量安全管理架构。质量安全风险评估和防控机制中应包含定期评估、精准识别安全风险,并采取高效的潜在风险控制措施。

---

① 赵旭东:《中华人民共和国电子商务法释义与原理》,中国法制出版社,2018 年版,第 165–166 页。

（二）强化质量控制和检测

电商企业应建立完善的质量控制体系，对商品或服务进行全面检测。这包括入库前的抽检、存储过程中的定期检查以及出库前的全面检查等。同时，企业还应采用先进的检测技术和设备，包括自动化检测系统、精密测量仪器等，提高检测的准确性和效率。

根据商品或服务的特性和质量要求，企业应严格制定入库检测的标准和流程，明确检测的项目、方法、抽样比例和合格标准等，确保检测设备和环境符合检测要求，例如温度、湿度、光照等条件应适宜。同时，按照抽样比例对入库的商品或服务进行抽样检测，确保样本具有代表性。在生产或服务过程中，对关键环节进行实时监控和检测，确保各道工序的质量稳定。对过程检测的数据进行记录和分析，找出质量波动的规律和原因并采取相应措施进行改进。详细记录并定期分析检测结果，包括检测的时间、人员、类别等信息，对于不合格的产品，应记录不合格原因和处理措施。

（三）加强供应商的全链条管理

电商企业需严格筛选供应商，确保其具有良好的信誉和合规记录。在与供应商签订合同时，应明确双方的安全责任和义务，包括产品质量、安全认证、召回机制以及问题产品的追溯责任等。此外，企业还应定期对供应商进行评估和审计，确保其持续符合安全要求。

（四）优化问题商品追溯机制

当出现产品质量或食品安全问题后，电商企业追溯问题产品来源是非常关键的。完善的问题产品追溯系统应具备同步记录产品生产、运输和销售等各环节信息的功能，包括产品的原料来源、生产日期、生产批次、生产厂家等信息。数智时代背景下，应考虑利用物联网、大数据等技术手段对产品进行全程追溯，例如通过给产品赋予唯一的二维码或条形码，消费者和电商企业可以通过扫码，快速且准确地了解产品的详细信息，包括生产、运输、销售等各环节的信息。一旦发现产品质量或食品安全问题，电商企业应立即启动问题产品召回机制，通过发布公告、联系消费者等方式，及时召回问题产品，并妥善处理消费者的投诉和退货请求。当然，行政监管部门调查时，电商企业需及时提供产品的进货记录、销售记录、库存情况等信息，协助监管部门迅速锁定问题产品的来源和流向。

案例

冯某诉某平台涉跨境电子商务纠纷案①

2019 年 3 月,冯某在某平台自营"品牌特卖"频道下单购买一瓶"德国鱼子酱蛋白粉",并付款 588 元。冯某签收案涉商品并食用 1 个月后,发现案涉商品容器内有白色蠕动小虫。冯某诉请某平台退还货款 588 元,赔偿十倍价款损失 5880 元。

争议焦点:跨境电子商务经营者主体身份如何认定?安全保障义务以及责任承担如何认定?

法院认为:某平台既是案涉跨境电子商务商品的境内提供者,亦是跨境电子商务中个人报关服务的提供者,属于《消费者权益保护法》规定的经营者以及《电子商务法》规定的电子商务经营者。冯某提交的商品实物图片显示,案涉蛋白粉内确有肉眼可见蠕虫。在冯某已经对案涉商品存在食品安全问题初步举证的情况下,某平台作为案涉商品的销售者,应当举证证明其已履行了作为食品经营者的法定义务,其经营的商品符合食品安全标准。案涉商品保质期 2 年,冯某发现案涉商品内有蠕虫时,商品尚处于保质期内。在未有证据显示系因冯某自身原因导致案涉商品长虫的情况下,某平台作为经营者,亦应履行法律规定的质量担保义务。因某平台未提交有效证据证明案涉商品在销售前已经出入境检验检疫机构检验合格,故不能认定某平台已尽上述规定的查验义务,应当推定某平台明知案涉商品存在质量问题。

法院判决:1. 某平台向冯某退还货款 588 元,赔偿 5880 元;2. 冯某将案涉订单商品退还某平台。

近些年,随着电子商务的迅猛发展,跨境电商行业开始兴起,然而在进口商品日趋火爆的情形下,跨境商品质量安全问题凸显。如何保护电子商务消费者权益,特别是消费者安全权,成为司法实践重点关注的内容。本案属于典型的跨境电子商务中食品安全问题产生的纠纷,侵害了消费者的安全权。目前网络食品消费在电子商务中占据一定比例,网购的便捷性拓宽了消费者选购食品的途径,跨境电子商务的蓬勃发展增加了进口食品的流入数量。关于电子商务经营者安全保障义务在《电子商务法》第 13 条予以规定,跨境电子商务经营者同样适用。关于食品生产经营者安全性要求的法律责任在《食品安全法》第 9 章已作出规定。

---

① 参见广州互联网法院 2020 年 3 月 16 日发布的《网络购物合同纠纷十大典型案例》。

第二节　消费者知情权、选择权公、平交易权保护法律风险与合规管理

一、消费者知情权、选择权、公平交易权的基本知识

消费者知情权是《消费者权益保护法》中规定的消费者非常重要的权利。电子商务中,交易当事人并非面对面交易,消费者不可能通过观看、触摸、品尝、试用、服务体验等多种直观方式来选购商品或接受服务,网店商家用图片、文字、视频展示出的商品与消费者收货后的实物可能存在差距,而消费者判断经营者真实身份和资信情况的能力也会因网络的虚拟化、数字化大打折扣,这让本就处于信息不对称的消费者和经营者之间,差距更为明显。由此,为维护消费者合法权益、保障电商交易正常秩序,必须确保经营主体的真实性、交易信息的正确性、交易过程的安全性。

消费者选择权是消费者应当享有的一项重要权利,是保障消费者依照自由意愿享有交易结果的重要内容。电子商务经营者在格式合同以及默认搭售消费等情形下,会对消费者的选择权造成限制,此外,电子商务平台经营者提供的数据搜索质量也会影响消费者选择权的实现效果。消费者和经营者在市场中的主被动性以及信息掌握程度都有所差异,通过运用法律手段适度调整交易关系,正视差异性,有利于平衡各方利益,维护良性循环的交易环境和秩序。

二、消费者知情权、选择权、公平交易权的法律解读

消费者知情权,即消费者享有知悉其购买、使用的商品或者接受的服务真实情况的权利。消费者知情权的主要内容包含:①在商品或服务交易中,经营者有义务对所出售的商品以及提供的服务重要信息予以准确、清楚的标示,从而保障消费者能够按照所获知的真实、完整信息作出符合意思的购买决定,而这些重要信息包含了商品或服务的生产者、生产地、功能、定价、产品质量检验等;②消费者进行商品购买、使用或享受服务时,他们享有主动询问和深入了解该商品或服务相关信息的权利,这包括但不限于商品的价格、性能、生产地、生产商信息,以及服务的具体内容、质量标准等,这旨在确保消费者能在充分了解的基础上作出明智的决策,并且此类询问和了解无时间限制,应贯穿销售的全过程,保障知情的充分性;③强调所售商品或提供服务信息的真实性和全面性,严格避免任何形式的虚假或误导性宣传,这种宣传不仅可能误导消费者做出错误的购买决定,还可能损害商家的声誉和

信誉。因此,所有宣传内容都应基于真实、准确和清晰的信息,确保消费者能够全面、客观地了解商品或服务的实际情况。《消费者权益保护法》第 20 条明确了经营者提供真实、全面信息的义务,经营者提供商品或者服务应当明码标价。《消费者权益保护法实施条例》第 9 条第 2 款就"大数据杀熟"中侵害消费者权益的差异化定价以致价格歧视问题提供了法律依据。《消费者权益保护法实施条例》第 10 条第 2 款对网络消费活动中的自动续费、自动展期等,未采用显著方式,未经消费者同意,不得进行相关费用扣除,充分维护了消费者知情权。《反不正当竞争法》第 8 条以及《广告法》第 4 条第 1 款也规定虚假或误导性宣传的禁止性要求。欧盟制定的《远程销售指令》规定,经营者应向消费者提供必要的准确信息,在订立合同之前,将必要的信息向消费者明示。在《欧盟关于内部市场中与电子商务有关的若干法律问题的指令》中进一步规定,经营者必须以书面形式或其他方式向消费者提供消费者可以知道的各种必要信息,以充分保障消费者知情权。[①]

《消费者权益保护法》第 9 条规定了消费者选择权,即消费者享有自主选择商品或者服务的权利。其主要内容包含以下四个方面:①自主选择提供商品或者服务的经营者。消费者自主决定所购商品的商家以及提供服务的经营者,不受他人干扰。②自主选择商品品种和服务方式。消费者生活需要的满足是消费的基本目的,此种需要能否充分满足,离不开消费过程中对商品类型以及服务方式自主选择权的实现。当然,此种自主选择权的保障与尊重并不意味着经营者不能推送品质优良、评价较高、准确契合消费需求的商品或服务,但需注意的是,此类信息的推送仅仅是提供了多项选择,而不能造成对消费者选择权行使的限制。③自主选择是否购买商品或者接受服务。消费源于需求,没有需求自然不会有消费的意愿和冲动,因此是否愿意购买商品或接受服务,应当由消费者自主决定。④对商品和服务进行比较、鉴别和挑选。消费者只有在对商品和服务信息充分知晓的前提下,再进行比较、鉴别和挑选后才知道自己需要的种类,不让消费者挑选,或者通过商品和服务信息的选择性提供等(并非全面、真实、准确、及时),都不利于交易的良性循环。

《消费者权益保护法》第 10 条规定消费者享有公平交易的权利。消费者在购买商品或者接受服务时,有权获得质量保障、价格合理、计量正确等公平交易条件,有权拒绝经营者的强制交易行为。消费者公平交易权的最主要表现为交易行为的发生必须在合理的条件下进行,即消费者获得的商品或服务,应与其交付的货币价值相当,具体体现为商品或服务质量、价格和计量。对此《价格法》第 6 ~ 7 条、第 12 ~ 14 条、第 41 条,《计量法》第 16 条都有规定。在电子商务交易中,相比线下消费,线上消费者在衡量商品或服务质量、议价以及计量正确等方面都处于

---

① 郭锋:《电子商务法律适用与案例指引》,人民法院出版社,2018 年版,第 335 页。

弱势地位,其能否获得公平交易更主要的取决于经营者提供的商品或服务信息的真实性,即消费者知情权和选择权保障上。

三、消费者知情权、选择权、公平交易权的法律风险分析

中小电商企业需要按照《电子商务法》的明确规定履行相应的信息披露、提供合规搜索和广告、禁止搭售默认同意等法定义务,因为此项义务的设置正是电子商务中消费者知情权、选择权、公平交易权保护的实现途径。

(一)信息披露

电子商务中商品或服务信息提供的多与少,一般是由经营者单方面来决定的,经营者为了交易利益最大化,可能会做出信息的选择性提供,提高消费者购买成功率或贬损其他经营者的相似商品服务。通过非选择性的信息披露义务设定,使商品或服务信息全面、真实、准确、及时的展现在消费者面前,消费者成为电子商务交易中的关键主体,使其行使知情权和选择权更加充分,弥补电子商务虚拟环境下消费者弱势地位的不利影响。

《电子商务法》第17条规定:"电子商务经营者应当全面、真实、准确、及时地披露商品或者服务信息,保障消费者的知情权和选择权。电子商务经营者不得以虚构交易、编造用户评价等方式进行虚假或者引人误解的商业宣传,欺骗、误导消费者。"该条分别从积极和消极两个层面保障电子商务消费者的知情权和选择权。

1.积极层面

《电子商务法》第17条在延续《消费者权益保护法》第20条、第28条经营者信息披露义务规定的基础上做了延伸,将原有"全面、真实"要求扩充了"准确、及时"。全面,即消费者应当知悉的全部商品或服务信息,不得刻意隐瞒部分信息;真实,即强调商品或服务的客观信息,不得有虚假宣传或引人误解的表述;准确,即经营者提供的信息能完整精确地反映待售商品或服务;及时,即经营者在其能力范围内第一时间提供商品或服务信息,不得采用无故拖延方式损害消费者知情权和选择权。

2.消极层面

《电子商务法》第17条针对电子商务交易中特有的"正向刷单""恶意炒信"等新型违法问题,明确了具体的电子商务经营者禁止性行为,即禁止虚构交易、编造用户评价。这些行为不但是对消费者的欺诈和误导,还严重影响电子商务经营主体的公平竞争。经营者委托网民假扮卖家购买商品并给予好评,从而提高店铺销量和信誉的行为,属于典型的正向刷单炒信行为。经营者充分考虑了消费者心理、刷单的成本以及刷单的收益。例如广州互联网法院2020年3月16日发布的典型案例"漫漫公司委托刷单案",当事人双方以虚假的网络购物意思掩盖真实的"刷

销量、赚报酬"意思,违反法律强制性规定,该民事法律行为被认定无效。而在日常网络购买中,作为消费者也会遇到各种商家虚假或引人误解的商业宣传,如商家为提高某商品的交易成功率,在网店连续多天打出"最低折扣仅一天"的虚假宣传用语;在商品宣传网页上出现"最高科技""最新材料""根治疾病"等宣传用语误导消费者。

除《电子商务法》第17条规定电子商务经营者信息披露义务,《电子商务法》第15条还规定了电子商务经营者营业执照信息、行政许可信息的公示义务。电子商务经营者的营业执照上记载的信息属于经营主体信息,对经营主体身份、住所、税务登记等信息的公示有助于交易对方了解经营主体的合法经营资格和真实身份;而与经营业务有关的行政许可信息则涉及经营主体对特定行业的经营资格问题,关系经营者是否依法从事相应的经营活动,属于交易对象应当知晓的信息。《电子商务法》第16条规定,电子商务经营者自行终止从事电子商务的,应当提前30日在首页显著位置持续公示有关信息。

(二)提供合规搜索结果和广告

电子商务交易中,大数据营销受到广泛关注。大数据营销,简而言之,是通过深入的大数据分析来洞察消费者的购买偏好和潜在消费能力,进而实施个性化的营销策略,以满足每一位消费者的独特需求。在电子商务的快速发展背景下,大数据营销成为一种独特且重要的营销手段。然而,这种手段有时可能侵犯消费者的知情权和选择权,因为通过深度分析大数据,商家可能会过度干涉消费者的购买决策。为了维护消费者权益,《电子商务法》对此进行了特定的规定和监管,确保大数据营销在合规的框架内进行。

《电子商务法》第18条明确规定了电子商务经营者在利用大数据进行营销时的责任,包括提供合规搜索结果以及发送广告的义务。按照本条第1款的规定,电子商务经营者提供商品或者服务的搜索结果时,允许根据消费者的兴趣爱好、消费习惯等特征提供有针对性的搜索结果,但必须同时提供共性的选项。即体现消费者个人特征的搜索结果并不被《电子商务法》所禁止,肯定了营销的合法性,但须注意商品或服务的共性搜索结果也应包含在提供范围之内,否则可被否定性评价。本条第2款规定,电子商务经营者向消费者发送广告的,应当遵守《广告法》的有关规定。广告是消费者在虚拟平台了解并选择商品或服务的最直接形式,与消费者知情权和选择权的保障密切相关。《广告法》对广告行为的约束主要体现在两个方面:一是广告内容规范,即明确了广告中禁止出现的内容。如《广告法》第9条明确了广告不得出现的情形,另外针对烟酒、药品等特殊商品或服务,《广告法》做出了特别规定。二是广告行为规范,即对广告经营者、广告发布者的行为要求。

(三)禁止搭售默认同意

处于对消费者选择权和公平交易权的保护,1993年《反不正当竞争法》颁布时设定了禁止搭售条款。2019 年新实施的《反不正当竞争法》删除了原来的禁止搭售条款，不再全盘否定商家的搭售行为，而是更注重商家经营权和消费者选择权的自主行使。《电子商务法》在第 19 条同样承认电子商务经营者搭售商品或服务的合法性，但为了倾向性的保障消费者知情权、选择权以及公平交易权，该法给电子商务经营者附加了新义务，即应当以显著方式提醒消费者注意，不得将搭售商品或者服务作为默认同意的选项。

四、消费者知情权、选择权、公平交易权的合规管理措施

中小电商企业在信息披露义务履行方面的合规管理措施，可分为信息披露的外部要求以及信息披露的内部管理两个层面：一是外部要求层面，应按照前述法律风险分析的《消费者权益保护法》以及《电子商务法》规定的信息披露的范围、方式、时间限制等要求，依法合规披露。经营者应对所销售的商品或提供的服务进行详尽的描述，包括产品的规格、性能、材质、产地等关键信息，以及服务的具体内容、标准和承诺等，避免使用模糊、夸大或误导性的语言，确保信息的真实性和客观性。经营者需要优化信息披露的方式和渠道，如在网站显著位置展示信息、提供便捷的查询工具、设置清晰明了的分类导航等，还可以利用社交媒体、短视频等新媒体平台，以更加直观、生动的方式展示商品或服务的特点和优势。再有，加强信息披露的更新和维护，及时更新最新信息，包括价格变动、促销活动、新品上市等，同时，删除过时或无效的信息，保持信息披露的时效性和有效性。二是内部管理层面。经营者应根据法律法规要求，结合自身业务特点，制定完善的信息披露内部管理制度，明确信息披露的责任主体、审批流程、违规处罚等措施，确保信息披露工作的规范化、制度化。此外，具有专属地域性的电子商务经营者（如产品特定产区），可以考虑根据本地的行业标准和市场需求，建立统一的信息披露标准，有助于提高信息披露的质量和可比性。最后，建立信息披露反馈机制，关注消费者对信息披露的反馈意见，通过设立投诉举报渠道、开展满意度调查等方式收集消费者意见，持续优化信息披露工作。

在电子商务领域，电子商务企业提供的搜索结果对消费者决策起着至关重要的作用。因此，在提供合规搜索结果和广告义务履行方面，中小电商企业应考虑强化信息审核，设立专门的信息审核团队（该团队应具备相关的法律和管理知识，熟悉电子商务行业的规定和标准），负责审核搜索结果的内容和质量，对涉及敏感信息或违法违规内容的搜索结果进行及时处理和报告，搜索结果应真实反映商品或服务的实际情况，不得虚假宣传或误导消费者，应准确匹配用户的搜索请求，不得出现不相关或错误的信息。企业还可以利用先进的技术手段进行辅助审核，提高审核效率和准确性，如使用自然语言处理技术对搜索结果进行语义分析和情感分析，识别潜在的风险点，建立风险识别模型，对搜索结果进行实时监测和预警，及时

发现并处理违规信息。

关于搭售默认同意的合规性,电子商务经营者如果已尽显著方式提醒义务,并将搭售商品或服务作为自主选项予以展现,则消费者知情后形成的交易结果由其承担,亦能判定系真实意思表示,法律不做干涉。

案例

周某诉 S 店铺网络购物合同纠纷案①

2016 年 7 月 20 日,周某通过"天猫"平台在 S 店铺购买席梦思床垫 2 张,共计付款 7798 元,该产品网页宣传中有"睡眠细胞修护、促进深度睡眠""修复受损细胞""再生年轻状态""实验证明,细胞新陈代谢率提升 21.68%"等文字表述。在材料分析部分,页面中宣传该床垫"只选比利时进口国际大牌面料""只选北纬 1° ~7° 的天然乳胶"等,并称该品牌是"全中国唯一原厂生产的国际品牌,在中国拥有两个原厂生产基地(哈尔滨、上海),里面全部生产器材均从英国空运过来,每个产品的生产线监督人都由英国人担任,每一针每一线都恪守着皇室制作的标准"等。

周某收到床垫使用后发现涉案商品根本没有任何在广告中所称的功能,也没有使用宣传中的材料,认为 S 店铺构成欺诈,故诉请退还货款、承担商品价款 3 倍的赔偿并承担商品退货运费。

焦点:S 店铺产品的网页宣传是否构成对消费者的欺诈? 应承担的民事责任有哪些?

一审法院认为,S 店铺在无科学依据的情况下,在网页宣传中强调该床垫的功能优势,使消费者轻信涉案床垫确实具有上述功能而作出购买行为,具有明显的欺诈故意并实施了欺诈行为。因床垫体积较大,难以通过快递等方式进行退货,且系因 S 店铺的欺诈行为导致周某退货,应由 S 店铺自行取回床垫。一审法院遂判决 S 店铺自行取回床垫、退还货款并支付商品价款 3 倍赔偿款。S 店铺不服一审判决,上诉至上海市第一中级人民法院。上海市第一中级人民法院认为,S 店铺在涉案商品宣传网页中提到的商品材料与商品功能等均无证据证明客观真实,对此应当承担举证不能的法律后果,无论是商品材料还是商品功能均对消费者是否购买涉案商品产生决定性影响,因此,S 店铺虚构商品材料与商品功能的行为对周某构成欺诈。周某要求 S 店铺退货退款并承担三倍赔偿的责任,合法有据,应予支持。上海市第一中级人民法院据此判决驳回上

---

① 参见上海市第一中级人民法院 2020 年 11 月 11 日发布的《网络购物合同纠纷案件审判白皮书》。

诉,维持原判。本案是典型的网络消费欺诈案件,侵害了消费者的知情权、选择权、公平交易权。消费欺诈,是指经营者在提供商品或者服务时,采取虚假或者其他不正当手段欺骗、误导消费者,诱使消费者作出违背其真实意愿的购买意思表示,使消费者权益受到损害的行为。本案中,网络商家对涉案床垫进行产品宣传时虚构商品功能,同时虚构商品制作材料,商家虚构商品材料和功能并对消费者购买产生决定性影响,属于较为典型的消费欺诈行为。

第三节　消费者后悔权保护法律风险与合规管理

一、消费者后悔权的基本知识

传统交易中,经营者提供的商品或者服务不符合质量要求,消费者可以按照法律规定、当事人约定要求经营者履行退货、更换、修理等义务。而在电子商务交易中,由于交易的迟延性、非当场性,商品或服务信息的不对称性,网络的抽象性以及物流依赖性等特征,更需要对弱势地位的消费者倾斜保护,强调消费者后悔权的保障,以有利于电子商务交易秩序。德国《债法现代化法》在远程销售合同、电子交易等九类消费合同中规定了消费者退回权与冷静期的规则。美国消费者的撤回权被称为冷却期制度,主要规定于消费信贷保护法与联邦贸易委员会的冷却期规则中,明确规定了消费者行使解除权的时间及具体的权利义务。我国台湾地区的相关规章中主要参照欧盟远距离交易立法的规则,基于消费者未能亲自监视商品、欠缺对商品认识和选择可能性的特点,规定了消费者撤回权即无因解除制度。[①]

消费者后悔权实际上是消费者知情权和选择权在交易后的一种自然延伸,它体现了消费市场中商家对消费者决策的尊重,同时也彰显了消费市场诚信经营的重要性。这一权利允许消费者在特定条件下对购买决策进行重新审视,并在一定时间内取消交易,从而进一步保护了消费者的权益。消费者后悔权通常指消费者根据本人意愿,在法律规定的购买商品后的一定时间内,无须说明理由,将商品无条件地退回给经营者,并不承担任何费用。我国最早规定类似后悔权的条款是1996年辽宁省实施的《关于消费者权益保护法的规定》,第12条规定消费者对购买的整件商品(不含食品、药品、化妆品)保持原样的,可以在7日内提出退货,经营者应当退回全部货款,不得收取任何费用。2000年,北京市工商行政管理总局

---

① 朱晓娟:《电子商务法》,中国人民大学出版社,2019年版,第182页。

《电子商务监督管理暂行办法》第 26 条规定,非因质量问题且尚未使用过的商品,消费者可在收到商品之日起 7 日内更换或退货,更换或退货中发生的运输、包装、邮寄等有关费用由消费者承担。现行《消费者权益保护法》第 25 条明确了消费者七天无理由退货的适用条件和限制。

二、消费者后悔权的法律解读

《消费者权益保护法》第 25 条在因商品或服务质量瑕疵消费者要求退货的基础上,规定了无理由退货制度,内容包括:①适用范围应做广义理解,既包括采用网络、电视、电话、邮购等远程方式的销售,也包括上门推销、直销等非固定经营场所的销售。②消费者在收到商品之日起 7 日内,不需要任何理由即可退货,但存在例外情况,即根据商品的性质不同,如冷链鲜活商品、经由消费者个人定制的商品以及数智教育类信息产品等。③上述特殊商品经由经营者明示保留消费者无理由退货权的,则不再予以限制。④消费者选择无理由退货时需承担两项义务:一是支付退货运费,但经营者和消费者另有约定的除外,给予经营者选择权,实践中信誉良好、实力强大的经营者往往通过 VIP 会员、消费积分折抵等方式免除消费者无理由退货应承担的运费,如唯品会公司;二是保证商品完好,但关于如何评价"商品完好",实践中往往会产生纠纷。⑤消费者有权要求电子商务平台经营者在其收到商品之日起 7 日内,不得向平台内经营者支付其已预付给支付平台的货款,以保障消费者在退货后能够及时获得应当返还的商品价款。⑥7 日的"冷却期"规定属于最短期限的强制规定,为防止经营者利用优势地位侵害消费者权利,故不允许经营者与消费者之间做排除性约定,但允许约定长于法定七日的期限。⑦"7 日"期间的计算,根据《民法典》总则编,即第十章期间计算的规定,按照年、月、日计算期间的,开始的当日不计入,自下一日开始计算。期间的最后一日是法定休假日的,以法定休假日结束的次日为期间的最后一日。期间的最后一日的截止时间为 24 时;有业务时间的,停止业务活动的时间为截止时间。⑧无理由退货(无因退货)制度为消费者提供了一种特殊的撤销权,这种撤销权的行使并不依赖于消费者在缔约时是否存在重大误解、交易是否显失公平,或者商品本身是否存在瑕疵等条件。它与传统《民法典》合同编所规定的撤销权有着本质的区别,后者通常需要基于特定的法律原因或事实基础才能行使。无理由退货制度更侧重于保护消费者的权益,让消费者在购物后的一段时间内,能够根据自身意愿无条件地退回商品,而不必承担任何违约责任,这也是对非传统交易中消费者权益保护的特殊倾斜。

《消费者权益保护法实施条例》第 19 条对线上销售商品的经营者,要求必须向消费者明确无理由退货商品的特殊性并予以显著标注,亦不得擅自缩小无理由退货商品范围,以减轻其责任,加重消费者负担。

三、消费者后悔权的法律风险分析

根据网络购物非实物性的特点,《消费者权益保护法》将七天无理由退货确立为电子商务交易方式下消费者行使后悔权的依据,也是消费者收到不符合购物预期商品得以退货的权利的保障,同时督促电子商务经营者提升自身商品质量,不在平台上作出虚假承诺或欺诈行为,其立法出发点为诚实信用原则,有利于平衡交易双方利益,营造和谐成熟的网络交易环境。然而,在实际的电子商务交易中,部分电子商务经营者确实会存在以下未依法保障消费者七天无理由退货权的行为:如经营者明知消费者符合退货条件,但无理由拒绝受理消费者的退货申请;经营者要求消费者在退货时承担额外的费用,例如退货运费、包装费等,而这些费用并不属于消费者应承担的范围;经营者在收到退货后故意拖延退款的时间,超出法定的退款期限;经营者限制消费者退货的渠道,例如只接受线下退货、只接受特定的退货方式等,阻碍消费者行使反悔权;经营者对退货条件进行过于苛刻的限制,例如以"商品被拆封了""标签被剪掉了"等为理由,单方面认定商品不完好,拒绝履行退货义务;经营者在销售合同中未明示的情况下,要求消费者满足单方面强行附加的退货条件,例如提供退货原因、提供退货申请表等,增加消费者行使退货权的难度等等。

电子商务经营者出现违反消费者后悔权的违法情况时,除承担一般的民事责任外(如解除网络购物合同并承担赔偿消费者因无法行使退货权所造成的实际损失,包括商品退款、退货运费、手续费、维修费,维权产生的交通费、误工费等等,构成消费欺诈的,则需承担惩罚性赔偿责任),按照《消费者权益保护法》第 56 条的规定,根据情节轻重,仍需承担相应的行政责任(责令整改、单处或者并处警告、50 万元以下的罚款;情节严重的,责令停业整顿、吊销营业执照)。

四、消费者后悔权的合规管理措施

鉴于以上法律风险,中小电子商务企业应该了解《消费者权益保护法》及其他相关法律法规的规定,特别是关于七天无理由退货权的具体要求和限制,确保自身经营行为符合法律规定。应当明确制定并公示退货规定,确保消费者清楚了解退货的条件、期限以及退款方式等重要信息,退货规定应符合法律规定并且要保证消费者便利地行使退货权,此种便利性原则,要求中小电子商务企业提供多样化、灵活性的退货渠道,例如上门取件、线下门店退货、指定退货网店,等等。同时,电商企业应简化退货流程,避免设置烦琐的手续和条件,如不要求提供退货原因、不设置额外的退货申请表等,除非商品退货与商品性质有关,商家不应要求退货商品完好无损、未拆封或未使用,以充分保障消费者的退货权。中小电子商务企业在内部经营流程中应单独设置退货流程,在收到退货后及时办理退款,避免拖延退款的时间,超出法定的退款期限,同时健全内部制度和监管机制,确保员工严格遵守退货政策和法律规定,及时处理消费者的退货请求和投诉。除此之外,可以加强与消费者的沟通,包括提供明确的商品描述信息、解答消费者疑问、回应消费者投诉等,以避免因信息不对称导致的退货纠纷。也可以考虑与第三方平台合作,借助其技术和服务优势,确保退货流程的透明度和公正性,以增加消费者对退货权的信任。最后,中小电子商务企业应定期进行合规检查和评估,及时发现和纠正可能存在的违规行为,以保障自身的合规经营和消费者权益。

除以上关于法律保护的消费者后悔权所能够采取的合规管理措施外,仍有一个需要注意的问题,即中小电商企业如何应对消费者后悔权滥用,毕竟对消费者滥用退货规则的规制亦是消费者后悔权的有机组成部分。对滥用消费者后悔权的规制,可以从以下三个方面予以考虑:

第一,充分依托平台自治规则。大多数中小电商企业的经营活动依托电商平台,从统一规制规则、提升应对消费者后悔权滥用的规制效果上看,理应允许电子商务平台经营者通过用户协议等方式制定平台自治规则,并根据该规则对平台内用户作出管理性措施,防止消费者滥用后悔权。网络购物平台通常采取两种主要的经营模式,一种是以自营商品为核心的销售者身份直接参与网络购物合同的签订和履行,为消费者提供自己的商品和服务。这种模式使得平台能够更直接地控制商品质量和服务水平,确保消费者获得高品质的购物体验。此时经营者具有销售者和平台管理者两个角色。另一种是仅具有平台管理者角色,而由平台内的独立经营者与消费者建立网络购物合同关系,平台与消费者之间建立网络服务合同关系。无论是哪种模式,网络购物平台作为经营者、管理者,都有权要求与其形成法律关系的主体注册成会员,并与之签订用户协议,该用户协议在不违反法律规定的前提下,对自治范围内的主体具有约束力,实现消费者知情权的同时实现平台内自治。如平台有权在其判定认为会员消费者存在恶意退货或不合常理的高退货率,或可能损害平台、商家利益的不正当行为的情况下,暂时冻结、永久冻结、修改、删除会员的个人账户或采取其他处理措施。

第二,审慎认定平台自治中格式条款的效力。对于平台自治中的用户协议等格式条款,涉及修改、中断、终止服务的条款不能完全做否定性评价,应综合考虑电子商务交易健康持续发展、平衡平台经营者及用户利益、维护公平正义等因素。格式条款指的是在合同订立过程中,由一方当事人为了便捷和效率预先拟定的条款,这些条款在合同订立时并未与对方进行逐一协商,而是作为整体合同的一部分直接呈现给对方当事人。这种条款的特点是标准化和通用性,旨在减少交易时间和成本,但也可能引发对合同公平性和透明度的关注。根据《民法典》第496条、第497条的规定,提供格式条款的一方遵循公平原则确定当事人之间的权利和义务,并尽到提示说明免除或者减轻其责任等与对方有重大利害关系的条款义务,没有不合理地免除或者减轻其责任、加重对方责任、限制、排除对方主要权利的,应予以肯定。《消费者权益保护法》第26条也对经营者使用格式条款时的提示说明义务和禁止使用对消费者"不公平、不合理"的格式条款的义务予以明确。

第三,有效运用诚实信用原则。诚实信用原则是民法的重要原则,亦是市场经济活动中的道德准则。电子商务交易中,经营者以"商品被拆封了""标签被剪掉了"等为理由,单方面认定商品不完好,拒绝履行退货义务;经营者常用赠品来吸引消费者,但同时又单方面规定赠品不享受"三包"服务;经营者明确"福袋"不接受退货,不接受差评等情况,均是损害消费者权益,违反了诚实信用原则。而从诚实信用原则出发,允许平台保障消费者退货后悔权的同时,运用平台自治规则判定消费者极高退货率、恶意退货等为滥用后悔权,"无限制"退货,从而评价为违反诚实信用原则并采取中断、终止服务等制裁措施,有利于在强调消费者权益保护的同时平衡经营者的利益损失,维护正常交易秩序。

案例

吴某与广州唯品会电子商务有限公司网络服务合同纠纷案①

广州唯品会电子商务有限公司(以下简称唯品会公司)是网络购物平台"唯品会商城"的经营者,吴某是"唯品会商城"会员、"唯品会超级VIP"会员。

2018年4月7日,吴某在"唯品会商城"举行的"生鲜大卖场"活动中购买了1852.08元的商品,下单后订单页显示"订单中的商品在不同库房或属不同商家,故拆分为以下订单分开配送……订单状态:已拆分……"在商品配送过程中,吴某对"商品拆分为4个订单配送,并由其支付全部快递费用"不满,拒收了其中的商品"厄瓜多尔白虾"(订单页显示"生鲜商品不支持七天无理由退货……该订单需承担23元运费")的快递,并申请办理退货退款手续。2018年7月18日,唯品会公司向吴某退回了"超级VIP"服务费,冻结了其唯品会账户。吴某于2015年5月1日至2018年4月12日在该商城共购买537件商品,其中退货、拒收共454件,退货、拒收率高达84.54%。

吴某认为,其是享受"免费退货"服务的"超级VIP"会员,其退货率高不违反合同约定,认为唯品会公司违约、欺诈而诉至广州互联网法院,提出诉讼请求:①判决被告停止侵害,立即恢复原告注册的唯品会账户的完整使用权限,恢复该账户的超级VIP等级及其所有购买、使用功

---

① 广州互联网法院(2019)粤0192民初939号民事判决书,广州市中级人民法院(2019)粤01民终19541号民事判决书。

能；②判决被告立即向原告支付赔偿金500元；③判决被告通过书面的形式（登报）向原告进行赔礼道歉；④判决原告主张权利所产生的合理费用共计30 800元（其中律师费30 000元，公证费800元）。

法院认为：根据吴某作为用户注册"唯品会会员"时确认同意的《唯品会服务条款》中第15条第15.8款约定，唯品会有权在其判定认为唯品会会员存在恶意退货或不合常理的高退货率，或可能损害唯品会利益的不正当行为的情况下，暂时冻结、永久冻结、修改、删除会员的个人账户或采取其他处理措施。有鉴于吴某于2015年5月1日至2018年4月12日期间在唯品会商城购买商品537件，其中退货、拒收454件，退货、拒收率高达84.54%，唯品会公司冻结吴某的唯品会账户，符合前述服务合同的约定，合法合理，并无不当。况且，吴某亦未就其异乎寻常的高退货、拒收率举证证明其合理性和正当性，唯品会公司主张该高退货、拒收率行为损害其合法利益的理由成立。对于吴某向唯品会公司基于唯品会账户购买的超级VIP服务，唯品会公司已做退款处理，并无不当。因此，吴某以其未仔细阅读前述服务条款为由，请求恢复其会员账号和超级VIP会员等级，并主张唯品会公司予以赔偿和赔礼道歉的理由不充分，不予支持。

本案为网络服务合同纠纷，争议焦点是唯品会公司冻结吴某在唯品会的会员账户和超级VIP会员等级是否合法有据，吴某请求恢复会员账户并予以赔偿是否应予支持，主要涉及电子商务中消费者后悔权（无因退货权）行使的正当性评价问题。本案中，原告吴某购买的商品"厄瓜多尔白虾"，在订单页已显示"生鲜商品不支持七天无理由退货"，符合《消费者权益保护法》第25条规定的无理由退货的不适用情形，唯品会不存在侵害消费者权益的情况。

另外，需要注意的是，对于平台自治中的用户协议等格式条款，涉及修改、中断、终止服务的条款不能完全做否定性评价，应综合考虑电子商务交易健康持续发展、平衡平台经营者及用户利益、维护公平正义等因素。格式条款的预先定制提高了签订合同的效率，只要格式条款的制定主体严格遵循公平公正原则，在设定双方权利和义务时并未加重相关方的责任而有利于自身，则需要肯定其有效性。本案中的《唯品会服务条款》并非不合理的格式条款，无免除唯品会责任的场景，也不违反法律的强制规定，应予以认可。法院最终的裁判一方面体现了对电子商务消费者滥用权利时的否定性评价，引导消费者遵守合同约定和法律规定；另一方面肯定了电子商务平台自治对网络空间治理的重要作用，网络购物平台应当依法、依约提供服务，推动电子商务市场的良性发展。

第七章

网络广告法律风险与合规管理

网络广告简单来说就是通过网络传递到互联网用户的一种广告运作方式。与传统的广告相比,网络广告具有覆盖面广、受众基础大、传播范围广阔、不受时间限制、方式灵活、信息传递双向等特点。网络广告和网络营销的概念十分相似,但在范围、目标、形式等方面存在细微差异,这些差异会对法律判决的结果产生关键的影响。网络广告的方式多种多样,企业近期关注较多的是以抖音为典型代表的短视频平台广告和直播网络广告,本章从中小电子商务企业的主体角度对相关的广告法律风险和相应的合规管理策略进行探讨。

第一节 网络广告法律解读

一、广告

《广告法》对广告的定义为:"在中华人民共和国境内,商品经营者或者服务提供者通过一定媒介和形式直接或者间接地介绍自己所推销的商品或者服务的商业广告活动,适用本法。"可见,广告法中对广告的定义包括了传统线下的形式。

《互联网广告管理办法》在《广告法》和《电子商务法》的基础上,对互联网广告进行了更详细的定义:"在中华人民共和国境内,利用网站、网页、互联网应用程序等互联网媒介,以文字、图片、音频、视频或者其他形式,直接或者间接地推销商品或者服务的商业广告活动,适用广告法和本办法的规定。"

二、广告相关主体

根据《广告法》的相关解释,广告主是指为推销商品或者服务,自行或者委托他人设计、制作、发布广告的自然人、法人或者其他组织。广告经营者是指接受委托提供广告设计、制作、代理服务的自然人、法人或者其他组织。广告发布者是指广告主或者广告主委托的广告经营者发布广告的自然人、法人或者其他组织。广告代言人,是指广告主以外的,在广告中以自己的名义或者形象对商品、服务做推荐、证明的自然人、法人或者其他组织。

《电子商务法》对电子商务经营者进行了界定。电子商务经营者,是指通过互联网等信息网络从事销售商品或者提供服务的经营活动的自然人、法人和非法人组织,包括电子商务平台经营者、平台内经营者以及通过自建网站、其他网络服务销售商品或者提供服务的电子商务经营者。电子商务平台经营者,是指在电子商务中为交易双方或者多方提供网络经营场所、交易撮合、信息发布等服务,供交易双方或者多方独立开展交易活动的法人或者非法人组织。平台内经营者,是指通过电子商务平台销售商品或者提供服务的电子商务经营者。

《电子商务法》同时对电子商务经营者的权利和义务作出了明确规定。电子商务经营者应当依法办理市场主体登记,但是,个人销售自产农副产品、家庭手工业产品,个人利用自己的技能从事依法无须取得许可的便民劳务活动和零星小额交易活动,以及依照法律、行政法规不需要进行登记的除外。电子商务经营者应当依法履行纳税义务,并依法享受税收优惠。电子商务经营者应当全面、真实、准确、及时地披露商品或者服务信息,保障消费者的知情权和选择权。电子商务经营者不得以虚构交易、编造用户评价等方式进行虚假或者引人误解的商业宣传,欺骗、误导消费者。

三、作品

根据《著作权法》第3条规定:"本法所称的作品是指文学、艺术和科学领域内具有独创性并能以一定形式表现的智力成果,包括:(一)文字作品;(二)口述作品;(三)音乐、戏剧、曲艺、舞蹈、杂技艺术作品;(四)美术、建筑作品;(五)摄影作品;(六)视听作品;(七)工程设计图、产品设计图、地图、示意图等图形作品和模型作品;(八)计算机软件;(九)符合作品特征的其他智力成果。"

同时,《著作权法》第24条规定了对作品的"合理使用"制度:"在下列情况下使用作品,可以不经著作权人许可,不向其支付报酬,但应当指明作者姓名或者名称、作品名称,并且不得影响该作品的正常使用,也不得不合理地损害著作权人的合法权益:(一)为个人学习、研究或者欣赏,使用他人已经发表的作品;(二)为介

绍、评论某一作品或者说明某一问题,在作品中适当引用他人已经发表的作品;
(三)为报道新闻,在报纸、期刊、广播电台、电视台等媒体中不可避免地再现或者
引用已经发表的作品;(四)报纸、期刊、广播电台、电视台等媒体刊登或者播放其
他报纸、期刊、广播电台、电视台等媒体已经发表的关于政治、经济、宗教问题的时
事性文章,但著作权人声明不许刊登、播放的除外;(五)报纸、期刊、广播电台、电
视台等媒体刊登或者播放在公众集会上发表的讲话,但作者声明不许刊登、播放的
除外;(六)为学校课堂教学或者科学研究,翻译、改编、汇编、播放或者少量复制已
经发表的作品,供教学或者科研人员使用,但不得出版发行;(七)国家机关为执行
公务在合理范围内使用已经发表的作品;(八)图书馆、档案馆、纪念馆、博物馆、美
术馆、文化馆等为陈列或者保存版本的需要,复制本馆收藏的作品;(九)免费表演
已经发表的作品,该表演未向公众收取费用,也未向表演者支付报酬,且不以营利
为目的;(十)对设置或者陈列在公共场所的艺术作品进行临摹、绘画、摄影、录像;
(十一)将中国公民、法人或者非法人组织已经发表的以国家通用语言文字创作的
作品翻译成少数民族语言文字作品在国内出版发行;(十二)以阅读障碍者能够感
知的无障碍方式向其提供已经发表的作品;(十三)法律、行政法规规定的其他
情形。"

四、著作权

《著作权法》第9条规定:"著作权人包括:(一)作者;(二)其他依照本法享有
著作权的自然人、法人或者非法人组织。"

《著作权法》第10条规定:"著作权包括下列人身权和财产权:(一)发表权,即
决定作品是否公之于众的权利;(二)署名权,即表明作者身份,在作品上署名的权
利;(三)修改权,即修改或者授权他人修改作品的权利;(四)保护作品完整权,即
保护作品不受歪曲、篡改的权利;(五)复制权,即以印刷、复印、拓印、录音、录像、
翻录、翻拍、数字化等方式将作品制作一份或者多份的权利;(六)发行权,即以出
售或者赠与方式向公众提供作品的原件或者复制件的权利;(七)出租权,即有偿
许可他人临时使用视听作品、计算机软件的原件或者复制件的权利,计算机软件不
是出租的主要标的的除外;(八)展览权,即公开陈列美术作品、摄影作品的原件或
者复制件的权利;(九)表演权,即公开表演作品,以及用各种手段公开播送作品的
表演的权利;(十)放映权,即通过放映机、幻灯机等技术设备公开再现美术、摄影、
视听作品等的权利;(十一)广播权,即以有线或者无线方式公开传播或者转播作
品,以及通过扩音器或者其他传送符号、声音、图像的类似工具向公众传播广播的
作品的权利,但不包括本款第十二项规定的权利;(十二)信息网络传播权,即以有
线或者无线方式向公众提供,使公众可以在其选定的时间和地点获得作品的权利;
(十三)摄制权,即以摄制视听作品的方法将作品固定在载体上的权利;(十四)改

编权,即改变作品,创作出具有独创性的新作品的权利;(十五)翻译权,即将作品从一种语言文字转换成另一种语言文字的权利;(十六)汇编权,即将作品或者作品的片段通过选择或者编排,汇集成新作品的权利;(十七)应当由著作权人享有的其他权利。"

五、避风港原则

"避风港原则"是指提供存储功能但是不制作内容的网络服务提供商,在不知情的情况下存在侵权行为,若经权利人发现并告知其存在的侵权内容,则应当采取删除等必要措施停止侵权行为,否则要和侵权内容上传者共同承担侵权责任。因此,"避风港原则"也被称为"通知+删除"原则。"避风港原则"最初产生于美国助推电子商务发展的《数字千年版权法案》中。我国在《信息网络传播权保护条例》《电子商务法》《民法典》等法律的制订过程中,对避风港原则进行了运用,并赋予其更丰富的时代意义。

《信息网络传播权保护条例》第 14 条规定:"对提供信息存储空间或者提供搜索、链接服务的网络服务提供者,权利人认为其服务所涉及的作品、表演、录音录像制品,侵犯自己的信息网络传播权或者被删除、改变了自己的权利管理电子信息的,可以向该网络服务提供者提交书面通知,要求网络服务提供者删除该作品、表演、录音录像制品,或者断开与该作品、表演、录音录像制品的链接。通知书应当包含下列内容:(一)权利人的姓名(名称)、联系方式和地址;(二)要求删除或者断开链接的侵权作品、表演、录音录像制品的名称和网络地址;(三)构成侵权的初步证明材料。权利人应当对通知书的真实性负责。"第 15 条规定:"网络服务提供者接到权利人的通知书后,应当立即删除涉嫌侵权的作品、表演、录音录像制品,或者断开与涉嫌侵权的作品、表演、录音录像制品的链接,并同时将通知书转送提供作品、表演、录音录像制品的服务对象;服务对象网络地址不明、无法转送的,应当将通知书的内容同时在信息网络上公告。"第 16 条规定:"服务对象接到网络服务提供者转送的通知书后,认为其提供的作品、表演、录音录像制品未侵犯他人权利的,可以向网络服务提供者提交书面说明,要求恢复被删除的作品、表演、录音录像制品,或者恢复与被断开的作品、表演、录音录像制品的链接。书面说明应当包含下列内容:(一)服务对象的姓名(名称)、联系方式和地址;(二)要求恢复的作品、表演、录音录像制品的名称和网络地址;(三)不构成侵权的初步证明材料。服务对象应当对书面说明的真实性负责。"第 17 条规定:"网络服务提供者接到服务对象的书面说明后,应当立即恢复被删除的作品、表演、录音录像制品,或者可以恢复与被断开的作品、表演、录音录像制品的链接,同时将服务对象的书面说明转送权利人。权利人不得再通知网络服务提供者删除该作品、表演、录音录像制品,或者断开与该作品、表演、录音录像制品的链接。"

第二节　抖音短视频广告法律风险与合规管理

一、广告主在抖音平台投放广告的形式

抖音作为新出现的短视频社交平台,拥有网络营销平台常见的广告形式,使用较多的类型为:①开屏广告。在用户打开抖音时,会首先展示开屏广告内容,一般会持续数秒。这样的广告形式在移动广告中是比较常见的,其他的网络应用大部分都具有类似的广告,具有强制属性,虽然用户有些反感此类广告,但是曝光能力较强,可以根据广告需求进行选择。②信息流广告。这样的广告形式在用户浏览视频内容的过程中,和普通视频几乎无异的形式显示出来。这样的广告形式对用户较为友好,可以使用点赞、评论等功能与用户互动,这样来增强用户的参与感。③详情页广告。用户点击视频后,出现在视频下方,以图文或视频的形式展示。④直播广告。品牌或者商家在直播过程中展示自己的产品或者品牌,可以与用户进行实时互动。直播可以克服传统电商中商品信息转化为图文或视频载体的缺点,从而更详细地让购买者了解产品和品牌。

二、抖音短视频广告的法律风险

抖音短视频广告的法律风险主要体现在以下几个方面。

(一)著作权侵权风险

抖音短视频广告中使用的音乐、画面或文字等作品可能涉及著作权问题。根据《著作权法》,使用他人创作的作品需要获得合法授权或符合引用规范。否则,可能面临著作权纠纷,承担侵权的法律责任。企业在抖音运营的过程中,最常遇到的著作权侵权法律风险有以下三种:

1.背景音乐侵权

为了配合视频画面,使用来路不明的背景音乐。无论背景音乐是本企业雇员挑选,还是使用第三方代运营,有意无意间可能使用构成侵权的背景音乐。

抖音作为具有社交属性的短视频平台,用户既是平台内容的观看者,又是平台内容的创作者。抖音为了让更多人参与到创作中来,开发了很多简化创作的功能和功能强大的视频编辑软件。

首先从抖音 APP 本身来说,抖音内置了视频编辑功能,可以让用户很方便地使用视频模板、滤镜、特效等来快速地完成视频创作。其次是抖音开发了一个十分

优秀的视频编辑软件——剪映,它具有视频编辑过程中常用的功能,界面简洁,容易操作,最近还加入了部分 AI 功能,使软件使用更简便。相比于过去普遍使用的专业视频创作软件,剪映大幅度降低了视频创作门槛,使没有受到专业教育的普通人也可以创作炫酷的视频,但同时也间接增加了侵权的内附。

有的公司对短视频广告了解程度不够,从节省成本的角度随随便便指定一名管理人员去运营短视频,结果就是不但运营效果不佳,而且很大可能会造成侵权,使公司蒙受重大的损失。有一些公司为了图省事,把抖音的运营全权交给代运营公司,但是在和代运营公司商议价格的时候,一般会尽力压低价格,同时代运营公司为了获得客户也不得不一再降低价格,最后导致没有购买音乐著作权的费用,而使用一些著作权不明的音乐,结果虽然是代运营公司承担主要责任,但是作为委托方没有尽到调查和了解的义务,可能需要承担连带责任。特别是如果有证据证明委托方明知或应当知道代运营公司使用了侵权音乐而未提出异议或采取相应措施,可能会被视为对代运营公司侵权行为的默许或纵容。

抖音为了避免此类侵权案件的发生,在剪映等软件中通过自动检测等相关功能制止用户的侵权行为。但是,技术手段也不能完全杜绝背景音乐侵权。

2. 素材使用侵权

混剪短视频在抖音平台是比较常见的类型,但是在这个过程中也有着著作权方面的问题。混剪短视频融合了多种素材和特效,可能与原作品有着很大的区别,也有可能使用了多部作品中很短的一段素材,即便如此也会有一定的法律风险,特别是和工商主体有关联的情况下,侵权可能性大大增加。

3. 内容抄袭

从目前的抖音短视频平台上看,很多短视频存在内容类似的问题。甚至于一些专门从事抖音短视频平台账号运营相关研究的机构或个人,也从相应的角度出发,寻找提高作品流量的方案。例如:从抖音数据平台寻找热门短视频,模仿和自己账号类型相近的视频内容进行拍摄,这样可以提高自己视频的流量。此种做法也许有一定的效果,我们很多时候轻描淡写地称之为"内容雷同",有时候也会辩称是在原视频的基础上进行了二次创新,但是间接侵犯了原创人的合法权益。

综上所述,抖音短视频广告中的法律风险不容忽视。为了避免这些风险,广告制作者应严格遵守相关法律法规和平台规定,确保广告内容的合法性、真实性和道德性。

(二)广告内容违规风险

抖音短视频广告应避免包含暴力、淫秽、恐怖等不良内容。根据《中华人民共和国网络信息内容生态治理规定》,短视频平台应采取措施防止不良内容的传播。广告制作者应自觉遵守这一规定,确保广告内容健康、积极,不违背社会公德和公序良俗。

为提升短视频内容质量,遏制错误虚假有害内容传播蔓延,营造清朗网络空间,《网络短视频内容审核标准细则(2021)》对短视频节目及其标题、名称、评论、弹幕、表情包等,其语言、表演、字幕、画面、音乐、音效的内容作出了规定,短视频制作时必须避免:①危害中国特色社会主义制度的内容;②分裂国家的内容;③损害国家形象的内容;④损害革命领袖、英雄烈士形象的内容;⑤泄露国家秘密的内容;⑥破坏社会稳定的内容;⑦损害民族与地域团结的内容;⑧违背国家宗教政策的内容;⑨传播恐怖主义的内容;⑩歪曲贬低民族优秀文化传统的内容;⑪恶意中伤或损害人民军队、国安、警察、行政、司法等国家公务人员形象和共产党党员形象的内容;⑫美化反面和负面人物形象的内容;⑬宣扬封建迷信,违背科学精神的内容;⑭宣扬不良、消极颓废的人生观、世界观和价值观的内容;⑮渲染暴力血腥、展示丑恶行为和惊悚情景的内容;⑯展示淫秽色情,渲染庸俗低级趣味,宣扬不健康和非主流的婚恋观的内容;⑰侮辱、诽谤、贬损、恶搞他人的内容;⑱有悖于社会公德,格调低俗庸俗,娱乐化倾向严重的内容;⑲不利于未成年人健康成长的内容;⑳宣扬、美化历史上侵略战争和殖民史的内容;㉑其他违反国家有关规定、社会道德规范的内容。

在实际操作当中,此处的法律风险带来的后果极其严重,相关责任人务必仔细审核视频,切勿出现以上内容。相关的案例也给我们很多警示,以上规定中有些条款带来的后果,是任何主体都无法承受的。

(三)侵犯他人隐私

抖音短视频广告在拍摄和发布过程中可能无意中侵犯他人的隐私权。例如,拍摄者可能在未经他人同意的情况下,将他人纳入广告中,从而侵犯其隐私权。

根据《网络安全法》,网络运营者必须加强用户信息保护,保护用户隐私。因此,广告制作者应确保在广告制作和发布过程中充分尊重和保护他人的隐私权,避免不必要的法律纠纷。

在实际操作当中,有很多短视频是在公共场所拍摄,所以很容易拍摄到路人。在当今社会,即使是普通人也比较注重个人肖像权、隐私权,所以一旦被路人发现,会主动要求删除包含其肖像的相关片段。但是如果在路人未知的情况下,将包含路人的视频发布在平台,有些维权意识较强的人会使用法律手段进行维权,届时因为短视频可能已经给广告主体带来相当利益,如需要改或删除视频会对企业带来一定的损失。

三、抖音短视频广告的合规管理

(一)尊重知识产权

在广告中使用背景音乐、图片、文字等素材时,务必确保获得相关权利人的授权,可从相关专业的网站进行授权购买,但是这里需要注意授权范围一定要适配作品使用范围,如果发生授权范围和使用范围不同的情况,仍然会被判定为侵权行为。

(二)确保内容合规

要严格遵守《广告法》等相关法律法规,不得进行虚假宣传、夸大或误导消费者;确保广告内容真实、准确、清晰,不得含有不良信息;避免使用绝对化用语;详细了解并遵守抖音平台的广告发布规范。

在公司层面,应建立内部审查机制,由法律团队对广告内容进行严格审核,即使是委托第三方进行抖音运营,也要在发布之前由委托人公司内部人员进行审核,避免违规行为的发生。若收到关于广告的投诉或者举报,必须及时应对处理,对于存在的问题,要立刻进行自我整改,并且对权利人进行致歉,以维护公司形象,使损失降到最低。

(三)保护用户隐私

在拍摄和发布抖音短视频广告时,要注意尊重并保护个人的隐私,避免泄露他人的私人信息。前期拍摄时可以主动避开路人,或者等待路人出到拍摄范围之外再进行拍摄,如果实在是无法避免拍到路人,可在短视频后期的时候用后期技术给路人脸部打上马赛克等遮挡,确保路人脸部无法被识别。另外,在雇用演员等必须出镜的人员时,应签订协议,明确获得其肖像使用权,确保公司使用行为的合理合法。

案例

案号:北京互联网法院(2018)京 0491 民初 1 号

案情简介:抖音平台用户"黑脸 V"是抖音早期入驻用户之一,2018 年 5 月 12 日其响应倡议,使用了给定素材,独创了 13 秒视频"5.12,我想对你说"短视频上传到抖音平台上,借此哀悼在汶川地震中遇难的同胞、表达对祖国的感激,这条短视频在平台上引起了很大的反响。某小视频手机软件在没有经过授权的情况下将视频上传至自己的软件内,并且未显示"抖音"和"抖音 ID"等水印信息。被告未经原告许可,擅自将没有水印的视频上传至自己的软件上并提供下载服务,其行为侵犯了原告享受的信息网络传播权。故请求法院判令被告在本案判决生效之日起 3 日内,在某网站及某视频平台客户端首页连续 24 小时刊登声明、消除影响,要求被告赔偿原告经损失 100 万元及合理支出 5 万元。

审判结果:法院判定该视频具有"创作性",能构成受著作权法保护的作品,但视频系他人上传,被告在收到删除通知后尽可能快速履行了"通知—删除"义务,因此,法院判决驳回了原告的诉讼请求。

案件分析:虽然平台作为信息储存空间的服务方,积极履行了"通知－删除"义务,但是有的平台为了吸引更多用户以获取利益,可能暗中授权本企业员工或其他用户使用网络上的作品,然后在收到删除通知后及时删除,最后在法庭上以"避风港原则"为自己申辩,从而躲避侵权责任,这是"避风港原则"的滥用行为。

第三节　直播的法律风险与合规管理

一、直播基础知识

(一)直播的含义

《网络直播营销管理办法(试行)》中对网络直播进行了定义和规范:"在中华人民共和国境内,通过互联网站、应用程序、小程序等,以视频直播、音频直播、图文直播或多种直播相结合等形式开展营销的商业活动,适用本办法。本办法所称直播营销平台,是指在网络直播营销中提供直播服务的各类平台,包括互联网直播服务平台、互联网音视频服务平台、电子商务平台等。本办法所称直播间运营者,是指在直播营销平台上注册账号或者通过自建网站等其他网络服务,开设直播间从事网络直播营销活动的个人、法人和其他组织。本办法所称直播营销人员,是指在网络直播营销中直接向社会公众开展营销的个人。本办法所称直播营销人员服务机构,是指为直播营销人员从事网络直播营销活动提供策划、运营、经纪、培训等的专门机构。从事网络直播营销活动,属于《电子商务法》规定的"电子商务平台经营者"或"平台内经营者"定义的市场主体,应当依法履行相应的责任和义务。"

(二)直播的分类

从法律判断的关键点出发,按照是否以盈利为目的的标准,可以将网络直播区分为经营性直播(也称为商业直播)和非经营性直播(也称为非商业直播)。经营性直播是指为推广商品或服务,或达到其他盈利目的而开展的开放型网络直播。在抖音平台的直播中,常见的直播盈利方式为"刷礼物"、推广商品、为其他厂家进行商品推广等。虽然表现方式多种多样,但是其最终目的都是为了盈利。而非经营性直播,是指不以盈利为目的的直播。

(三)直播的主体

从法律的角度来分析,一般认为直播包含三大主体:一是直播服务提供者,这里既有专做直播的平台,也有短视频平台、电子交易平台等内部含有直播功能的平台;二是直播运营方,包括公司和自然人;三是直播观众,即观看直播的自然人。

二、直播的法律风险

(一)与广告内容相关的法律风险

企业开展直播带货的过程中,对于产品的描述、销量、价格等,没有如实进行描述,存在欺骗、误导消费者的嫌疑。企业直播内容中,存在严重违反《网络短视频内容审核标准细则(2021)》中的某项或多项规定,此种违法有可能给企业带来巨大的危害,企业一定要谨慎把握。在户外进行直播的时候,可能会侵犯路人的肖像权、隐私权等,最好在前期就做好预防,在人少的地方或者不容易误拍路人的情况下进行直播活动。

(二)与知识产权相关的法律风险

1.背景音乐侵权

主播为了吸引更多的用户驻足并进行打赏等行为,会演唱、播放他人歌曲,或使用他人歌曲作为背景音乐进行舞蹈展示,这就构成了对他人作品的使用,一旦收到"礼物"就构成了盈利行为,可能会侵犯他人的知识产权。

2.脚本等侵权

在直播过程中使用他人的原创文案、脚本、台词等,有可能会侵犯他人的知识产权。《著作权法》第39条规定使用他人作品演出,表演者应当取得著作权人许可,并支付报酬。演出组织者组织演出,由该组织者取得著作权人许可,并支付报酬。《著作权法》第51条规定"未经权利人许可,不得进行下列行为:(一)故意删除或者改变作品、版式设计、表演、录音录像制品或者广播、电视上的权利管理信息,但由于技术上的原因无法避免的除外;(二)知道或者应当知道作品、版式设计、表演、录音录像制品或者广播、电视上的权利管理信息未经许可被删除或者改变,仍然向公众提供。"《著作权法》第52条规定,"有下列侵权行为的,应当根据情况,承担停止侵害、消除影响、赔礼道歉、赔偿损失等民事责任:(一)未经著作权人许可,发表其作品的;(二)未经合作作者许可,将与他人合作创作的作品当作自己单独创作的作品发表的;(三)没有参加创作,为谋取个人名利,在他人作品上署名的;(四)歪曲、篡改他人作品的;(五)剽窃他人作品的;(六)未经著作权人许可,以展览、摄制视听作品的方法使用作品,或者以改编、翻译、注释等方式使用作品的,本法另有规定的除外;(七)使用他人作品,应当支付报酬而未支付的;(八)未经视听作品、计算机软件、录音录像制品的著作权人、表演者或者录音录像制作者许可,出租其作品或者录音录像制品的原件或者复制件的,本法另有规定的除外;(九)未经出版者许可,使用其出版的图书、期刊的版式设计的;(十)未经表演者许可,从现场直播或者公开传送其现场表演,或者录制其表演的;(十一)其他侵犯著作权以及与著作权有关的权利的行为。"

这里需要注意的是,即使没有营利行为,也可能会受到处罚,《著作权法》第53条规定:"有下列侵权行为的,应当根据情况,承担本法第五十二条规定的民事责任;侵权行为同时损害公共利益的,由主管著作权的部门责令停止侵权行为,予以警告,没收违法所得,没收、无害化销毁处理侵权复制品以及主要用于制作侵权复制品的材料、工具、设备等,违法经营额五万元以上的,可以并处违法经营额一倍以上五倍以下的罚款;没有违法经营额、违法经营额难以计算或者不足五万元的,可以并处二十五万元以下的罚款;构成犯罪的,依法追究刑事责任:(一)未经著作权人许可,复制、发行、表演、放映、广播、汇编、通过信息网络向公众传播其作品的,本法另有规定的除外;(二)出版他人享有专有出版权的图书的;(三)未经表演者许可,复制、发行录有其表演的录音录像制品,或者通过信息网络向公众传播其表演的,本法另有规定的除外;(四)未经录音录像制作者许可,复制、发行、通过信息网络向公众传播其制作的录音录像制品的,本法另有规定的除外;(五)未经许可,播放、复制或者通过信息网络向公众传播广播、电视的,本法另有规定的除外;(六)未经著作权人或者与著作权有关的权利人许可,故意避开或者破坏技术措施的,故意制造、进口或者向他人提供主要用于避开、破坏技术措施的装置或者部件的,或者故意为他人避开或者破坏技术措施提供技术服务的,法律、行政法规另有规定的除外;(七)未经著作权人或者与著作权有关的权利人许可,故意删除或者改变作品、版式设计、表演、录音录像制品或者广播、电视上的权利管理信息的,知道或者应当知道作品、版式设计、表演、录音录像制品或者广播、电视上的权利管理信息未经许可被删除或者改变,仍然向公众提供的,法律、行政法规另有规定的除外;(八)制作、出售假冒他人署名的作品的。"

三、直播的合规管理

(一)强化公司经营全链条合法

企业要严格遵守相关法律规定,遵守所使用平台的各项规定,加强对销售商品和服务的管理规范,拒绝仿冒、伪劣等不良商品进入自己的直播渠道。不夸大、不误导消费者,真实、准确地描述商品信息。

(二)加强直播行为全过程合法

建立专业的法律审核团队,加强对主播的法律培训,加强对台词、脚本等材料的法律审核。任何一个违法行为,都可能对企业造成致命的打击,赔偿的费用要远高于人工成本,所以企业不可舍大取小,存在侥幸心理。

(三)加强对主播的全方位监督

雇用主播或找网红带货时,要加强对自有主播或者网红的监督。虽然相比传统的情况,现代广告主的地位有所下降,但是不可卑躬屈膝,任由主播或者网红进行违法行为,否则会给企业造成很大负面影响。

案例

案号:北京知识产权法院(2019)京 73 民终 1384 号

案情简介:网络主播冯某在某平台进行直播,其间播放了某歌曲的一部分,在音乐播放当中,冯某与观众进行互动,并收到了打赏。直播结束后,此次直播视频被主播制作并在平台上进行保存,观众可登录平台随时进行观看和分享。2018 年 4 月 2 日,某协会委托北京某律师事务所向某平台发送了《关于贵公司所涉侵犯著作权事件的函》,称平台未获得许可且未支付著作权使用费而使用音乐作品的行为已构成对著作权人合法权益的侵犯,通知平台于 2018 年 4 月 12 日与协会洽商著作权许可使用事宜。2018 年 4 月 9 日,平台回函,要求协会提供涉嫌被侵权的音乐作品权属文件及涉嫌侵权的主播名称、主播房间号、具体网页链接地址文件,以便于平台判断处理,但是协会未回复。原告协会在开庭时表示,本案所诉的侵权行为并不是主播在直播中的行为,而是直播后该次直播视频被上传到平台上供人分享,平台作为视频的权利人,直接侵害了协会享受的信息网络传播权,应当承担责任。

裁判结果:法院判决被告某平台赔偿原告某协会经济损失 2000 元。

第八章

电子商务合同法律风险与合规管理

　　电子商务合同是指平等的电子商务法律关系主体之间采用数据电文形式达成的设立、变更、终止民事法律关系的协议,而数据电文是指以电子、光学、磁或者类似手段生成、发送、接收或者储存的信息。[①] 电子商务合同作为新的合同形态,除具有合同的一般特征外,还具有虚拟性、表现形式为数据电文、多为格式合同等特点。[②] 对于中小电子商务企业来说,电子商务合同法律风险与合规管理主要包括电子商务合同主体、订立、条款、履行等方面。

第一节　电子商务合同主体法律风险与合规管理

一、电子商务合同主体的基本知识

　　电子商务合同主体,是指在电子商务合同法律关系中,享有民事权利并承担民事义务的人,包括电子商务经营者和电子商务消费者。从主体类型来说,电子商务合同主体可以分为自然人、法人、非法人组织。

　　自然人即生物学意义上的人,是基于出生而取得民事主体资格的人。[③] 自然人根据出生这一自然状态而取得主体资格,并独立的享有权利和承担义务。

　　法人是具有民事权利能力和民事行为能力,依法独立享有民事权利和承担民

---

① 李明瀅:《电子商务法案例实训》,延边大学出版社,2021年版,第112页。
② 何培育:《电子商务法》,武汉大学出版社,2021年版,第70—71页。
③ 民法学编写组:《民法学(第二版)》(上册),高等教育出版社,2022年版,第52页。

事义务的组织。法人应当依法成立,应当有自己的名称、组织机构、住所、财产或者经费。以取得利润并分配给股东等出资人为目的成立的法人,为营利法人,包括有限责任公司、股份有限公司和其他企业法人等。为公益目的或者其他非营利目的成立,不向出资人、设立人或者会员分配所取得利润的法人,为非营利法人,包括事业单位、社会团体、基金会、社会服务机构等。另外还有四类特别法人:机关法人、农村集体经济组织法人、城镇和农村的合作经济组织法人、基层群众性自治组织法人。

非法人组织是不具有法人资格,但是能够依法以自己的名义从事民事活动的组织。非法人组织包括个人独资企业、合伙企业、不具有法人资格的专业服务机构等。非法人组织应当依法登记。

二、电子商务合同主体的法律解读

(一)自然人

根据《民法典》规定,自然人从出生时起到死亡时止,具有民事权利能力,依法享有民事权利,承担民事义务。自然人的民事权利能力一律平等。

成年人为完全民事行为能力人,可以独立实施民事法律行为。十六周岁以上的未成年人,以自己的劳动收入为主要生活来源的,视为完全民事行为能力人。

八周岁以上的未成年人为限制民事行为能力人,实施民事法律行为由其法定代理人代理或者经其法定代理人同意、追认;但是,可以独立实施纯获利益的民事法律行为或者与其年龄、智力相适应的民事法律行为。

不能完全辨认自己行为的成年人为限制民事行为能力人,实施民事法律行为由其法定代理人代理或者经其法定代理人同意、追认;但是,可以独立实施纯获利益的民事法律行为或者与其智力、精神健康状况相适应的民事法律行为。

不满8周岁的未成年人为无民事行为能力人,不能辨认自己行为的人为无民事行为能力人,由其法定代理人代理实施民事法律行为。

(二)法人

法人的民事权利能力和民事行为能力,从法人成立时产生,到法人终止时消灭。法人以其全部财产独立承担民事责任。

依照法律或者法人章程的规定,代表法人从事民事活动的负责人,为法人的法定代表人。法定代表人以法人名义从事的民事活动,其法律后果由法人承受。法人章程或者法人权力机构对法定代表人代表权的限制,不得对抗善意相对人。

(三)非法人组织

非法人组织是以成员为基础的稳定的组织体,并且能够以组织体的名义进行民事活动,但是,组织体的民事责任不以成员的出资为限,非法人组织的财产不足以清偿债务的,其出资人或者设立人承担无限责任。[①]

三、电子商务合同主体的法律风险分析

(一)合同主体缔约资格风险

1.自然人不具有相应的民事行为能力

电子商务合同通常表现为双务有偿合同,只有完全民事行为能力人才可以独立实施。无行为能力人签订的合同属于无效合同,必须由其法定代理人代理实施;限制民事行为能力人签订的合同属于效力待定的合同,必须由其法定代理人代理或者经其法定代理人同意、追认才能认定为有效合同。

2.单位不具有有效的缔约资格

法人、非法人组织应当依法登记,并依法接受有关机关的监督、检查。实践中可能存在单位没有依法登记、登记信息与订立合同的主体信息不一致、没有通过年检、已经注销等情况,会产生合同无效、主体不能确定等风险。

企业内部职能部门只是单位内设机构,不具备独立对外订立合同、承担权利义务的主体资格,也没有对外承担法律责任的能力。如果与企业内部职能部门订立合同,可能发生职能部门不能履行、企业单位不认可也不愿意承担责任的情况,由此产生的损失在追究对方赔偿责任时可能存在较大的困难。

3.单位的缔约人员资格瑕疵

法人的法定代表人,非法人组织的负责人,单位的员工担任代理人,可能存在已经离职、职务调整、委托期限届满、代理权限不明、私自越权代理等情况,可能导致合同无效、效力待定的法律风险,不能实现预期的合同目的。

有的个人采取挂靠经营甚至冒用他人名义的方式订立合同,个人不具备完成相应业务的条件,其履行合同和承担责任的能力严重不足,一旦与这类人员订立合同,将会带来较大风险。

(二)合同主体履约能力风险

1.主体信用差

自然人可能已经被列入银行征信黑名单、法院失信被执行人,法人、非法人组织以及单位高管可能已经被列入失信被执行人、经营异常名录、严重违法失信名单(黑名单)等,对方信用差可能带来合同主体不诚信、合同不履行、到期债权不能实现等风险,最终遭受不确定的经济损失。

[①]　民法学编写组:《民法学(第二版)》上册,高等教育出版社,2022年版,第68页。

2.主体履约能力不足

订立合同的标的额明显超出合同主体能够支付的资金数额,合同主体不具备履行合同所需要的技术、设备、人员,或者陷于经济困难无力履行债务,已经停产、已经进入清算甚至破产程序,都可能导致合同不能得到正常履行,产生履行不能、迟延履行、不适当履行等合同法律纠纷,当事人的合同目的和经济利益难以实现。

四、电子商务合同主体的合规管理措施

(一)严格审查对方主体缔约资格

1.严格审查自然人的缔约资格

根据《电子商务法》第48条第2款规定,在电子商务中推定当事人具有相应的民事行为能力。但是,有相反证据足以推翻的除外。所以,在电子商务交易中,电商企业可以依据对方当事人的电子签名、电子认证信息,在线交易中消费者所填写的姓名、年龄、居民身份证号码,以及提交的身份证件照片等,对当事人订立电子商务合同时的行为能力进行认定。对于按照年龄不能独立进行的民事活动,应当由其法定代理人代理,或者要求行为人补充提交法定代理人同意其实施的材料。

2.严格审查单位的主体资格

对于法人、非法人组织,应认真审查其营业执照或登记证书,查看其登记信息与合同签订主体信息是否一致,通过"国家企业信用信息公示系统"等网站查看企业登记信息是否真实,是否已经注销。

对于未经依法登记并领取营业执照的企业职能部门或其他内设机构,应当要求与其具有主体资格的企业订立合同,或者退一步要求其提供具有主体资格企业的授权文件和相关材料。

3.要求提供缔约人员的有效手续

法人的法定代表人、非法人组织的负责人应当提供单位盖章的法定代表人或负责人身份证明原件、单位营业执照复印件、个人身份证复印件。法定代表人、负责人与工商登记信息不一致时,应当作出合理解释并提供股东会决议或其他相关证明材料。

委托代理人应当提供单位盖章的授权委托书、代理人的身份证复印件。授权委托书应当载明被委托人的姓名、委托事项、代理权限、代理期限,特别需要注意授权是否明确、有无涂改之处、代理人的身份信息与授权委托书所载信息是否完全一致。对于挂靠经营的,应由被挂靠企业出具委托手续。要求代理人提供单位营业执照复印件、加盖公章的法定代表人身份证明原件、法定代表人身份证复印件,代理人的工作证、社保缴费记录、劳动合同等,会有助于发现冒用他人名义订立合同的情况。

在尽可能的情形下,可以通过调查或其他方式,了解法定代表人、负责人、代理人是否仍然在职、在岗,公司章程或者内部文件对其权限有无明确限制,更有利于防范合同主体缔约资格方面的风险。

(二)严格审查对方主体履约能力

要求个人提供最新的信用报告,通过"国家企业信用信息公示系统"和相关网站查看企业是否已经被吊销,是否被列入失信被执行人、经营异常名录、严重违法失信名单(黑名单)。

对于企业,实行信用管理制度。订立合同前要对对方企业的信用状况进行调查了解,最大限度地控制信用违约风险。可以查看其登记信息、年检资料,了解其注册资金金额以及是否实缴到位,这些都与合同履行能力密切相关。还可以查看企业经营范围,虽然经营范围原则上不会引起合同无效,但是会影响当事人履行合同的能力。在尽可能的情形下,可以通过实地考察、网络检索、行业咨询等各种方式和渠道调查对方主体的银行信用、商业信誉、作为被告的诉讼纠纷、生产经营及资金周转情况等。如果对方履约能力不强,可以要求对方提供适当的担保增强其债务履行能力。

案例

常某某与许某、第三人马某某网络服务合同纠纷案①

被告许某对原告主体身份提出异议,主张其与昵称为"王鹏"的微信用户建立服务关系,原告并非本案合同的相对方,并提供微信截屏证据予以证明。该微信记录中,昵称为"王鹏"的一方在微信中出示其名片,内容为"北京某科技有限公司销售经理,中国电信掌厅/移动官方 APP/联通沃商城"。

原告主张"王鹏"系其网名,昵称为"王鹏"的微信账户由其持有,并提交三份证据:①《中国移动通信集团北京有限公司业务受理单》,其中载明,客户名称常某某,身份证号码××××××××××××3623,手机号码×××××××9439;②号码为×××××××9439 的手机号通话详单,其中显示该手机于 2017 年 11 月 2 日与手机号为×××××××4579 用户的通话记录;③原告常某某现场用手机号×××××××9439 登陆其微信,被告发表意见,确认系该手机号的微信以"王鹏"的名义在跟她联系。诉讼过程中,原告当庭

---

① 参见北京互联网法院(2019)京 0491 民初 2547 号民事判决书。该案入选最高人民法院《中国审判》杂志 2019 年度十大民事案例、《人民法院报》2019 年度人民法院十大民事行政及国家赔偿案件、人民法院大力弘扬社会主义核心价值观十大典型民事案例,载入 2020 年最高人民法院工作报告。

输入验证码,登录绑定手机号码为××××××9439 的微信账户,展示微信内的聊天内容,该内容与前文中被告许某与昵称为"王鹏"微信用户的聊天内容一致。

审理法院认为:2017 年 9 月 11 日至 9 月 14 日,许某与昵称为"王鹏"的微信用户之间就"流量暗刷"交易达成合意,明确了标的、数量、价款、合作周期等主要合同内容。根据已查明的事实,常某某系昵称为"王鹏"的微信账户的使用者和控制者,涉案合同的聊天信息由常某某作出,故涉案服务合同供方为常某某。常某某作为合同一方当事人,有权基于涉案合同提起诉讼,为本案适格原告。

第二节　电子商务合同订立法律风险与合规管理

一、电子商务合同订立的基本知识

合同的订立通常采取要约、承诺方式。

要约是希望与他人订立合同的意思表示,该意思表示应当符合下列条件:内容具体确定;表明经受要约人承诺,要约人即受该意思表示约束。要约可以撤回,可以撤销。

承诺是受要约人同意要约的意思表示,承诺的内容应当与要约的内容一致。承诺应当在要约确定的期限或者合理期限内到达要约人,受要约人超过承诺期限发出承诺的,为新要约,但是要约人及时通知受要约人该承诺有效的除外。承诺可以撤回,但不可撤销。

二、电子商务合同订立的法律解读

(一)要约

电子商务合同订立过程中的要约与一般的要约并无实质区别,但是因采用数据电文的形式,其在某些情况下会表现出与一般的要约不同的特点。

1. 受要约人不特定

电子要约的最大特点在于他们在大多数情况下都是向不特定的多数人发出的。[①] 电子商务经营者在第三方交易平台上明码标价展示商品进行销售的行

[①]　赵家琪:《新编合同法实用教程》,武汉大学出版社,2021 年版,第 27 页。

为,和在网页上展示计算机信息产品并表明数量和价格的行为,可以认定为要约。① 此种要约的受要约人是不特定的多数人,与一般的要约中受要约人原则上是特定的人明显不同。

2. 标的数量不确定

一般的要约应当包含合同的主要内容,通常要能够确定当事人、标的和数量。但是,根据《电子商务法》第49条第1款和《民法典》第491条第2款规定,电子商务经营者在第三方交易平台上明码标价发布的商品或者服务信息属于要约,消费者选择该商品或者服务并提交订单成功时合同成立,此种情况下商品或者服务标的的数量是由消费者在提交订单时确定的,也就是说经营者发出的要约中并不包括标的的数量。

(二)承诺

电子商务合同订立过程中的承诺与一般的承诺适用相同的规则。

受要约人对要约的内容作出实质性变更的,为新要约。有关合同标的、数量、质量、价款或者报酬、履行期限、履行地点和方式、违约责任和解决争议方法等的变更,是对要约内容的实质性变更。

承诺对要约的内容作出非实质性变更的,除要约人及时表示反对或者要约表明承诺不得对要约的内容作出任何变更外,该承诺有效,合同的内容以承诺的内容为准。

(三)电子签名

电子商务合同订立过程中,当事人可以约定使用电子签名。电子签名,是指数据电文中以电子形式所含、所附用于识别签名人身份并表明签名人认可其中内容的数据。

可靠的电子签名与手写签名或者盖章具有同等的法律效力。根据《电子签名法》第13条的规定,电子签名同时符合下列条件的,视为可靠的电子签名:①电子签名制作数据用于电子签名时,属于电子签名人专有;②签署时电子签名制作数据仅由电子签名人控制;③签署后对电子签名的任何改动能够被发现;④签署后对数据电文内容和形式的任何改动能够被发现。

(四)自动信息系统

自动信息系统是一种具备与交易相应的智能化系统的软件、硬件或其组合,该系统不需要人的审查或干预,而按照事先设定的程序独立发送、接收、处理信息,自动完成一项任务。这种智能化的交易系统也被称为"电子代理人",可以执行使用人的意思表示或根据其意思表示完成价格搜索、在线买卖、发出授权等,引起当事人之间合同关系的发生、变更、终止。投币式自动售货机、游戏机可被视为简化的

---

① 张楚:《电子商务法》,中国人民大学出版社,2016年版,第51页。

自动信息系统。基于区块链技术的分布式自动信息系统则具有保障交易安全、防止信息篡改、防欺诈等显著优势。

《电子商务法》第48条第1款规定,电子商务当事人使用自动信息系统订立或者履行合同的行为对使用该系统的当事人具有法律效力。

三、电子商务合同订立的法律风险分析

(一)误将要约邀请认作要约

要约邀请是希望他人向自己发出要约的表示,是当事人订立合同的预备行为,对行为人不具有法律约束力。电子商务活动中的网络广告通常属于要约邀请。电子商务经营者在自建网页上以图片或视频方式展示实物商品甚至明码标价的行为,通常应认定为要约邀请。[①] 如果误将要约邀请认作要约而作出"承诺",该"承诺"在法律性质上只能是要约,并非真正的承诺,当然不能发生合同成立的法律效果。

(二)要约内容不明确

要约的内容必须具体确定,经受要约人承诺,要约的内容直接成为合同的内容并发生法律效力。如果要约内容不明确,可能会因不符合要约的要求而被认定为要约邀请,或者引起歧义造成对方的不同理解从而产生法律纠纷。

(三)逾期撤回或撤销要约

撤回意思表示的通知应当在意思表示到达相对人之前或者与意思表示同时到达相对人。撤销要约的意思表示应当在受要约人作出承诺之前到达受要约人或者为受要约人所知道。逾期的通知,通常不能发生撤回或撤销的法律效果。

(四)误将新要约认作承诺

受要约人超过承诺期限发出承诺的,或者受要约人对要约的内容作出实质性变更的,为新要约,此时双方合同并未成立,还需要要约人对新要约作出同意的意思表示。此时,受要约人如果认为合同已经成立并进行履行合同的准备工作,可能会因合同最终并未成立而自行承担相应的费用和损失。

(五)数据电文形式的风险

数据电文应当符合真实性、完整性、原件性、合法性的要求。电子签名应当符合可靠电子签名的条件,并依法进行电子认证。数据电文形式在给市场交易带来巨大便利的同时,也提出了相当严格的法律、技术、管理方面的要求,可能会给电子商务企业带来一定的风险。

---

① 张楚:《电子商务法》,中国人民大学出版社,2016年版,第51页。

四、电子商务合同订立的合规管理措施

(一)依法作出要约承诺行为

明确区分双方订立合同过程中的行为性质,准确界定要约邀请、要约、新要约、承诺,依法作出相应行为,避免纠纷和损失。

在发出要约时要严格审查,要约内容具体确定、语句表达准确到位,同时注意对商品进行夸大宣传的内容不要写入要约以免引发违约责任。

撤回、撤销要及时通知对方。撤回、撤销要约或撤回承诺,都需要通知对方,撤回或撤销的通知逾期的,不能发生相应的法律效果。

(二)规范使用自动信息系统

中小电子商务企业可以选用第三方交易平台,其自动信息系统能够自动发出、接收、处理数据电文,完整保存交易信息并可供随时调取查用,同时由依法设立的第三方机构提供电子认证服务,保证电子签名的合法性并有效确认电子商务合同主体的身份,还可以避免电子错误的发生。

有条件的企业也可以采用自建软件,此时应达到系统完善、技术保障、方案可行、运行顺畅、长期存储的要求,确保符合数据电文的全部要求。

(三)约定使用确认收讫规则

确认收讫是指在收件人收到发件人发送的信息时,由其本人、代理人或通过自动信息系统向发件人发出表明其已收到发件人所发送信息的通知。《电子签名法》第10条规定,法律、行政法规规定或者当事人约定数据电文需要确认收讫的,应当确认收讫,发件人收到收件人的收讫确认时,数据电文视为已经收到。

(四)重视纸质书面合同形式

对于标的金额较大、履行期限较长的合同,宜采用传统的纸质书面形式订立合同,要求签订确认书或者合同书。《民法典》第491条第1款规定,当事人采用信件、数据电文等形式订立合同要求签订确认书的,签订确认书时合同成立。签订确认书、合同书时,应要求对方单位加盖公章或者合同专用章,并由法定代表人、负责人或者经有效授权的委托代理人签字,加盖的公章或者合同专用章应与合同当事人的名称完全一致,资质证明和授权文件应真实有效,有关人员姓名应完全一致,合同文本应写明签订的时间、地点。

案例

张某、西北某交易公司合同纠纷再审审查①

审理法院认为：关于张某主张其未与西北某交易公司达成仲裁协议的申请事项。根据原审法院查明事实，西北某交易公司提交的公证书是关于在该网上平台账户注册过程的公证，其中约定"我方已完全阅读并确认《客户协议书》《入市交易协议书》中约定的争议解决条款，即同意由银川仲裁委员会作为解决协议各方争议的唯一管辖机构"。根据西北某交易公司提交的公证书公证的西北某交易中心网上开户流程，客户在申请开通西北某交易中心账户时，需要上网签订各项协议，这些协议中包括了仲裁协议。根据《电子商务法》第 48 条第 1 款"电子商务当事人使用自动信息系统订立或者履行合同的行为对使用该系统的当事人具有法律效力"的规定，电子合同对合同双方当事人同样具有法律效力。张某通过微信将自己手持身份证的半身照发给被申请人员工代其完成开户，该授权行为可推定张某认同在开户流程中由被申请人员工代其订立各项协议，包括仲裁协议。一审、二审法院据此认定案涉合同具有仲裁条款有事实依据，故张某的该项申请理由不能成立。

第三节　电子商务合同条款法律风险与合规管理

一、电子商务合同条款的基本知识

合同条款是合同当事人约定权利义务内容的外在表现形式。

合同的内容由当事人约定，一般包括下列条款：①当事人的姓名或者名称和住所。当事人是合同权利义务的承受者，由其姓名或者名称和住所加以特定化。②标的。标的是合同权利义务所指向的对象，是合同双方的目标所在，标的条款是合同的必备条款。③数量。数量是标的的计量，是合同标的的具体化，包括具体的数额和计量单位。④质量。质量是合同标的内在素质和外观形态优劣的标志，包括质量标准、验收要求、包装要求、质保期限等。⑤价款或者报酬。价款是取得标的物所应支付的对价，报酬是获得服务所应支付的对价。⑥履行期限、地点和方

---

① 参见四川省高级人民法院(2019)川民申 2311 号民事裁定书。

式。合同义务的履行直接关系到当事人的权利能否顺利实现,履行期限涉及当事人的期限利益,履行地点是判断是否违约的基准,也是确定运输费用、风险负担的依据,履行方式同样事关当事人的经济利益。⑦违约责任。违约责任是当事人违约所应当承担的不利后果,对促使当事人全面履行义务、维护守约方合法权益具有重要意义。⑧解决争议的方法。解决争议的方法通常有协商、调解、仲裁、诉讼程序。其中,仲裁和诉讼不能同时选择。

二、电子商务合同条款的法律解读

(一)合同条款的确定

合同条款的确定贯彻意思自治原则,由合同当事人约定。当事人就质量、价款或者报酬、履行地点等内容没有约定或者约定不明确的,可以协议补充;不能达成补充协议的,按照合同相关条款或者交易习惯确定。

当事人就有关合同内容约定不明确,依据前条规定仍不能确定的,适用下列规定:①质量要求不明确的,按照强制性国家标准履行;没有强制性国家标准的,按照推荐性国家标准履行;没有推荐性国家标准的,按照行业标准履行;没有国家标准、行业标准的,按照通常标准或者符合合同目的的特定标准履行。②价款或者报酬不明确的,按照订立合同时履行地的市场价格履行;依法应当执行政府定价或者政府指导价的,依照规定履行。③履行地点不明确,给付货币的,在接受货币一方所在地履行;交付不动产的,在不动产所在地履行;其他标的,在履行义务一方所在地履行。④履行期限不明确的,债务人可以随时履行,债权人也可以随时请求履行,但是应当给对方必要的准备时间。⑤履行方式不明确的,按照有利于实现合同目的的方式履行。⑥履行费用的负担不明确的,由履行义务一方负担;因债权人原因增加的履行费用,由债权人负担。

(二)点击合同

点击合同,是指由商品或服务的提供者通过计算机程序预先设定合同条款的主要部分或全部,以规定其与用户之间的法律关系,用户必须点击"同意"才能订立的合同。用户在平台上购物或者进行用户注册时,通常被要求阅读平台服务协议并点击"同意"才能继续,就属于点击合同的典型表现。

点击合同是电子商务环境下的格式合同,是由传统的格式合同到拆封合同再到点击合同逐步发展演变而来。点击合同具有以下特点:①格式性。合同内容由一方当事人预先拟定。②广泛性。格式条款对不同的用户可以重复使用。③互动性。点击合同可以通过预设程序,根据订约人数、订购数量、履行地点等不同因素自动改变标的数量、合同价格以及其他条款。

三、电子商务合同条款的法律风险分析

(一)合同条款约定不明确的法律风险

1. 合同名称不准确

合同名称可以直接体现合同性质,确定双方的权利义务,如果合同名称不准确,可能导致不能准确判断合同类型,合同内容与名称不能完全契合,容易发生认识偏差产生纠纷。

2. 当事人基本信息不准确

自然人主体的姓名与身份证件所载不符、住址不详、电话号码错误,企业主体的名称与营业执照或公章不一致、住址与工商登记不一致等,会给合同履行和守约方寻求救济带来一定困难。

3. 标的约定不明确

标的是合同成立的必要条件,合同标的条款是不可补正条款,如果当事人没有约定标的或者标的约定不明,可能导致合同不成立。

4. 标的数量不明确

数量是数和量的结合,但是实践中常见有数没量,计量单位缺失或模糊,容易引起争议。

5. 质量要求不明确

在没有相关国家标准、行业标准的情况下,当事人对通常标准可能理解不一,或者存在多个相关标准的情况下,当事人对采用哪个标准可能认识不同,会造成没有明确的质量和验收标准,容易引发纠纷。

6. 价款或者报酬约定不明确

例如单价缺失,计算错误,计算依据、计算方法、结算方式不明确等。

7. 履行期限、地点和方式约定不明确

例如付款期限不明确,开户银行名称、账号错误,货物交付地点笼统,货物运输方式、交付方式不明确等。

(二)合同条款没有约定的法律风险

1. 没有约定违约责任

当事人对合同中约定违约责任条款普遍不够重视,但是在合同没有约定的情况下,违约行为的认定不够具体,守约方追究对方违约金责任没有法律依据,在一定程度上减弱了合同的拘束力、违约责任的救济与制裁功能。

2. 没有约定解决争议的方法

实践中,没有约定解决争议方法条款或简单表述为"如协商不成,依法解决"

的合同较为普遍,在实际发生纠纷时,可能难以按照当事人的意愿寻求司法救济。而且,合同没有约定解决争议的方法可能增加解决争议的成本,特别是在涉外合同中,国内当事人可能需要到国外的法院或仲裁机构处理案件,风险更高,成本也更高。

(三)点击合同的法律风险

1.条款不成为合同内容

《民法典》第 496 条第 2 款规定,采用格式条款订立合同的,提供格式条款的一方应当遵循公平原则确定当事人之间的权利和义务,并采取合理的方式提示对方注意免除或者减轻其责任等与对方有重大利害关系的条款,按照对方的要求,对该条款予以说明;提供格式条款的一方未履行提示或者说明义务,致使对方没有注意或者理解与其有重大利害关系的条款的,对方可以主张该条款不成为合同的内容。

2.条款无效

《民法典》第 497 条规定,提供格式条款一方不合理地免除或者减轻其责任、加重对方责任、限制对方主要权利,以及排除对方主要权利的,格式条款无效。

《电子商务法》第 49 条第 2 款规定,电子商务经营者不得以格式条款等方式约定消费者支付价款后合同不成立,格式条款等含有该内容的,其内容无效。

3.对条款作出不利解释

《民法典》第 498 条规定,对格式条款的理解发生争议的,应当按照通常理解予以解释。对格式条款有两种以上解释的,应当作出不利于提供格式条款一方的解释。格式条款和非格式条款不一致的,应当采用非格式条款。

四、电子商务合同条款的合规管理措施

(一)合同内容要明确

合同内容应明确、具体,表述准确、严谨,合同信息与实际相符合。

1.合同名称要准确

合同名称要与标的、性质实际情况相符,优先采用《民法典》第三编第九章至第二十七章和其他有关法律所规定典型合同的准确名称。

2.当事人基本信息要准确详细

要写明当事人各方的姓名或者名称,并与合法有效证件所载信息保持完全一致。当事人的住所地要准确、具体,保证有关通知、司法文书能够及时送达,还可以在合同中约定当事人的送达地址。可以留存当事人的多种联系方式,包括手机号码、办公电话、电子邮箱、微信、QQ 等。

3. 标的要明确

要使用标的物的正式名称,要写明商品商标、品种、规格、型号、颜色、生产厂家以及其他重要特征,使标的确定、特定。

4. 数量要明确

数和量要同时作出准确、具体的约定,缺一不可,关键的"数"可以采用大小写相结合的方式。量包括计量单位和计量方式,如果允许误差,应标明误差的范围,以及误差范围内、误差范围外的误差分别应如何处理。

5. 质量要求要明确

明确合同执行的质量标准,可以写明完整准确的文件名称和文号,或者详细写明具体的项目、质量标准、指标要求。要写明验收的地点、方式、方法,验收不合格时的处理。收存对方提供的材料时应要求提供经签章的原件。

6. 价款或者报酬要明确

价款或者报酬要准确记载数额、计价单位,在涉外交易中还应写明币种、适用的人民币结算汇率标准。货款以外的包装、运输、装卸、保管、报关、保险等费用以及税金如何承担也要写清。履行期限较长的合同,可以约定在市场价格波动、政府税率调整等情况下,价款或者报酬是否调整以及具体的调整规则。

7. 履行期限、地点和方式要明确

合同履行期限要明确起止时间,通常具体到年、月、日,特殊情况下要具体到时、分。履行地点要具体、准确,至少要写明街道名和编号,需要送货上门的个人收货人还要写明某号某楼某单元某层某户以及有效联系方式。履行方式可以写明一次性或分期交付、快递物流或需方自取。价款或报酬可以预付、后付,可以一次付清、分期支付,可以现金、转账、承兑汇票、信用证等。

(二)合同条款要完备

1. 应在合同中约定违约责任条款

在符合法律规定的前提下,要结合合同性质、内容和相关情况,在合同中明确约定哪些行为构成违约,所对应的违约责任是什么,违约金如何确定,损失赔偿额如何计算,违约金和赔偿款的支付方式、期限等。需要注意的是,违约行为的界定要涵盖全部可能的情况,每一种违约行为都要对应有违约责任,违约金或赔偿损失责任要有具体的金额或计算方法能够量化。

2. 应在合同中约定解决争议方法条款

商事合同争议的司法解决,包括仲裁、诉讼两种途径。合同选择仲裁方式的,应当明确仲裁机构的准确名称,可以约定适用的仲裁规则、法律规定等。合同选择诉讼方式的,应当明确选定一审管辖法院。

合同约定解决争议方法条款时应当注意"三不":①不能使用"提交××仲裁委

员会或××人民法院依法解决"以及类似表述,因为商事仲裁和诉讼两种纠纷解决方式只能选择其一,内容矛盾的约定会产生主管争议。②不能对争议解决机构进行模糊性约定。例如合同约定"由合同签订地人民法院诉讼解决",但是合同中没有明确约定合同签订地点,双方对实际的合同签订地点说法不一,由此产生应该由哪个法院受理案件的管辖争议。③不要对寻求司法解决约定禁止性或限制性条件。"可以打架,但不能向法院起诉"的约定是无效的,将"双方经协商至少三次仍不能解决的""双方协商满60日后仍不能达成一致意见的"以及类似表述约定为当事人寻求司法救济前置条件的,可能会造成在发生争议后不能快速进入纠纷处理程序,守约方不能及时获得法律保护和救济。

(三)点击合同要合法

1. 严格遵循公平原则确定当事人之间的权利义务

点击合同的内容要公平合理,不能有严重不公平的情况,避免合同条款无效。提供点击合同格式条款的一方,不得不合理地免除或者减轻其责任、加重对方责任、限制对方主要权利,不得排除对方主要权利,电子商务经营者不得以格式条款等方式约定消费者支付价款后合同不成立。

2. 依法履行提示和说明义务

提供格式条款一方应采取合理的方式提示对方注意免除或者减轻其责任等与对方有重大利害关系的条款,并且要按照对方的要求,对该条款予以说明。

《最高人民法院关于适用〈中华人民共和国民法典〉合同编通则若干问题的解释》第10条规定,提供格式条款的一方在合同订立时采用通常足以引起对方注意的文字、符号、字体等明显标识,提示对方注意免除或者减轻其责任、排除或者限制对方权利等与对方有重大利害关系的异常条款的,人民法院可以认定其已经履行《民法典》第496条第2款规定的提示义务。提供格式条款的一方按照对方的要求,就与对方有重大利害关系的异常条款的概念、内容及其法律后果以书面或者口头形式向对方作出通常能够理解的解释说明的,人民法院可以认定其已经履行《民法典》第496条第2款规定的说明义务。提供格式条款的一方对其已经尽到提示义务或者说明义务承担举证责任。对于通过互联网等信息网络订立的电子合同,提供格式条款的一方仅以采取了设置勾选、弹窗等方式为由主张其已经履行提示义务或者说明义务的,人民法院不予支持,但是其举证符合前两款规定的除外。

3. 准确表述点击合同条款

点击合同条款的表述要准确、严谨、规范,使用规范的法律术语,可以对词语的含义单独界定,避免合同条款在理解上出现歧义或发生争议。

4. 依法履行告知和保证义务

《电子商务法》第50条规定,电子商务经营者应当清晰、全面、明确地告知用户订立合同的步骤、注意事项、下载方法等事项,并保证用户能够便利、完整地阅览和下载。电子商务经营者应当保证用户在提交订单前可以更正输入错误。

案例

吴某与北京某科技有限公司网络服务合同纠纷案[①]

人民法院认为:探索新的商业模式应当遵循商业规则、尊重用户感受,不得违反法律的规定,不得损害用户依法依约享有的权利。被告涉案VIP会员协议属于格式条款,导言第2款部分内容意图通过格式条款的形式排除对法律强制性条款的适用,限制甚至排除消费者权利的意图明显,属于对消费者不公平、不合理的规定,应当认定为无效。被告以格式条款的方式为自己设立单方变更权,形式上并无不妥,但是,单方变更权应受到公平原则的制约,被告在享有单方变更权的同时,也有不损害合同相对方利益的当然法律义务。被告增加"付费超前点播"条款的变更行为,损害了原告的权益,不符合法律规定的公平原则的要求,该条款对原告不发生法律效力。被告在卫视热播电视剧、某APP优质自制剧范围内另行推出"付费超前点播"服务的行为,违反了其与原告之间"热剧抢先看"的约定,被告构成违约,应当承担继续履行、赔偿损失的违约责任。

第四节　电子商务合同履行法律风险与合规管理

一、电子商务合同履行的基本知识

合同的履行,是指债务人依据法律规定和合同约定作出给付的行为。[②]

合同的履行具有以下特征:①合同的履行是当事人作出给付、实现合同债权的行为。②合同的履行是债务人自觉实现给付义务的行为。③合同的履行必须是依据法律规定和合同约定而作出的行为。

---

① 参见北京互联网法院(2020)京0491民初3106号民事判决书,北京市第四中级人民法院(2020)京04民终359号民事判决书。该案被评为2020年度中国十大文娱法事例。

② 民法学编写组:《民法学(第二版)》(上册),高等教育出版社,2022年版,第394页。

二、电子商务合同履行的法律解读

（一）电子商务合同履行的基本原则

1. 全面履行原则

《民法典》第 509 条第 1 款规定，当事人应当按照约定全面履行自己的义务。合同全面履行原则的内容包括：依约履行、依法履行、适当履行、无正当理由不得变更和解除。

2. 诚信履行原则

《民法典》第 509 条第 2 款规定，当事人应当遵循诚信原则，根据合同的性质、目的和交易习惯履行通知、协助、保密等义务。通知、协助、保密等义务是附随于主给付义务的，因此被称为附随义务。附随义务的产生实际上是在合同法领域中进一步强化了商业道德，并使这种道德以法定的合同义务的形式表现出来，这对于维护合同的实质正义起到了十分有益的作用。[①]

3. 节约资源、保护生态原则

《民法典》第 509 条第 3 款规定，当事人在履行合同过程中，应当避免浪费资源、污染环境和破坏生态。该原则顺应了节约资源和保护环境的现实需要，符合现代立法的发展趋势。

（二）电子商务合同履行的方式

1. 快递物流方式

实物商品通常采用离线交付的履行方式，快递物流是采用最广泛的一种。《电子商务法》第 52 条第 1 款规定，电子商务当事人可以约定采用快递物流方式交付商品。《电子商务法》第 51 条第 1 款规定，合同标的为交付商品并采用快递物流方式交付的，收货人签收时间为交付时间。

2. 在线传输方式

信息产品、电子凭证通常采用在线交付的履行方式。《电子商务法》第 51 条第 2 款规定，合同标的为采用在线传输方式交付的，合同标的进入对方当事人指定的特定系统并且能够检索识别的时间为交付时间。

3. 电子支付方式

电子商务合同价款通常采用在线支付的方式进行。《电子商务法》第 53 条第 1 款规定，电子商务当事人可以约定采用电子支付方式支付价款。

---

① 民法学编写组：《民法学（第二版）》（上册），高等教育出版社，2022 年版，第 395 页。

(三)电子商务合同履行中的抗辩权

1.同时履行抗辩权

《民法典》第525条规定,当事人互负债务,没有先后履行顺序的,应当同时履行。一方在对方履行之前有权拒绝其履行请求。一方在对方履行债务不符合约定时,有权拒绝其相应的履行请求。

在合同债务没有先后履行顺序的情况下,当事人一方所享有的这种拒绝对方履行请求的权利,就是同时履行抗辩权。

2.后履行抗辩权

《民法典》第526条规定,当事人互负债务,有先后履行顺序,应当先履行债务一方未履行的,后履行一方有权拒绝其履行请求。先履行一方履行债务不符合约定的,后履行一方有权拒绝其相应的履行请求。

在合同债务有先后履行顺序的情况下,后履行一方所享有的这种拒绝对方履行请求的权利,就是后履行抗辩权。

3.不安抗辩权

不安抗辩权,是指在合同债务有先后履行顺序的情况下,应当先履行债务的一方有确切证据证明对方在履行期限到来后,将不能或不会履行债务,则在对方没有履行或提供担保以前,有权暂时中止债务的履行。

《民法典》第527条规定,应当先履行债务的当事人,有确切证据证明对方有下列情形之一的,可以中止履行:经营状况严重恶化;转移财产、抽逃资金,以逃避债务;丧失商业信誉;有丧失或者可能丧失履行债务能力的其他情形。当事人没有确切证据中止履行的,应当承担违约责任。

《民法典》第528条规定,当事人依据前条规定中止履行的,应当及时通知对方。对方提供适当担保的,应当恢复履行。中止履行后,对方在合理期限内未恢复履行能力且未提供适当担保的,视为以自己的行为表明不履行主要债务,中止履行的一方可以解除合同并可以请求对方承担违约责任。

三、电子商务合同履行的法律风险分析

(一)履行不符合约定的法律风险

当事人一方不履行合同义务或者履行合同义务不符合约定的,应当依法承担继续履行、采取补救措施、赔偿损失、违约金、定金等违约责任。

违约行为可以分为预期违约和实际违约。在履行期限届满前,当事人一方明确表示或者以自己的行为表明不履行合同义务的,构成预期违约。实际违约具体包括拒绝履行、迟延履行、瑕疵履行、加害履行、债权人无正当理由拒绝受领以及其他不完全履行的行为。

（二）附随义务的履行风险

当事人未遵循诚信原则履行附随义务，或者履行附随义务不符合要求的，当事人可能需要承担缔约过失责任，或者赔偿损失等违约责任。

（三）快递物流服务提供者的履行风险

《电子商务法》第52条规定，快递物流服务提供者为电子商务提供快递物流服务，应当遵守法律、行政法规；快递物流服务提供者应当按照规定使用环保包装材料，实现包装材料的减量化和再利用。快递物流服务提供者提供快递物流服务行为不符合法律规定和合同约定的，应承担相应的违约责任。

（四）电子支付服务提供者的履行风险

《电子商务法》第53条规定，电子支付服务提供者为电子商务提供电子支付服务，应当遵守国家规定，告知用户电子支付服务的功能、使用方法、注意事项、相关风险和收费标准等事项，不得附加不合理交易条件；电子支付服务提供者应当确保电子支付指令的完整性、一致性、可跟踪稽核和不可篡改；电子支付服务提供者应当向用户免费提供对账服务以及最近三年的交易记录。电子支付服务不符合上述要求的，可能承担行政监管责任或者民事法律责任。

根据《电子商务法》第54条、第55条、第57条的规定，电子支付服务提供者提供电子支付服务不符合国家有关支付安全管理要求，造成用户损失的，应当承担赔偿责任；用户支付指令发生错误造成用户损失的，电子支付服务提供者应当承担赔偿责任，但能够证明支付错误非自身原因造成的除外；未经用户授权的支付造成的损失，由电子支付服务提供者承担。

（五）抗辩权行使不当的法律风险

符合条件应当行使同时履行抗辩权、后履行抗辩权、不安抗辩权，但是没有行使，或者没有及时行使，导致自己的合同风险不当增加。

不符合行使条件的情况下行使抗辩权，会构成违约引起违约责任。有的当事人不注意保留相关材料，在发生纠纷时不能提供证据证明其行使抗辩权符合条件，最终只能被认定为不符合抗辩权行使条件而构成违约。

行使不安抗辩权不符合程序要求。按照《民法典》第528条的规定，当事人行使不安抗辩权时，应当先中止履行并及时通知对方，如果对方在合理期限内恢复履行能力或者提供适当担保的，中止履行的一方应当继续履行。实践中，当事人未经中止履行而直接解除合同的、虽中止履行但是未及时通知对方的、应当继续履行而未继续履行的，均构成不当行使不安抗辩权的行为，性质上均属于违法，会给当事人造成违约的法律风险。

四、电子商务合同履行的合规管理措施

(一)按照约定全面履行义务

当事人必须按照合同约定的履行主体、标的、数量、质量、时间、地点、方式以及其他要求,以适当的方式作出履行,还必须履行法律规定的强制性义务,杜绝违约行为。

(二)诚信履行附随义务

当事人必须遵循诚信原则,依照法律规定和合同约定履行通知、协助、保密等附随义务。同时,为避免附随义务的模糊性和不确定性,可以将重要的"通知、协助、保密等义务"有关内容具化为合同条款而直接体现在合同中,将其转化为明确具体的合同义务,以减少争议。

(三)依法提供快递物流服务

快递物流服务提供者为电子商务提供快递物流服务,应当符合承诺的服务规范和时限。

快递物流服务提供者在交付商品时,应当提示收货人当面查验;交由他人代收的,应当经收货人同意。

快递物流服务提供者代收货款应当取得电子商务经营者的委托,并在收款后及时支付给委托人。

(四)依法提供电子支付服务

电子支付服务要遵守国家规定,履行告知、提供、技术保障义务,要符合国家有关支付安全管理要求。电子支付服务提供者完成电子支付后,要及时准确地向用户提供符合约定方式的确认支付的信息。

用户支付指令发生错误时要及时查找原因、采取纠正措施,收集并提供支付错误非自身原因造成的证据。

电子支付服务提供者发现支付指令未经授权,或者收到用户支付指令未经授权的通知时,要立即采取措施防止损失扩大。

(五)依法行使抗辩权

要熟知并理解抗辩权的行使条件,正确行使抗辩权,注意收集保存己方履行、对方不履行、符合抗辩权行使条件的证据。

要及时履行通知义务,建议采用书面通知的方式,并留存对方已经签收通知的证据。

不安抗辩权应当主动行使,否则只能自行承担不利后果。

（六）规范进行合同履行管理

法律风险的防范贯穿于合同履行的整个过程，企业必须规范进行合同履行管理，审慎对待履行行为，保障交易活动的正常进行、合同目的的顺利实现。基于此，要做好履约进度管理、档案管理、人员管理和信息管理。

案例

李某与深圳市某国际贸易有限公司网络购物合同纠纷[①]

审理法院认为：《智能快件箱寄递服务管理办法》第 23 条第 2 款规定"寄递详情单注明快件内件物品为生鲜产品、贵重物品的，智能快件箱使用企业不得使用智能快件箱投递，与寄件人另有约定的除外"，第 24 条第 1 款规定"智能快件箱使用企业按照约定将快件放至智能快件箱的，应当及时通知收件人取出快件，告知收件人智能快件箱名称、地址、快件保管期限等信息"。本案中，涉案商品为猕猴桃，属于生鲜产品，不得使用智能快件箱投递，且快递公司未告知原告快件箱名称、地址、快件保管期限等信息。《电子商务法》第 20 条规定"电子商务经营者应当按照承诺或者与消费者约定的方式、时限向消费者交付商品或者服务，并承担商品运输中的风险和责任。但是，消费者另行选择快递物流服务提供者的除外"。案涉《平台争议处理规则》第 10 条规定"卖家将发货商品交付承运人后买家签收前，商品风险由卖家承担"。本案中，由于快递公司擅自将生鲜产品投递于智能快件箱，且未履行告知义务，导致原告未收到涉案商品，涉案商品仍处于运输状态，原告未收到涉案商品的风险应由被告公司承担。故对于原告诉请被告公司退回 27.2 元货款的主张，本院予以支持。法院判决：被告公司于判决生效之日起 10 日内向原告退还货款27.2 元。

[①]　参见广州互联网法院（2019）粤 0192 民初 23963 号民事判决书。该案被评为广州互联网法院网络购物合同纠纷十大典型案例。

重要专题与实施保障

第四部分

第九章

电子商务平台规则风险与合规管理

　　电子商务平台规则,一般也称平台规则,通常是指电子商务平台经营者制定并公布的普遍适用于在该电子商务平台内进行电子商务交易的经营者、非经营用户、消费者的活动规则。对于主要作为平台内经营者参与其中的大量中小电子商务企业来说,电子商务平台规则风险与合规管理主要涉及平台入驻、信用评价、商品服务保障、权益保护及数据信息保护等方面。

第一节　电子商务平台规则法理分析

一、电子商务平台规则的基本知识

　　根据《电子商务法》第 32 条"电子商务平台经营者应当遵循公开、公平、公正的原则,制定平台服务协议和交易规则,明确进入和退出平台、商品和服务质量保障、消费者权益保护、个人信息保护等方面的权利和义务。"的规定,电子商务平台经营者应当对申请进入平台销售商品或者提供服务的经营者提供平台服务协议和交易规则,协议和规则由平台经营者单方制定、修改,但应遵循公开、公平、公正的原则。

　　从主体上来讲,广义的电子商务平台规则是协调平台、平台内经营者即商家、用户、其他相关者等各方面之间关系,明确各方权利义务,规范平台运行秩序,保障各方利益,以实现电子商务平台管理和日常交易正常运行的一系列规则、规范的统称,内容上包括平台服务协议、交易规则两个方面。狭义的电子商务平台规则主要在于规制平台与商家两者之间的关系,表现为商家的义务,或者说是平台对商家的管理。

从内容上来看,电子商务平台规则一般包括:①通则,一般指交易规则的基础性说明;②入驻规则,一般由平台内经营者资质规则、信息核验披露规则等构成;③商品服务保障规则,一般由商品服务资质规则、商品服务发布规则、质量检查规则、禁限售规则、营销规则、信用评价规则等构成;④权益保护规则,一般由知识产权保护规则、消费者权益保护规则、争议处理规则等构成;⑤数据信息保护规则,一般由个人信息保护规则、平台信息保护规则、信息收集利用规则等构成;⑥符合电子商务平台经营特点的其他特殊规则。

从形式上来看,电子商务平台规则主要有总则、业务管理规则、规范性文件、平台通知、公告、服务协议等多种形式。

本文主要探讨狭义的电子商务平台规则,并针对与中小电子商务企业密切相关的入驻规则、商品服务保障规则、权益保护规则、数据信息保护规则等方面进行具体分析。

二、电子商务平台规则的法律解读

根据《电子商务法》的规定,平台经营者在一定程度上享有"准行政管理权",平台服务协议和交易规则由电子商务平台经营者单方提供,由商家或用户进行"同意",此种情况下,平台经营者会对商家和用户违反法律法规、服务协议以及平台规则的行为进行处置,采取警示、冻结账号、暂停或者终止服务等措施。因此在实践中,电子商务平台规则的效力常常会因为存在平台经营者一方的私利、过于侧重对买家的保护导致商家利益受损、规则本身的合理性、处罚措施过于严苛等而遭受质疑,并可能在商家与平台经营者之间引发纠纷。

(一)电子商务平台规则的法律理论基础

从字面意义上来看,电子商务平台规则是一系列与电子商务服务、交易相关的规则条款,而要准确探讨其法律理论基础,必须厘清相关的法律主体及所涉及的法律关系。

1.电子商务平台规则涉及的主体

关于电子商务平台规则所涉及的主体,根据《电子商务法》第9条"本法所称电子商务经营者,是指通过互联网等信息网络从事销售商品或者提供服务的经营活动的自然人、法人和非法人组织,包括电子商务平台经营者、平台内经营者以及通过自建网站、其他网络服务销售商品或者提供服务的电子商务经营者。本法所称电子商务平台经营者,是指在电子商务中为交易双方或者多方提供网络经营场所、交易撮合、信息发布等服务,供交易双方或者多方独立开展交易活动的法人或者非法人组织。本法所称平台内经营者,是指通过电子商务平台销售商品或者提供服务的电子商务经营者"的内容可知,除消费者外,电子商务平台规则所涉及的主体包括电子商务平台经营者、平台内经营者即商家,也就是本文所需要探讨的两个主体对象。

2.电子商务平台规则涉及主体的法律地位

从《民法典》的角度看,商家对电子商务平台规则明确表示知晓且同意后才入驻平台,在享受平台提供服务的同时接受平台的管理,所以平台经营者与商家之间是平等的民商事法律关系主体。

从《电子商务法》的角度看,法律对双方的权利义务规定内容是不同的,尤其是规定了电子商务平台经营者对商家行为的监督和管理,即上文所称的"准行政管理权"。在实际运行中,平台经营者依靠平台规则和平台服务协议来实现对商家的管理,此时双方的主体身份在法律上就处于一个不平等的状态。从日常经营活动来看,平台经营者身兼数个重要角色,其既是交易信息服务的提供者,也是平台规则的制定者和实施者,又是商家日常经营活动的监督者,还是处理消费者投诉纠纷的裁决者。另外,根据《电子商务法》第27条对商家信息的审查权、第29条对平台内违法事项的处置权等规定可知,国家通过法律赋予电子商务平台一定的内部治理权限,实践中也是贯彻"政府监管抓平台,平台管理抓商家"的思路,此时平台经营者承担了政府的部分治理职能,属于是对部分公权力的承接,或者可以将平台经营者的该部分职能称为"准公权力"。在这种情况下,平台经营者与商家之间更倾向于是管理者与被管理者的关系。在上述管理者与被管理者的定位日趋强化的情况下,平台经营者的社会公共属性不断增强,平台经营者非常容易将管理之手伸得过长,进而可能侵害商家的自由经营权,因此有必要探讨中小电子商务企业应当如何面对平台规则当中的法律风险,以及采取何种应对措施,乃至进一步反馈至国家管理层面,让公权力对平台规则给予指导或调整,以确保电子商务生态的平衡。

(二)电子商务平台规则的效力来源

电子商务平台规则所涉内容十分广泛,既有平台经营者与商家之间提供交易服务的平等商事行为,也有平台经营者对商家的管理措施,那么电子商务平台规则为何能够被广大商家所普遍遵守,这就需要对电子商务平台规则的效力来源进行梳理。

1.法律法规

任何人都应当遵守国家法律法规的规定,电子商务平台和商家同样首先应当遵守国家法律、行政法规、部门规章等规范性文件,故电子商务平台规则必须依照法律、法规的规定进行制定和修改。

2.行业标准与行业规范

相较于国家标准和国家立法,行业标准一般是对国家标准的补充,是在全国范围的某一行业内统一适用的标准。行业规范虽然没有法律、法规那般以国家强制力作为最终后盾的保障,缺乏普遍的、广泛的约束力,但行业标准和行业规范深耕于本行业内部,在协调社会关系、约束行业行为、维护行业秩序等方面具有积极的作用。对于规范行业行为、加强行业自律的行业标准和行业规范,国家鼓励制定自律性行业规范的示范文本,以指导行业朝更好的方向发展。

例如,由北京大学、阿里巴巴(中国)有限公司、北京京东世纪贸易有限公司、北京三快科技有限公司等单位共同起草的中华人民共和国国内贸易行业标准——《企业对消费者(B2C)电子商务平台交易规则制定指南》,专门适用于指导企业对消费者(B2C)电子商务平台经营者制定交易规则,该指南能够有效的指导各个电子商务平台对平台规则的制定和修改,对平台和行业的规范发展具有积极意义。

3. 合同及相关协议

从《民法典》的角度看,电子商务平台规则或服务协议,是调整电子商务平台经营者和商家之间权利义务的文件,平台经营者在为商家提供交易信息中介服务或者交易结算服务时,其与商家之间是平等的市场关系主体,而调整平等主体之间的权利义务关系时,合同则尤为重要。

4. 商业习惯

电子商务平台规则除了依据法律法规、行业规范和各类协议以外,还有很多内容无法归入其中,但该规则仍然被广大商家认可和接受,并自觉接受该条款的效力,这就是该规则顺应了市场上普遍存在的商业习惯,或者是随着网络发展形成的新的商业习惯被电子商务平台及时吸纳,成为了大家所共同遵守的准则。

以淘宝网为例,《淘宝平台规则总则》宣称淘宝平台生态体系各方践行商业道德和社会责任,也就是说对于社会上长期以来形成的商业道德和商业习惯,电子商务平台将带头遵守,且淘宝网称商家将在淘宝平台上与平台共生共赢、共治共建,自律规范发展,这也是尊重商业规律和习惯的体现。法律没有明确规定的内容,行业规范没有体现或细化的事项,服务协议未尽事宜等,均需要电子商务平台和商家在实践的过程中结合商业规律和商业习惯进行有益的探索,以不断实现各方利益的最大化和各方权利义务的平衡,这也应当作为各电子商务平台规则制定时的理念基础。

第二节　入驻规则法律风险与合规管理

一、入驻规则的基本知识

入驻,是指在电子商务活动中,商家为开展商品或服务交易而进入电子商务平台的行为。为规范商家的入驻行为,电子商务平台通常会制定入驻规则。入驻规则也称开店规则,一般指由电子商务平台制定的,指导或要求商家入驻平台时应当普遍遵守的程序、资质、服务费等相关条款的总称。

入驻规则当中,平台经营者首先需要向商家明确的是入驻的程序、条件和相关资质以及退出程序等,该部分内容通常应当包括:入驻电子商务平台的条件和审核流程;入驻所需提交的信息,包括主体信息、行政许可信息等;商家的退出流程;相应资质不符合要求的处置措施;未通过入驻审核的申诉程序等内容。

以京东为例,其入驻规则包括:①基础规则。京东开放平台招商管理规则当中明确了规则的适用范围,告知了中小电子商务企业入驻须知,规定了店铺类型和相关要求以及资质标准,同时还明确了开店入驻的限制,告知了商家关于保证金、交易服务费、运营支持服务费等概念。②资质要求。资质要求主要有京东开放平台店铺资质管理规范,该管理规范细化了商家申请入驻资质的相关要求。另外针对不同的类目设置有相关的资质标准,例如二手商品类目、公益类目、数字内容类目、宠物健康、营养保健、健康服务、传统滋补类目等。③资费规则。该规则当中详细规定了平台所涵盖的所有商品的保证金、交易服务费、运营支持服务费的费用标准。④"0元开店"试运营管理规则。该规则是京东平台为吸引商家入驻和扶持商家成长所推出的试运营期间无需缴纳保证金,试运营结束进入正式运营阶段后再缴纳保证金的开店模式。

二、入驻规则的法律解读

入驻规则是商家进入平台所面临的第一道规则,面对大型的电子商务交易平台,普通的商家面对该规则一般情况下没有任何话语权,只能被动的选择同意该规则并且按照该规则规定的程序进行申请,提供该规则当中所要求的相应的资质证书,才能完成入驻或开店申请,否则根本无法通过审核。

根据《民法典》的规定,格式条款是当事人为了重复使用而预先拟定,并在订立合同时未与对方协商的条款。此种情况下,入驻规则的法律性质更倾向于平台经营者提供的格式条款。那么该格式条款的效力如何,需要结合具体的情况进行分析。首先,提供格式条款的的平台经营者应当遵循以下义务:订立合同或制定条款时应当遵循公平原则;采取合理的方式提示商家注意免除或者减轻其责任等与商家有重大利害关系的条款;按照商家的要求,对该等条款予以说明。其次,如果格式条款存在法律规定的无效情形或不合理地免除或者减轻平台经营者责任、加重商家责任、限制商家主要权利或平台经营者一方排除商家主要权利的情形的,商家可以主张该格式条款无效。

需要说明的是,虽然《民法典》对格式条款作出了规定并明确了格式条款无效的情形,但是在入驻规则当中,一般不涉及平台经营者排除商家主要权利的条款,也不会加重商家的责任。通常情况下,入驻规则当中关于资质要求的规定就是设置一个平台的准入门槛,该准入门槛无论是从消费者权益保护角度,还是从保障平台自身正常运行的角度,也都是应当且必需的。

三、入驻规则的法律风险分析

随着电子商务的快速发展,尤其是近年来直播电商的井喷式发展,查看不同平台的规则可知,个人、个体工商户、企业法人均可以入驻不同类型的平台。从平台规则来看,不同主体可申请的店铺类型范围不同,企业法人可申请的店铺类型范围更宽,中小电子商务企业需要格外注意开设不同店铺类型时所需提交资料的区别。

在入驻环节,商家应当遵守法律法规和电子商务平台的招商要求,并按要求提供入驻电子商务平台所需的资质材料和信息。在提交资料和信息的过程中,应当注意的法律风险包括:①保证所提交资料和信息的真实性,不得伪造、变造或虚构相关资质材料;②对于须经有关机构登记或备案的,需要审核相关证照是否在有效期内。③对于提供的资质材料和信息为复印件的,应当注意与原件保持一致并加盖公章。④应保证所提供的资质材料的完整性,并与法律法规及入驻规则所要求的材料一一对应。

四、入驻规则的合规管理措施

第一,建立商家主体资质信息资料库。商家往往会在多个电子商务平台进行入驻开展经营,因各大平台对入驻资质的规则要求大体相同,商家有必要根据电子商务平台要求建立资质信息资料库,包括营业执照或其他合法经营证照,银行开户证明,法定代表人、负责人、有效联系人身份证件,以及相关的授权书等资料。

第二,品牌资质的合规管理。各平台所要求的品牌资质通常包括具有所经营品牌所有权的证明材料,如商标注册文件或权利人认可的一级或多级完整授权。如品牌资质系授权所得,需格外注意授权文件或授权合同的形式要件,如权利证明文件的真实性,必要时可使用经公证的复印件,同时确保授权文件的签署方为权利人本人,以免后期引起不必要的争议。

第三,定期更新商家资质信息。电子商务平台一般都设置有资质审核机制,且可能会定期或不定期复审商家的资质和信息。商家需要有人负责定期检查或更新资质信息,以免由于资质信息过期导致电子商务平台的处罚或者消费者的投诉。

第四,特殊资质的自我核对与管理。如商家销售的商品为特殊商品,则需要对法律法规及平台所要求的资质进行自我核对,如销售药品,则涉及办理互联网药品信息服务资格证书、药品网络交易服务第三方平台备案等。

五、入驻规则实务疑难问题

入驻规则的主要内容是对商家资质的审核,一般情况下电子商务平台在审核商家入驻的过程中,对于审核的资质问题均会反馈给商家,商家可根据反馈的信息进行更正或重新提交,故因商家资质引发的纠纷或争议相对较少。在商家入驻方面,实践中的难点主要体现在部分平台在商家入驻时所给出的"二选一"条款,"二选一"条款通常表现为禁止商家在与本平台具有竞争关系的其他电子商务平台开店,并以多种措施或技术手段迫使商家不得不做出选择。而商家面对电子商务平台这一庞然大物,显然缺乏与之直接对抗或争取权利的实力。

就商家而言,在多个平台经营能够提高产品销量、提升品牌知名度、扩大市场份额。对于平台而言,平台内商家的数量、质量以及产品价格是平台吸引用户的关键因素。两者之间某种程度上存在相互依存的关系,但平台为保持竞争优势,禁止商家在其他平台开店则会造成损害商家利益、排除其他平台参与市场竞争的后果。实践中,曾有某平台利用其市场支配地位,通过多种方式,要求商家不得在其他平台开设旗舰店或将旗舰店降为非旗舰店,限制了商家在其他平台的正常入驻,属于限制交易、排除竞争的违法行为。商家入驻遇到此类问题时,应当注意保留相关证据,可依据《电子商务法》《反垄断法》及《禁止滥用市场支配地位行为暂行规定》等法律法规的规定,向监管部门进行投诉。

第三节　商品和服务保障规则法律风险与合规管理

一、商品和服务保障规则的基本知识

商品和服务保障规则是在法律法规的基础上,电子商务平台结合自身特点以及平台内商家的经营项目所设置的关于商品和服务资质、商品和服务发布、商品和服务质量检验、商品和服务的禁售或限售、商品和服务的营销规定、商家及商家在提供商品或服务时的信用评价等方面的规则。

在商品和服务保障规则当中，商品和服务资质的内容一般包括商家的资质要求、商家提交相应资质的方式、平台经营者对于资质的核验程序以及商家资质不符合要求时的处置措施等内容。商品和服务发布的内容通常为商品和服务发布的信息，如标签、说明、包装等，还包括商品和服务的展示方式和宣传要求，以及关于发布的禁止性规定，例如盗用、冒用他人标签、说明、包装、图片等情形和对违规发布的处置措施。质量检验的内容通常包括商品和服务的检测项目、检验流程、样本处理、检验标准，商家的申诉、复检，以及商品或服务检验不合格的处置措施。禁售和限售的内容应当包括禁止、限制销售商品或提供服务的情形，认定商品和服务禁售和限售的流程，规避禁售限售行为的处置措施等。营销规定的内容一般包括价格管理、质量控制和物流管理以及订单确认、网络支付、单据管理及保存等内容，同时要明确违规营销行为及其处置措施，一般还应当包括平台与商家的结算规则。而信用评价的内容一般包括信用评价的方法以及被评价的服务内容，通常为服务态度、物流速度、退换货和退款情况、商品和服务质量等，同时还包括信用评价流程和期限以及违规利用信用评价规则的后果、处置措施、处理结果的公示方式等。

以京东为例，京东平台将关于商品和服务资质的规则纳入开店规则类下，属于入驻规则，也有其他平台将商品和服务资质规则纳入商品和服务保障规则类下。京东平台当中关于商品和服务发布的内容归纳在"商品管理"名下，具体包括《商品信息合规发布指导手册》以及京东开放平台商品短标题管理规则和商品信息规范，其中商品信息规范对本平台高热度的商品和容易出现不规范发布的商品等领域做出了更为细化的规定，如京东平台中的高热度产品家用电器、3C商品等以及容易出现不规范发布的商品，如兽药、运动器材、健康服务、男性用品、女性护理用品、涉老商品等，每一类型的商品或服务均制定有专门的商品信息合规规范，且内容均较为详尽。质量检验的内容在京东平台体现为三部分，分别是行业质量标准、京东质量标准和品质推优质量标准，其中有商品品质抽检管理规范总则以及不同类别的商品抽检规范。禁售和限售的内容在京东平台主要体现在京东开放平台出售假冒商品细则及京东开放平台恶意倒卖细则当中。营销规定的内容在京东平台上体现为"商品运营"板块下的商品服务星级规则、商品问答管理规则、商品信息质量分管理规则以及京东开放平台商品价格管理规则、京东开放平台赠品管理规则等。信用评价的内容在京东平台则体现为"商品运营"板块下的评价管理规则。

二、商品和服务保障规则的法律解读

商品和服务保障规则部分的平台规则内容，从其效力来源上来讲，该部分规则制定的主要依据是法律、法规，更多时候体现出的是对法律法规所要求内容的进一步细化,主要用于规范商家的经营行为,规范电子商务平台经营者、商家以及消费者等行为主体之间的权利义务关系,其最终目的在于落实各方权益,不断完善交易规则,促进网络交易秩序的健康发展,提升电子商务平台的竞争力和影响力。

根据《消费者权益保护法》第 23 条的规定,保证商品和服务质量,是经营者最基本的义务之一,包括两方面内容:经营者应当保证在正常使用商品或者接受服务的情况下其提供的商品或者服务应当具有的质量、性能、用途和有效期限;经营者以广告、产品说明、实物样品或者其他方式表明商品或者服务的质量状况的,应当保证其提供的商品或者服务的实际质量与表明的质量状况相符。从这个角度而言,所有的商家都应当保证商品和服务的质量。再比如《消费者权益保护法》第 24、25 条规定了大家所熟知的"七天无理由退货",用于保障消费者的权益。同时,为了更严格保证特殊商品的质量,《食品安全法》《药品管理法》《医疗器械监督管理条例》《化妆品监督管理条例》《产品质量法》等法律法规还规定了相关经营者应建立进货检查验收制度。而商品和服务保障规则则是平台经营者结合上述法律法规的规定、结合自身平台的特点所制定的细化到商家日常经营所涉及的各个方面的具体规定。对于商家而言,面对该部分规则,主要应当关注平台规则对于法律法规进一步细化的程度,尤其是所涉及的处罚措施有没有严重超出法律法规的规定或者是否存在片面限制商家权利的内容,有没有影响到商家的正常经营。

三、商品和服务保障规则的法律风险分析

在商品和服务保障规则部分的平台规则当中,很大一部分内容体现为对违反商品和服务质量要求的处罚措施。以京东为例,京东平台规则当中明确,对于商家的违规行为,京东平台可以采取如下高达 20 余种的处理措施,如警告、违规公示、全店商品下架、限制创建商品、禁止上架待售商品、限制提报营销活动、限制新品标签权益、限制使用批量工具操作、限制使用预售、商品搜索降权、店铺商品搜索降权、商品推荐降权、店铺商品推荐降权、降低店铺在售商品阈值、屏蔽商品、店铺屏蔽、店铺清退、关联店铺处理、下架商品、删除商品、体验赔付、违约金、降低店铺星级、加收风险保证金,等等。

面对如此众多的平台处罚措施,商家在面临平台处罚的时候,需要考量平台所采取的处罚措施有没有合同依据、法律依据、规则依据,处罚措施有没有事实依据,处罚措施是否符合平台规则当中列明的程序性要求,处罚措施与违规行为是否相适应等四个方面的问题。同样,京东开放平台也在商家违规管理总则当中明确了假冒商品、价格违规、侵权违规、不当经营、品质缺陷、信息违规、交易作弊、服务违规等八大类违规行为,并明确各个类别当中违规行为的具体表现形式及所对应的违规处罚措施。商家在面临这些规则的时候,需要格外注意平台对于各类违规行为的定义及处罚措施,结合前述四个方面的考量因素,对照自身经营情况及平台

认定的违规事实,判断平台处罚是否适当。

除此之外,《京东开放平台商家违规管理总则》还有兜底条款,其中第13条规定,商家如发生上述违规情形以外的违规或违法行为,或商家违规行为导致媒体曝光、行政监管、消费者投诉等,京东有权进行处理,并要求商家承担违约责任。同时京东有权结合实际情形及违规程度,对商家采取必要的临时市场管控。另外,该条款还表示京东依据法律法规、规则等对商家采取处理措施及追究违约责任,不影响京东依据协议约定追究商家的违约责任。所以对于商家而言,不仅在平台内的经营要合规进行,对于平台外的商业行为也要加以注意,避免由于平台外的不当商业行为而导致媒体曝光或行政监管而影响到平台内店铺的权益。

四、商品和服务保障规则的合规管理措施

第一,确保产品质量。商家应当加强自身商品质量监管,确保销售的商品符合国家质量标准以及电子商务平台对特殊商品所制定的相应规则。对于出现问题的商品,及时采取下架、召回等措施。如出现质量争议,首先看电子商务平台与商家之间签订的服务协议或相关规则当中,有无对选择第三方检测机构的约定,如有约定按照约定,无约定可双方协商选择第三方检测机构检测。商家一定需要注意,平台规则当中是否有商家认可平台经营者有权单方委托检测机构进行相关鉴定等约定条款。如有,商家可以及时提出异议,以保障自身合法权益。

第二,杜绝虚假宣传。商家被执法机关行政处罚和被平台采取处罚措施最多的违法行为之一就是虚假宣传,包括广告宣传违反《广告法》的其他禁止性规定等情形。商家应当严格遵守《广告法》《互联网广告管理办法》等相关法律法规,避免使用夸大或误导性的宣传语言。

第三,杜绝虚假交易与评价。部分商家可能会通过"刷单"等手段制造虚假交易量,或者采取返现、返券等方式诱导消费者作出非真实的评价,从长远发展的角度而言,商家应当自觉抵制和杜绝刷单行为。

五、商品和服务保障规则实务疑难问题及案例分析

通常情况,商家入驻时需要对平台规则进行认可,商家如果有违反规则的行为,平台将会根据违规的具体情节给予相应的处罚,且在平台规则符合法律法规的前提下,商家往往必须遵守该规则,否则就会面临平台的处罚措施,最为常见的就是"冻结账号""冻结款项"。作为商家而言,需要知晓在面临平台处罚的时候,如何进行应对,如何最大限度地保护自己的合法权益。

在面临平台处罚的时候,商家首先需要关注的证据包括入驻协议、服务协议的具体内容,平台认定违规事实的证据,其他能够证明不违规或违规情节轻微的证

据。同时可以要求平台出示其平台规则及平台规则的公示情况,确定该规则有无事前送达或告知商家,规则条款是否意思明确,以及平台采取处罚措施之前有无发出通知或给予答辩机会等,同时重点关注平台提供的商家违反规则的证据是否符合程序及法律规定。

对于平台而言,商家违规行为线索主要来源于消费者或其他第三方的投诉,以及平台的定期巡查或抽查。一旦被平台认定违规并采取了处罚措施,商家需要从以下几个方面来分析平台的处罚措施:双方签订协议的法律效力、是否确实存在违规行为、违规行为需要承担何种责任、处罚是否恰当等。

关于平台处罚是否恰当,现举一案例予以说明。周某在某平台上购买了15箱汽水,商家分两次发货,第一次5箱到货后,周某发现其中一箱的泡沫外包装有破损,检查后发现少了两瓶,周某通过平台聊天工具拍照发给商家,商家认为是整箱发货,应当去问快递。后商家第二次发货。周某收到15箱汽水后向平台投诉,以"货物质量问题"为由要求将15箱汽水退货退款。平台介入后,同意了周某的退款要求。快递员上门取件退回,周某支付快递费600元,平台从商家的保证金中扣除600元支付给周某。商家起诉周某和平台,认为货物购买价格共计500元,退货运费却扣了600元,周某恶意维权,平台处理不公,要求二被告赔偿运费损失600元。案件经过法院调解,三方最终达成了和解。虽然案件达成了和解,但这当中的法律问题值得分析。案件的争议焦点体现为是否需要退回15箱,运费应当由谁承担。分析可知,本案商家有义务接受1箱的退换,1箱的运费由商家承担,另外14箱没有质量问题,属于无理由退货,运费应由买方承担。平台强制由商家承担15箱退货的运费,加重了商家的负担。本案属于平台过度保护消费者权益,导致商家利益受损的情况,商家表示本次起诉是对平台长期判罚不公的意见表达。由此可见,保护消费者权益不应以牺牲商家权益为代价,平台在处理纠纷过程中,在保护消费者权益的同时,也应维护商家的合法权益。

第四节　权益保护规则及数据信息规则法律风险与合规管理

一、权益保护规则及数据信息规则的基本知识

(一)权益保护规则的基本知识

权益保护规则一般包括知识产权保护规则、消费者权益保护规则、消费争议解决规则。知识产权保护规则通常包括知识产权投诉及处理,平台对知识产权投诉的处理措施,商家的申诉及举证,以及知识产权投诉处理结果的公示等内容。消费者权益保护规则通常为商家的保证金管理,商品和服务质量的保障及时限要求,违

规时商家保证金处置措施,以及"七天无理由退换货"规则等。消费争议解决规则通常包括消费纠纷的受理条件及程序,商家违反规则的判定,以及争议解决的程序、争议解决费用的承担等内容。

以京东为例,权益保护规则主要体现为京东开放平台交易纠纷处理总则和商品类问题纠纷处理标准,以及其他常见的运费问题、安装问题、发货履约、恶意倒卖、标注错误等纠纷的处理规则和标准。前述规则制定的目的是为了维护开放、透明的生态环境,保障交易争议处理时买卖双方的权益。

(二)数据信息规则的基本知识

数据信息规则是指,平台和商家在提供服务过程中,对消费者的信息收集、信息使用和信息保护等内容。其中信息收集和使用包括所收集信息的内容、方式、目的及相关的告知义务。信息保护则是商家处理和保护消费者个人信息的一般规则,包括账户信息管理和保护,信息安全措施及信息泄露风险补救、赔偿措施等。

同样以京东为例,数据信息规则体现为京东开放平台不当获取及使用信息违规细则,该细则列举了不当获取及使用信息违规的情形,明确了不同程度违规对应的处理措施。

二、权益保护规则及数据信息规则的法律解读

(一)权益保护规则的法律解读

权益保护规则当中的知识产权保护规则主要体现为,平台通过协议或平台规则提示或要求商家注重保护有关商品和服务的知识产权,以及侵犯知识产权可能导致的法律风险、平台针对知识产权投诉的处置流程和措施。平台所称的知识产权侵权通常是指不当使用他人商标权,包括但不限于商标近似、突出使用商标、未经授权以权利人的商标作为店铺名称等情形;不当使用他人著作权,包括但不限于盗用图片、字体侵权、盗用艺术设计、盗用动漫周边、盗用视频情形;不当使用他人专利权,包括但不限于外观专利、实用新型、发明专利等情形。电子商务知识产权法律风险的具体内容在本书其他章节有详尽论述,本处不再赘述。

权益保护规则当中的消费者权益保护规则和消费争议解决规则主要体现为平台对商家提供商品和服务过程中的质量、时效、售后等方面的要求,以及发生纠纷后的处理规则,一旦消费者在购物过程中与商家发生纠纷,平台可以依据平台规则介入进行处理。例如京东平台规定:买、卖双方就订单产生交易纠纷时,商家须积极与消费者沟通解决。若消费者提起交易纠纷申请后24小时内协商未果或商家未作处理,消费者申请京东介入的,京东有权根据法律法规、协议、本规则及相关规则等对纠纷进行处理。此时,平台的身份既是规则的制定者,又是纠纷的裁判者。对于平台介入进行处理的纠纷,平台规则当中对于纠纷的受理、时效处理、举证责

任及商家申诉等都作出了明确的规定,一旦出现纠纷,商家应当按照该处理流程维护自身权益。需要特别指出的是,京东平台设置了纠纷商责率、平台介入率两个考核指标,其中纠纷商责率是指某时间段内商责纠纷单量占实际订单量的比值,平台介入率是指衡量商家在纠纷处理中的问题解决能力的考核指标,是指一定周期内产生过纠纷的订单量占有效下单单量的比例。平台通过该两个考核指标对商家的店铺星级排名和星级服务考核进行管理,以督促商家主动解决纠纷。

需要说明的是,并不是消费者与商家的所有纠纷,都由平台来介入处理。京东平台规定,对于因买卖双方责任,导致交易纠纷事实无法查清,京东有权不予受理;商家违法违规等导致行政或司法机关介入,京东有权不予受理;人身危害、不可抗力等原因,京东有权不予受理。上述情形所引发的纠纷一般需要公权力的介入,从而回归传统的消费者与商家纠纷的处理模式,而此种情况下平台往往会作为共同被告、第三人或证人的身份出现在纠纷解决当中,平台需要将自己所掌握的交易过程当中的内容作为证据向纠纷处理机关进行提供。

(二)数据信息规则的法律解读

数据信息合规是平台和商家共同面临的课题,在该问题上,平台所承担的责任和风险更大。平台是接收和管理消费者账号信息、购物信息和支付信息的第一主体,平台应当加强自身的数据信息合规建设。对于平台内的商家而言,其所接触到的一般是消费者的真实姓名、手机号码、收货地址、身份信息及其他涉及他人隐私权或商业秘密等方面的信息,商家不得因自身原因,包括故意或过失,导致该部分信息泄露,否则应承担相应的责任。需要提醒商家的是,除了对于消费者的信息保护,平台往往会要求商家对平台商业信息不得进行不当获取和使用。这里的平台商业信息一般是指平台的产品、技术、软件、程序、数据等信息,如店铺信息、创作者信息、团长信息、商品信息、成交额、搜索、浏览、加购、订单、评价等相关信息。

三、权益保护规则及数据信息规则的法律风险分析

知识产权保护规则相关的法律风险,主要体现在搭便车、蹭名牌的行为,且实践中很容易发生知识产权侵权。商家在受到平台进行知识产权侵权方面的处罚时,如有异议要积极申诉维权。商家进行申诉时应当从以下几个方面进行准备:提供完整、合法、正规的进货凭证,如合同、发票、加盖出货方公章的进货单据;提供合法销售的授权凭证,被控侵权商品来自于投诉人的凭证;未使用权利人商标的截图、说明;与投诉人外观设计专利不相同且不相近似的对比说明,与投诉人发明、实用新型专利采用的技术不同的对比说明,未使用权利人著作权的截图、说明等;对商家有利的被投诉商品相关的生效司法判决、行政裁定等证明文件。

消费者权益保护规则和消费争议解决规则当中的法律风险主要体现在平台处理纠纷过程中的时效和举证方面。面对消费者的投诉,平台对商家都设置有处理

时效标准,一般在消费者发起纠纷处理申请后,商家可在 24 小时内与消费者和解或者提供证据,若超 24 小时未回复的,平台会根据现有证据判责。如果平台认为需要双方进行举证,也会给出举证时效。以京东为例,商家举证时效要求:工作日为 4 个工作小时,非工作日及法定节假日为 24 小时。该举证的时效非常短,商家需要格外注意,商家若没有在该举证时效内提交证据,平台会依据现有证据进行判责。若判定商家需执行的,要求商家在 24 小时内执行并反馈结果,超时未执行时京东会根据判责结果进行处理。商家如果对消费者的投诉有异议,一定要注意对证据的搜集,并在平台要求的时效内进行举证和处理,以免因举证不力或超过时效而遭受不必要的损失。

数据信息规则的法律风险主要体现在对平台账户的管理和对用户信息的收集使用方面。如商家向第三方租借账号、与第三方共享账号、向第三方有偿或无偿提供平台商业信息或他人信息等行为导致平台商业信息或用户信息泄露的,平台会进行违规处罚。平台通常会要求商家不得自行、授权或协助第三方对平台商业信息及系统进行地址扫描、操作系统探测等,不得协助第三方以包括通过机器人、蜘蛛等程序或设备监视、复制、传播、下载等方式擅自获取使用平台商业信息,不得违规使用第三方软件导致平台商业信息或他人信息发生泄露,否则平台也会对商家进行违规处理。需要重点提醒的是,对于商家在交易过程中掌握或收集的用户信息,绝对不能因贪图小利而将用户信息进行出售,否则很有可能构成刑事犯罪,商家对此需要格外注意。

四、权益保护规则及数据信息规则的合规管理措施

第一,建立知识产权审查和管理制度。如果商家经营的是自有品牌,商家除已注册的商标外,建议及时进行销售产品的知识产权布局,包括通过申请其他注册商标或注册防御商标、专利,以及进行文案或图片的著作权登记等。对于商家经营他人品牌的,要确认销售的产品具有合法来源,包括但不限于获得品牌方的相应授权、从具有销售权的代理商或销售方采购、合法报关进口等。商家在经营过程中,面对的知识产权纠纷包括著作权、专利权、商标权、商业秘密、地理标志等多个领域,未经他人许可或授权,使用他人知识产权权利可能会引发知识产权侵权或不正当竞争等问题。

第二,熟悉平台争议处理流程。商家作为权利人,如在平台上面临知识产权被侵犯的,需要了解该平台的侵权投诉机制,了解投诉规则和流程,通过在线投诉、电子邮件等形式向平台主张权利,要求平台依法对侵权内容采取删除、屏蔽、断开链接等措施,避免损失的扩大。商家如作为被投诉对象,同样需要了解平台处理投诉的流程,结合关于举证和时效的平台规则,对投诉迅速做出回应,最大程度维护自身合法权益。

第三,建立用户信息保护管理制度。商家在进行用户数据收集时应当建立严格的信息采集和保护操作,防止信息外泄,杜绝信息和数据的买卖行为,从而最大化的保护用户个人信息安全,实现商家信息合规管理。

五、权益保护规则及数据信息规则实务疑难问题

商家比较关注的一个问题是,商品被投诉到当地的市场监督管理部门,如果市场监督管理部门进行了处罚,平台是否还会对店铺进行处罚? 实践中,商家往往更在意平台的处罚,因为平台的处罚所涉及的经济价值更高,平台对严重的违规行为可能会采取店铺清退、全店商品下架、屏蔽店铺和商品等处罚措施。对于被投诉的商家违规行为,若市场监督管理部门直接跟商家联系,处理结果一般不会通知平台,在此种情况下,平台不会对商家进行处罚。但是某些地方的市场监督管理部门在对商家进行立案调查前会通过平台进行通知,此时平台会知晓商家的违规行为。市场监督管理部门对商家的行政处罚并不必然会引起平台的处罚,但是如果消费者将行政处罚文书反馈至平台,则可能会引起平台的处罚,这也是市场竞争中打击同行竞争者的一种有效方式。商家对此应有所关注,避免因较小的违规行为处理不当而造成较大的经济损失。

再一个值得探讨的问题是,各大平台上线的"仅退款"选项,虽然方便了消费者,但却害苦了商家,也引发了不少纠纷。现举一案例予以说明。赵某在某平台的某商铺购买了价值20元的儿童玩具,后赵某以发错颜色为由向平台申请退货,平台向其推送售后链接后,赵某点击"仅退款"选项,由于消息繁多,商家未在48小时内进行处理,赵某退款成功。商家几次联系赵某要求将玩具退回未果,商家在与平台沟通无效的情况下,对赵某提起诉讼,其认为赵某在收到商品后利用平台漏洞恶意申请退款却未退货,侵害了商家的合法权益。经法院调解,赵某意识到自己购买的商品并不属于"仅退款"范畴,最终同意补偿商家各项费用200元并当场履行。"仅退款"功能的初衷是为了保障消费者权益,但现实中不少消费者恶意"薅羊毛",给商家带来了经济损失。网购中消费者享有"七天无理由退货"权利的同时,也应履行退回货物的义务。同时,平台不能为了争夺用户而做出损害商家利益的行为,应加强监管并采取行之有效的措施,以防止"仅退款"功能的滥用。商家如果面临平台不公正处理或者消费者恶意申请退款或恶意维权的,也要及时维护自身合法权益。

第十章

跨境电子商务法律风险与合规管理

当前合规已成为跨境电商领域广受关注的重要议题。跨境电商合规是指企业在实施跨境电商出口活动时要符合国内外相关法律法规、行业标准、平台规则、企业章程及规章制度等。近年来,我国相关部门和跨境电商平台分别在政策、实践等方面开展了合规探索,推动我国跨境电商出口在环节监管、产品认证、市场秩序等领域的合规建设取得较好成效,助力我国跨境电商出口高质量发展。

研究证明跨境电商合规与行业发展息息相关,是跨境电商可持续发展的必然要求。我国跨境电商合规历程可以概括为:形成合规意识、加快合规探索、强化合规经营三个阶段。近年来,我国跨境电商平台在知识产权、产品安全、市场秩序、培育人才、以及培训指引等领域积极推动了行业合规发展,推动我国跨境电商与传统外贸的迭代升级,为我国外贸高质量发展助力。当前合规不能仅仅是简单被动地履行政策规定,而是要在经营过程中树立品牌、环保、安全、纳税等合规理念,促进整个行业的专业化、协同化、绿色化规范发展,提升我国跨境电商的国际竞争力。

第一节　跨境电子商务概述

一、跨境电子商务的内涵

跨境电子商务源自于"外贸电商",但又与传统的外贸电商有所区别。传统的外贸电商一般而言强调的是互联网平台发挥的信息服务功能,在线上展示商品的相关信息,最终仍然要通过一般贸易的方式进出口货物,其核心的交易环节和支付环节并不在线上完成,数据也无法在平台存储。但跨境电子商务平台不仅仅是实现商品展示,跨境电子商务是世界各地的买卖双方可以直接通过平台完成交易以及其他服务活动,标志着在线交易和在线服务时代的到来。

互联网是一种通信技术,对社会各领域和层次都产生了巨大的影响。跨境电商随着网络技术的普遍应用而出现,作为一种"互联网+贸易"的新业态,一经产生便在世界范围内受到广泛的关注。跨境电商目前尚未有一个统一的、权威的定义,学术界对此还存在一定的争议。从字面上理解,跨境意指突破一国范围在两个或以上不同区域开展活动,电子商务则是以电子数据为形式进行的商业交易。在联合国国贸法委员会公布的《电子商业示范法》中,电子商务是指通过互联网和计算机进行的购买和交易,支付和运输可以在线上,也可以在线下完成(UNCTAD,2015)。柯丽敏、王怀周、潘勇等学者认为,跨境电商可以解释为不同关境的交易主体通过电子商务平台完成包括洽谈、签约、支付结算、物流配送、售后服务等一系列环节的国际商业活动。由此可见,跨境电商是借助互联网技术完成交易的一种国际商务活动,它将传统国际贸易网络化、电子化、数据化,并能够打破时空限制对国际贸易的阻碍。

跨境电商可以从交易前、交易中及交易后等三个阶段进行界定:交易前利用互联网商务平台搜集获取信息,了解双方需求、交易条件、结算方式、市场状况等;交易中则是签订电子合同,采取不同类型进行交易;交易后是双方履行合约,进行货物交付与货款结算,同时还会提供相应的售后服务。在这三个阶段必然会涉及报关、运输、检验检疫、跨境支付、知识产权、电商平台责任、信息使用与大数据、消费者权益保护等重要内容。

二、跨境电子商务的类型与特征

(一)跨境电子商务的类型

跨境电商按照商业模式划分,可以分为以下三类。

1. C2C

C2C(consumer to consumer),即消费者对消费者。这种类型实际上属于单个消费者之间跨境零售商业活动。比如一个消费者有一部旧电脑,通过网上出售,把它卖给另外一个在其他国家或地区的消费者,这种交易类型就是C2C跨境电子商务。

C2C交易模式与现实中的跳蚤市场类似,由买卖双方、电子交易平台供应商组成。其中电子交易平台供应商的作用至关重要。首先,电子交易平台供应商将买卖双方聚集在一起,大大减少了彼此寻找的时间,为双方创造了更多的交易机会;其次,电子交易平台供应商在其中扮演监督者和管理者的角色,由其对双方诚信进行监督,最大程度避免商业欺诈等行为,保障买卖双方的利益;再次,电子交易平台供应商为双方提供技术支持,包括网络店铺建设、商品发布与宣传、商业数据支持等服务,为买卖双方提供了更多的交易便利与机会;最后,电子交易平台供应商还能为双方提供各种金融服务,可以说,电子交易平台供应商直接决定了这种商业模式的发展。

首先,C2C模式的特点改变了传统贸易卖方决定价格的绝对权力,使消费者也具有了决定产品价格的权力,并且在电子交易平台上消费者之间的竞价,让价格更具弹性,结果是消费者能实现更多的实惠;其次,C2C能够带来巨大的流量,由于各种电子交易平台经常推出各种优惠促销活动,就能吸引大量关注实惠的消费者,而且即使是那些没有购买需求的消费者,他们为了享受购物过程的乐趣或者满足自己猎奇的心理,也会花大量的时间浏览C2C网站,大量的流量能够为这种交易模式带来巨大的收益。

2. B2B

B2B(business to business),即商家对商家。这种类型是指不同企业之间利用专用网络来交换、传递数据信息,并展开跨境交易活动的模式。B2B将不同企业的产品或服务紧密联系在一起,利用网络的快速反应,为客户提供更好的服务,推动企业发展。

与传统企业之间交易相比,B2B能够利用网络完成整个业务流程,包括商品展示、询价还价、签订合同、发货交单、跨境支付以及售后服务等环节,网络的便利性可以大幅度降低商务活动中的管理费用和时间。此外,B2B也为企业之间结成战略合作提供了基础和条件,在信息时代企业之间合作具有更重要的意义,网络的普及使得企业之间能够方便地建立互惠互利的合作,形成水平或垂直形式的业务整合,有助于实现范围经济与规模经济,实现全域、全链条、全过程的经营运作。

3. B2C

B2C(business to customer),即商家对消费者。这种类型是指商家直接向消费者销售商品或服务的在线跨境零售模式。B2C是企业为消费者创建一个网上购物平台,消费者通过网络进行选购与支付,为买卖双方节省大量时间,极大地提高了交易效率。由于消费者对在线商品选购具有一定的要求,往往倾向于购买那些感官体验要求不高的商品,如图书、音像制品、数码类产品、鲜花、玩具等。

总体来说,B2C的运作相对简单,通过建立在线商店、网站或APP程序,展示产品或服务,提供详细的信息、价格和购买选项。消费者通过直接浏览、选择和购买产品,完成交易的支付和配送等流程。其特点表现在产品信息透明,消费者通过网络可以获取详细的相关信息,企业直接与消费者进行交易并完成支付,没有中间商或者零售商,简化交易流程,同时企业通过消费者点击或消费记录,可以适时推送个性化的商品或服务,提升消费者的购物体验。

(二)跨境电子商务的特征

与传统贸易相比,跨境电商的特点主要有以下几个:

第一,匿名性。由于跨境电商交易主体多样化,交易双方处于不同国家,相关国家对于网上交易是否实名制的要求并不统一,即使要求实名制,实际上也难以保证其真实性。如美国国内法律出于对个人信息的保护,规定在跨境电商交易平台上注册仅提供收货地址与付款账号即可,不要求提供真实身份,但一旦出现侵权或者网络欺诈等问题,无法及时锁定违法者,同时由于在线交易者不需提供真实身份,也为逃税漏税提供了便利条件。

第二,全球性。随着网络信息技术的普及,跨境电商快速发展进一步密切了各国之间的联系,推动了世界经济一体化进程。与传统贸易相比,它的即时性、直接性、以及突破时空限制的便利性大大增加了国与国之间的经贸往来,成为外贸高质量发展的新引擎,满足了信息时代消费者多元化、个性化的消费需求。截至 2022 年底,敦煌网作为中国跨境出口 B2B 电商平台,注册买家近 6000 万家,覆盖世界 225 个国家和地区,累计订单超过 1000 亿个,真正实现了贸易的全球性。[①]

第三,风险性。跨境交易的风险要高于传统贸易,由于跨境电商主要是通过网络进行交易,交易者人数庞大,且买卖双方洽谈过程均以电子形式进行,签订或者取消合同在极短时间内可以完成,因此电商平台实际上难以完全对所有交易者进行监控,平台监管成本高导致交易者违约风险低,如部分卖家有可能在产品质量方面进行虚假宣传,而且很多商品的交易额不大,出现商品质量纠纷后进行跨境诉讼的成本过大,导致很多消费者选择忍气吞声,极大损害了消费者的正当权益。

三、我国跨境电子商务发展现状

互联网的高速发展和广泛应用不断冲击着传统贸易的发展并推动了跨境电子商务迅速兴起,使其逐渐成为国际贸易发展的新引擎。从全球范围来看,我国跨境电子商务发展领先全球,贸易规模稳居世界首位,贸易伙伴广泛分布在全球 220 个国家和地区,贸易产品种类几乎涵盖所有消费品。跨境电子商务以其低成本、高效率、突破时空限制的独特优势,呈现出快速增长的势头。

海关总署统计数据显示,2022 年我国跨境电商交易总额突破了 2 万亿,达到 2.1 万亿元人民币,比 2021 年增长 7.1%,跨境电商为我国外贸发展注入新动能。2018—2022 年跨境电商市场规模从 9 万亿元扩大到 15.7 万亿元,增长了近 74%,同时,我国跨境电商行业市场渗透率也稳步提升。[②] 图 1 显示,我国跨境电商出口规模一直以来远超进口,根据海关总署统计数据,2019—2021 年我国跨境电商

---

① 敦煌网官网 http://seller.dhgate.com/。
② 网经社电子商务研究中心:《2022 年度中国电子商务市场数据报告》,https://business.sohu.com/a/672696741_609544。

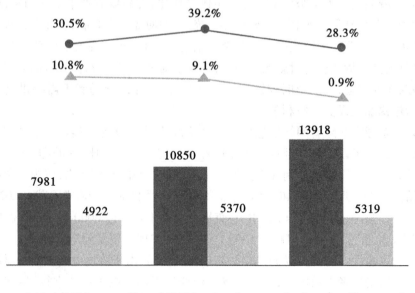

图1　2019—2021年中国跨境电商进出口额及增速（数据来源：海关总署）

出口额增长了74.3%,进口额仅仅增长了8%,其中2021年较2020年甚至还下降0.9%,出口与进口之间的差距从2019年的1.6∶1扩大到2021年的2.6∶1。

传统贸易与我国来往密切的国家除了美国、德国外,主要是东亚、东南亚国家,这些国家在地理上与我国临近,具有与其他国家相比更大的优势,但跨境电商的发展却改变了这种状况,我国跨境电商出口最多的国家主要是美国、英国、加拿大、澳大利亚、德国等非亚洲国家,而进口最多的国家也主要集中在发达国家。此外,我国与"一带一路"共建国家跨境电商发展迅速,表现出很强的贸易互补性。在跨境电商进出口品类方面,出口最大的品类是电子产品,包括手机、平板电脑、电视等各类消费电子产品。电子产品凭借技术优势和品牌影响力,在全球市场上占据重要地位;而服装和配饰品类则凭借时尚影响力和供应链优势,在跨境电商出口中具有一定的市场优势。这些商品都是我国传统小额外贸的优势产品,仍旧带有低附加值、高劳动投入等的特点。

营养保健、母婴、美妆护肤、电脑数码和医药品类的跨境进口占比较高。数码产品、个人护理、家用电器、酒类和美妆护肤品类的跨境进口成交额同比增速最快。此外,随着女性收入水平的提高和自我意识的提升,"她经济"在跨境进口市场的重要性也逐渐凸显。2022年跨境进口成交额中,女性用户成交额占比达55%,成为跨境进口消费的主力军。其中家庭消费和内外兼修的悦己消费是女性关注重点,最受女性用户喜爱的消费品是面部护肤、洗发护发、婴童洗护、奶粉、香水彩妆等。

第二节　我国跨境电子商务政策解读

2012 年,我国跨境电商开始遴选了包括上海、宁波、杭州、重庆与郑州等 5 个城市进行试点,此后国家相关部门陆续出台了很多与跨境电商相关的监管类、支持类的指导性、引领性与示范性的政策措施,对于推动我国跨境电商的发展起到了积极的作用(表 1)。

表 1　近年来中国跨境电商领域部分政策规定

时间	部门	文件	主要内容
2018.8	国家知识产权局	《深化电子商务领域知识产权保护专项整治工作》	完善执法力量,加大执法力度,推进提升打击知识产权侵权假冒的力度与水平
2018.9	国务院	《关于同意在北京等 22 个城市设立跨境电子商务综合试验区的批复》	着力在跨境电子商务相关环节的技术标准、业务流程、监管模式和信息化建设等方面先行先试,为推动全国跨境电子商务健康发展探索新经验、新做法
2018.12	海关总署	《关于跨境电子商务零售进出口商品有关监管事宜的公告》	做好跨境电子商务零售进出口商品监管工作,促进跨境电子商务健康有序发展
2020.4	国务院	《关于同意在雄安新区等 46 个城市和地区设立跨境电子商务综合试验区的批复》	推动产业转型升级,开展品牌建设,引导跨境电子商务全面发展,推进贸易高质量发展
2021.7	国务院	《关于加快发展外贸新业态新模式的意见》	完善跨境电商发展支持政策,扎实推进跨境电子商务综合试验区建设

一、税收

跨境电商税收政策包括进口税收与出口退税或免税政策。国家税务总局 2018 年公布了《关于跨境电子商务零售进口税收政策的通知》,对于跨境电商进口清单内的商品(清单商品数 1413 种),在限值以内(单次限值从 2000 元增加到 5000 元)可以免征关税,增值税、消费税按照应税额 70%征收。超过限值的单次交易,则要按照一般贸易方式全额纳税,如果在 30 日内退货,可以申请退税。

（一）跨境电子商务行业进口税务政策

首先，购买跨境电子商务零售商品的个人作为纳税义务人，以实际交易价格为完税价格，电子商务企业、电子商务交易平台企业或物流企业可作为代收代缴义务人；其次，跨境电商零售进口税收政策适用于从其他国家或地区进口的、属于跨境零售进口商品清单范围内的商品；最后，跨境电商零售进口商品的单次交易实行限值。在限值以内进口的跨境电子商务零售进口商品，关税税率暂设为 0%；进口环节增值税、消费税取消免征税额，暂按法定应纳税额的 70% 征收。超过单次限值、累加后超过个人年度限值的单次交易，均按照一般贸易方式全额征税。

明确了对优惠促销价格的认定原则，优惠促销价格认定采取：按照实际交易价格原则，以订单价格为基础确定完税价格，订单价格原则上不能为零。对直接打折、满减等优惠促销价格的认定应遵守公平、公开原则，即优惠促销应是适用于所有消费者，而非仅针对特定消费者。这明确了海关对完税价格认定的参照依据，在很大程度上遏制了跨境电商偷逃税款的行为。

为适应市场变化，跨境电子商务零售进口商品的单次交易限值由人民币 2000 元增加到 5000 元，年度交易限值由人民币 20 000 元提高至 26 000 元。同时明确完税价格超过 5000 元单次交易但低于 26 000 元年度交易限值，且订单下仅一件商品时，可以自跨境电商零售渠道进口，按照货物税率全额征收关税和进口环节增值税、消费税，交易额计入年度交易总额，但年度交易总额超过年度交易限值的，应按一般贸易管理。另外已经购买的进口商品属于消费者个人使用的最终商品，不得进入国内市场再次销售；不允许网购保税进口商品在海关监管外采取"线上保税与线下自提"相结合的模式，从而避免跨境电商进口利用优惠政策进行违法走私。

（二）跨境电子商务行业出口税务政策

国家税务总局在 2018 年、2019 年陆续公布了《跨境电商综合试验区零售出口货物税收政策的通知》《关于跨境电子商务综合试验区零售出口企业所得税核定征收有关问题的公告》等文件，明确了跨境电商出口货物，分别适用的增值税、消费税退税和免税政策。同时，规定自 2018 年 10 月 1 日起经国务院批准的跨境电子商务综合试验区（综试区）电子商务出口企业出口未取得有效进货凭证的货物，同时符合规定条件的，试行增值税、消费税免税政策。

国家税务总局 2019 年第 36 号文件规定，自 2020 年起，综试区内的跨境电子商务零售出口企业，同时符合下列条件的，试行核定征收企业所得税办法，采用应税所得率方式核定征收企业所得税，应税所得率一律按照 4% 确定：①在综试区注册，并在注册地跨境电子商务线上综合服务平台登记出口货物日期、名称、计量单位、数量、单价、金额的；②出口货物通过综试区所在地海关办理电子商务出口申报手续；③出口货物未取得有效进货凭证，其增值税、消费税享受免税政策的。

36 号公告同时规定,综试区内实行核定征收的跨境电商企业符合小型微利企业优惠政策条件的,可享受小型微利企业所得税优惠政策;其取得的收入属于《中华人民共和国企业所得税法》第 26 条规定的免税收入的,可享受免税收入优惠政策。

总之,跨境电商税种主要是综合税和行邮税。综合税包括增值税、税费税、关税三种;行邮税有消费税和增值税两种。跨境电商进口税需要缴纳:进口关税、行邮税、增值税、消费税;跨境电商出口税需要缴纳:关税、进口增值税、VAT。自2019 年起跨境电商税收开展了新政改革,针对进口交易的限额调整,同时商品种类更加繁多,从食品、日用品、电子产品等方面增加了 63 个税目商品。再者,商品禁止二次销售,海外代购产品不能进行二次销售,只能自用或赠予他人。海关针对虚假信息传输、泄露,造成他人个人信息和年度购买额度被盗用进行二次销售的企业进行处罚,走私或违规的企业需要承担刑事责任。针对退货商品进行了规定,退回的商品不能影响二次销售,在海关放行的 30 日内送达原监管业务场所,不征收相关税款,并对个人年度交易额进行调整。

二、海关监管

2012 年以来,国家海关总署建立了全国统一的监管信息化平台,实现了网购保税进口、B2B 出口、一般出口等不同类型贸易的全程信息化监管。跨境电商主要分为 B2C 零售进出口以及 B2B 出口两大类。针对 B2C 零售进出口有 9610 和1210 两种监管模式,9610 适用于一般出口和直购进口,1210 适用于特殊区域出口和网购保税进口;而针对 B2B 出口则为 9710 和 9810 监管模式,9710 适用于直接出口,9810 适用于通过海外仓出口。具体详见表 2、表 3。

表 2　跨境电商进口监管对比

项目	类别	
	直购进口(9610)	网购保税进口(1210)
实施范围	没有实施城市的限制,需要在符合海关规范要求的监管作业场所(场地)进行	所有自贸试验区、跨境电商综试区、进口贸易促进创新示范区、保税物流中心(B型)所在城市(及地区)及海南全岛的区域(中心)
进口要求	按个人自用进境物品监管,不执行有关商品首次进口许可批件、注册或备案要求	

续表2

项目	类别	
	直购进口(9610)	网购保税进口(1210)
正面清单	按照正面清单及备注列明适用范围管理,备注栏提示"仅限网购保税商品"的不适用	按照正面清单管理
物流方式	商品在国外打包,通过国际物流运输至国内海关监管作业场所。按照小包逐个向海关申报,海关放行后派送至消费者	以国际物流方式批量运至区域(中心),海关实施账册管理,待国内消费者下单后,再派送至消费者

表3　跨境电商出口监管对比

项目	类别		
	一般出口(9610)	跨境电商 B2B 直接出口(9710)	跨境电商出口海外仓(9810)
交易性质	B2C	B2B	
适用范围	没有城市限制,需要在符合海关规范要求的监管作业场所(场地)进行	全国海关	
申报模式	申报清单	报关单或清单(单票低于 5000 元人民币且不涉证、不涉检、不涉税的货物,可报送申报清单)	
监管方式	跨境电商综试区出口可采取 4 位 HS 编码简化申报。	优先安排查验,系统实时验放,积极响应跨境电商企业批量出口需求,降低出口成本。跨境电商综试区不涉及出口退税的,可按照 6 位 HS 编码简化申报	

　　海关对开展跨境电商业务企业进行进出口货物收发货人备案。参与企业向主管海关提出申请,并提交进出口货物收发货人备案信息,主管海关对参与企业提出的申请进行审核,对材料齐全、符合法定条件的,准予备案。进出口货物收发货人备案,应当取得市场主体资格,还应取得对外贸易经营者备案。对于跨境电商退货难问题,海关通过推广跨境电子商务零售进口退货中心仓模式,优化跨境电商零售进出口商品的退货流程予以纾困。同时,跨境电子商务企业、消费者通过跨境电子商务交易平台实现零售进出口商品交易,并根据海关要求传输相关交易电子数据。

　　跨境电子商务企业及其代理人、跨境电子商务平台企业应建立商品质量安全等风险防控机制,加强对商品质量安全以及虚假交易、二次销售等非正常交易行为的监控,并采取相应处置措施。跨境电子商务企业不得进出口涉及危害口岸公共卫生安全、生物安全、进出口食品和商品安全、侵犯知识产权的商品以及其他禁限商品,同时应当建立健全商品溯源机制并承担质量安全主体责任。鼓励跨境电子商务平台企业建立并完善进出口商品安全自律监管体系等。

上述海关监管政策,便利了跨境电商企业的相关业务开展,降低进出口成本,简化进出口流程,同时政府监管部门更加明确责任认定与实现规范管理。

三、其他监管

国家其他行政监管部门也出台了相应的政策措施。包括知识产权保护、消费者权益保护等政策。这些政策旨在规范和支持从事跨境电商的企业能够公平地参与市场交易与竞争,拓展国际市场。

（一）知识产权保护

跨境电商中知识产权尤为重要,由此而产生的纠纷也屡见不鲜,如仿冒、盗版以及责任划分等问题。跨境电商中的知识产权保护主要包括两方面:一是进口商品侵犯本国商品的专利权和商标权;二是出口商品侵犯他国商品的专利权和商标权。

知识产权作为企业发展的重要动力,增强企业竞争力的核心要素,决定了跨境电商中的知识产权保护尤其重要。相关的法律法规包括《著作权法》《专利法》《商标法》及《知识产权海关条例》等。2010 年,国务院公布了《知识产权海关保护条例》,海关应对进出口货物相关的商标专用权、著作权、专利权等实施保护。2018年,我国通过了《电子商务法》,其中第 41 条规定,"电子商务平台经营者应当建立知识产权保护规则,与知识产权权利人加强合作,依法保护知识产权"。此外,国家知识产权局在 2018 年也公布了《深化电子商务领域知识产权保护专项整治工作》,切实解决电商中的侵权假冒问题,加大重点区域整治力度,加大重点案件打击和曝光力度,加大线下源头追溯和打击力度,强化工作责任落实。此外,我国也加入知识产权国际多边条约,包括《世界知识产权组织公约》与贸易有关的知识产权协定等。

（二）消费者权益保护

2018 年我国商务部、海关总署公布了《关于完善跨境电子商务零售进口监管有关工作的通知》(468 号文),其中对跨境电商中的消费者权益保障作出了明确的规定。同时,《电子商务法》也从整体上提出了消费者保护的相关义务。

2018 年 468 号文指出跨境电商平台基础设施的提供方,承担着监督跨境电商企业履行消费者权益保障的义务,也担负着协助消费者维护自身权益的责任,也是消费者遇到纠纷时首先寻求帮助的对象。具体包括:建立消费者权益保护制度;对平台内经营者进行资格审核、公示主体信息，明确商品质量安全主体责任、消费者权益保障责任；建立消费纠纷处理和消费维权自律制度，协助消费者维护自身合法权益，并履行先行赔付责任；建立商品质量安全风险防控机制，督促跨境电商企业加强质量安全风险防控，敦促跨境电商企业做好商品召回、处理等。根据《电子商务法》和468号文的相关规定，跨境电商企业的消费者保护主要体现在：跨境电商企业承担消费者权益保障责任，包括但不限于保障人身、财产安全、商品信息披露、提供商品退换货服务、建立不合格或缺陷商品召回制度、对商品质量侵害消费者权益的赔付责任等。

四、电子商务法

《电子商务法》作为我国第一部电子商务领域综合性法律，是一部规范电子商务行为的专门法。在此背景下，跨境电商合规化将是大势所趋，政府监管、合规化必然是跨境电商发展的未来方向。

关于《电子商务法》规范的主体，《电子商务法》第2条明确了电子商务经营者的主体分为三大类，电子商务平台经营者、平台内经营者和自建网站、其他网络的经营者。关于跨境电商的主体资质及许可，《电子商务法》明确电子商务经营者应当办理市场主体登记，依法需要取得相关行政许可的，应当依法取得行政许可。经备案的跨境电子商务经营主体，才能办理对外贸易经营、报关、报检、退税和结汇主体资格的相关手续。跨境电商食品安全标准，境外在我国设立的食品进口商、代理商等，可以进行商品入境检验检疫，对进口预包装食品加贴标签，并提供相关资质材料等。根据《电子商务法》第38条的规定，直邮商品或者代购商品或者保税商品，网络交易平台提供者不能提供销售者或者服务者的真实信息，消费者可以向网络交易平台提供者要求赔偿，要求承担连带责任。同时为了保障消费者知情权等，也应当向消费者披露海外商家的真实信息。关于跨境电商数据共享，《电子商务法》第69条规定，鼓励电子商务数据开发应用，保障电子商务数据依法自由流动。国家采取措施推动建立公共数据共享机制，促进电子商务经营者依法利用公共数据。这意味着国家提倡电子商务数据商业化，电子商务数据流转、共享，从而推进跨境电商的有效监管，缩短通关时间，提高跨境电商业务效率，实现跨境电商的升级进阶发展。此外，部分跨境电商从业者还存在以次充好，假冒伪劣，逃税漏税、涉嫌走私以及不提供售后，私下交易以逃避监管等问题。《电子商务法》第26条中明确规定，无论是何种模式的跨境电商，都应当遵守进出口监督管理的法律、行政法规和国家有关规定。总的来说，《电子商务法》的出台将许多灰色地带、法外之地纳入监管范围，有助于我国跨境电商健康有序的发展。

第三节　跨境电子商务法律风险

跨境电商是发生在国际范围内的商务往来活动,必然会涉及不同国家法律法规方面,因此客观存在着一系列的法律风险。

一、税务合规风险

目前跨境电商出口企业面临的税务风险主要涉及增值税、企业所得税和个人所得税。

第一,缺少增值税进项发票导致无法正常出口收汇。按照《中华人民共和国增值税暂行条例》和税务部门的有关规定,出口环节如没有增值税进项发票,不仅不能退税,反而需缴纳13%的增值税。诸多跨境电商企业,只要是采购的无票货物,都无法正常报关出口和收汇,只能采用0110买单出口或者市场采购1039等方式解决出口通关问题。

第二,通过结汇到个人账户规避企业所得税。按照《中华人民共和国企业所得税法》的规定,居民企业应当就其来源于中国境内、境外的所得缴纳企业所得税。企业所得税的税率为25%。目前部分跨境电商为了逃避高额税负,通过第三方支付机构收汇到境内个人账户,规避企业所得税。这种做法是典型的偷税行为,未来会面临很大的税务风险。

第三,个人所得税未合规申报纳税。按照《中华人民共和国个人所得税法》的规定,居民个人从中国境内和境外取得的所得,都需要缴纳个人所得税。工资薪金等综合所得,税率为3%~45%;经营所得税率为5%~35%;其他所得税率为20%。目前很多跨境电商企业直接将收入进入个人账户,但是个人收入未按照规定申报纳税。

第四,税收征管存在重大风险。《中华人民共和国税收征收管理法》第63条规定,纳税人伪造、变造、隐匿、擅自销毁账簿、记账凭证,或者在账簿上多列支出或者不列、少列收入,或者经税务机关通知申报而拒不申报或者进行虚假的纳税申报,不缴或者少缴应纳税款的,是偷税。对纳税人偷税的,由税务机关追缴其不缴或者少缴的税款、滞纳金,并处不缴或者少缴的税款50%以上5倍以下的罚款;构成犯罪的,依法追究刑事责任。

目前,跨境电商出口企业普遍面临税务问题。账面销售额巨大,但是申报的销售数据和缴纳的税额很少,数字化交易的时代,数据累计和数据透明是基本的特点,如果没有采取一定的措施,税务风险无法释放。

二、海关监管风险

(一)申报不实引发的合规风险

如实申报是进出口企业在通关活动中的核心义务,即进出口货物收发货人的申报活动,应满足真实、准确、完整和规范的要求。当企业申报的信息与进出口货物的实际信息不一致时,如价格、归类、贸易方式、原产地、数量等涉税要素申报错误,企业就可能构成申报不实这一违反海关监管规定的行为,进而需要承担相应的行政法律责任。

(二)走私行为引发的合规风险

跨境电商渠道兴起初期,实践中常见的低报价格等走私手法难以避免地在这一新兴渠道出现,同时伪报商品编码、品名和贸易方式等具有跨境电商渠道特色的走私手法也层出不穷,前述走私手法的本质均属于"逃避海关监管,偷逃应纳税款、逃避国家有关进出境的禁止性或限制性管理",涉及走私行为的跨境电商企业将面临行政及刑事风险。需要特别提示的是,商业实践中出现的复杂情形是否构成走私,应结合真实贸易状况与申报信息的具体情况进行分析。

(三)第三方引发的合规风险

跨境电商零售商品在下单付款、数据传输、申报通关、跨境运输全流程中,涉及众多参与主体,对跨境电商企业而言,需要加强对第三方的管控,防止来源于第三方的合规风险。实践中,不乏跨境电商企业委托国际货运代理公司办理进出口环节的全部通关手续,并按照实际销售金额及相关费用支付了足额税款,但货运代理公司因在通关环节少报数量、低报价格等被海关缉私部门刑事立案,相关跨境电商企业也因此面临刑事处罚。

(四)跨境电商叠加新业态引发的合规风险

随着社交电商等新兴业态的发展,实践中也出现了跨境电商零售进口企业在营销中叠加社交电商等营销模式的情形。例如跨境电商营销中采用支付佣金的方式去获客或推广,鼓励平台已有消费者有偿向不特定的实际消费者推荐平台销售的商品。该模式下,跨境电商企业需要把握有偿推广和实质性销售的界限及防范传销风险,尤其应当关注相关推广人员为了更好地获客而可能采取囤货转售等违法行为,导致跨境电商企业面临执法。

(五)跨境电商与特殊商品叠加引发的合规风险

实践中,跨境电商企业可能会忽视国家对进出口货物的限制类或禁止类要求,进口超出《跨境电子商务零售进口商品清单》规定范围的商品,或者进出口涉及危害口岸公共卫生安全、生物安全、进出口食品和商品安全、侵犯知识产权的商品以及其他禁限类商品,从而引发执法并面临行政处罚。如果跨境电商企业为了逃避海关的监管,明知货物、物品违反了国家禁限类要求依然进出口,还可能涉嫌走私国家禁止进出口的货物、物品罪等刑事罪名。

三、知识产权侵权风险

知识产权侵权在跨境电商中是一个常见的法律风险,即在不同国家或地区电商平台出现侵犯他人专利、商标或者版权的情况。近年来,我国跨境贸易高速发展,特别是我国商业企业"走出去"步伐的加快,知识产权问题已提升到国家战略高度;跨境电商网络虚拟化、交易远程化的特点让部分商家在知识产权(尤其是商标权)问题上产生了"搭便车"的侥幸心理。如美国在《2017 年特别 301 报告》中,美国贸易代表办公室把中国、印度等 11 个国家列入"优先观察国名单",并且把中国放在了最前面。同时,很多在欧美发达国家的个别企业利用我国部分企业缺乏保护知识产权的意识,而且我国很多企业不了解欧美国家知识产权的相关法律法规,更不愿意花费一定的成本去维护自身的利益,导致我国企业经常受到国外企业在知识产权层面的法律诉讼,被诉讼的企业经济受到很大损失;知识产权已经成为外国企业制约中国企业的重要竞争手段之一。跨境电子商务领域中的知识产权具体有如下几种类型:①产品的商标受到侵权。在没有经过商标持有人的许可情况下,侵权人销售已注册商标的相关商品,或者故意向侵权人提供非法加工、生产技术或者原材料供应等的侵权行为,非法获得更高的利润,对商标权人的权益造成重大侵害。②产品专利受到侵权。未经过专利权人许可,侵权人利用专利所有人的发明专利、外观专利、结构专利、气味专利等专利项目,生产和销售侵犯专利的产品,非法牟利。③著作权侵权。未经过版权人许可,侵权人非法复制、利用、修改,或者进行传播版权人的相关著作和作品,并利用盗版的文字、音乐、动画及视频等进行非法宣传并且获得不正当利益。

随着跨境电子商务知识产权侵权案件的增加,我国企业在国际市场中的形象受到极大的损害,同时也阻碍了跨境电子商务产业的健康发展。①国内跨境电商保护知识产权的意识缺乏相对于跨境电子商务产业相比,传统的外贸一般是以大型出口企业为主,对保护知识产权的意识很强,能正确处理和应对知识产权方面的诉讼,很好的地规避和降低知识产权风险。在跨境电子商务领域,很多是中小企业,知识产权保护意识淡薄,在产品生产、销售时常伴有侵权的行为,不尊重权利人的法律利益,部分或者全部抄袭具备相关知识产权的产品,这样也会使企业在发展过程中埋下隐患。此外,面对跨国侵权诉讼不积极应诉,也会出现败诉情况,知识产权方面的纠纷已构成跨境电子商务的主要问题。②我国建设知识产权的相关法律体系落后我国改革开放以来,经济发展取得了巨大的划时代的长足进步,但是,知识产权体系的建设也较其他发达国家具有很大差距。与国际知识产权立法标准相比,有很大的差距,不仅仅是跨境电子商务知识产权法律的缺失,在产业发展和社会管理方面也非常被动。现有的知识产权立法,法律本身存在着管理杂乱,对象不清晰,部分规范之间相互矛盾,对于新问题、新事物存在法律空白。很多企业在发展过程中,无法可依,任意发展,企业自身的知识产权保护制度也没有完全建立起来,这些问题严重制约了我国企业在跨境电子商务产业的健康发展,缺少了必要的知识产权博弈的能力。

四、消费者权益保护风险

消费者权益保护是跨境电商乃至整个电子商务的核心。基于《关于完善跨境电子商务零售进口监管有关工作的通知》(商财发〔2018〕486号)对跨境电商零售进口模式的规制要求,境内代理人作为境外注册的跨境电商企业在境内委托代为通关申报主体,同时也承担跨境电商企业在境内涉及的民事连带责任,其中就包含消费者权益保护责任。由于跨境电商涉及不同国家间的交易,在消费者权益保护方面存在较大难题。消费者面临着商品质量、鉴定真伪、退换货及售后服务等各种风险和不确定性。

跨境电商平台出现大量客户投诉事件,原因之一就是从事经营的卖家消费者权益保护意识薄弱。首先,卖家对产品质量不够关注。卖家在寻找货源时一般更关注产品的价格因素,而质量方面并未过多注重,只根据价格的高低来选择产品。跨境电商平台的消费者更为注重产品的质量,而速卖通上存在大量低劣商品,导致大量消费者投诉;其次,卖家知识产权意识淡薄。销售假冒品牌产品为跨境电商平台卖家带来丰厚的利润,其最主要的原因是卖家的知识产权意识淡薄。以鞋子为例,各种运动品牌鞋的A货、高仿、精仿屡见不鲜,有些甚至可以以假乱真。在速卖通上线初期,许多卖家不顾知识产权,在平台上肆意销售各类高仿鞋;再者,卖家发布虚假或不完全商品信息。消费者网上购物获得的信息往往是商家对商品作出的描述以及一些广告信息,卖家为了吸引消费者、诱导消费者购买,而隐藏一些对商品销售不利的信息,甚至虚假描述和虚假广告。以火爆全球的"双11"来说,消费者看中商品在这一天的折扣力度,但是许多卖家先将商品价格提高,再设计好折扣力度,有些商品甚至比提价前还贵。

我国相关法律均规定了提供撮合交易的电商平台须保障消费者权益的责任,因而跨境电商平台与消费者之间存在的法律风险主要是《消费者权益保护法》《电子商务法》《关于完善跨境电子商务零售进口监管有关工作的通知》《关于跨境电子商务零售进出口商品有关监管事宜的公告》中规定的各种责任。包括:①消费者权益保护的法律风险。当消费者在平台内采购到不合格商品后,跨境电商平台不仅需要协助消费者追究跨境电商企业的售后责任,同时可能面临先行赔付消费者责任义务,这些责任均会引发跨境电商平台运营过程中与消费者之间的风险。

②个人信息收集的法律风险。消费者在选择跨境电商平台购买商品前,需要在平台内提交个人身份信息予以注册,这些个人信息跨境电商平台不得擅自收集、使用、传输或用于谋利等,否则是对消费者身份信息的一种侵犯。

五、其他法律风险

(一)电子支付法律风险

在跨境交易过程中,主权国家与相关国际电子支付法律法规之间存在差异。在交易过程中,交易双方应采取哪个国家或地区的电子支付监管法律并没有严格要求与统一界定,这种直接差异会带来贸易处理问题的潜在风险。随着"一带一路"倡议被越来越多国家接受,我国跨境支付的新问题不断涌现,如交易中的外汇管理范围以及跨境交易主体税收区域界定的法律制定问题等。同样,面临非法资金流动风险时,跨境交易的真实性和资金的合法性难以界定,不法分子使用支付机构作为资金流通渠道,开展跨境非法活动,可能会造成电子支付的法律连带风险。跨境电商业务的开展涉及传统国际贸易与电商交易模式,流程涉及资金流动、物流、海关查验、外汇管理、第三方支付等领域,因其业务繁多、流程复杂,在相应法规制定和政策完善过程中,税务部门、国家外汇管理局等政府监管机构应建立联合工作机制,建立适当的监管和服务体系,优化监管服务工作,全面、规范地对跨境支付平台进行监管,明确跨境第三方支付机构的法律地位,并对支付机构的监管责任进行合理分配,以确保机构作用明确、权责统一,从而完善规范体制。央行等金融监管部门在对第三方跨境支付行为进行监管时,应明确权责主体,协调政府、企业等多方力量进行联合监管,并承担共同责任。特别是在进行跨区域监管时形成一套监管协调机制,并建立机构信息共享机制,对交叉型业务形成有效监管。

(二)跨境电商平台的法律风险

跨境电商平台主要提供跨境电商企业订单展示、支付等行为,而跨境电商企业负责发货、退换货等,且双方之间会就该交易签订合同,这种情况下,跨境电商平台作为纯平台型企业,主要会面临如下风险:

第一,对跨境电商企业销售资质审查不严格而引起的法律风险。跨境电商平台需要承担平台内销售者身份、资质审核义务,如未尽到该义务,跨境电商平台存在被行政处罚、对消费者负责等风险。

第二,对跨境电商企业销售的商品存在瑕疵、质量不合格、或假冒伪劣等引起的法律风险。该风险主要在跨境电商企业销售商品过程中发生,一旦跨境电商平台事前、事中未注意监管,事后也未及时补救,可能届时不仅需要向消费者负责,还需要向权益受到侵犯的第三人(如知识产权权利人)负责。

第三,因跨境电商企业违约而引起的法律风险。因跨境电商平台会就跨境电商企业入驻平台销售签订一些协议,如跨境电商企业因主观或客观原因中途违约或不履行合同义务,对跨境电商平台来说也存在一定风险。

(三)跨境电商争端解决法律风险

在线纠纷解决机制不完善。跨境电商解决纠纷主要采用在线解决的方式,但是这种形式的工作机制存在工作人员专业素养参差不齐,同时相关法律法规依据不健全,再加上消费者对在线争议解决机制信任度较低,从而造成买卖双方对待处理的结果存在争议。

跨境电商是通过虚拟网络进行交易,不受国境的约束,因此其交易的行为地与履约地难以确定,而且各个国家的法律法规对跨境电商相关的管辖权也不尽相同,选择不同国家的法律体系,结果必然也会有很大的不同。主要表现在:①管辖界定难。跨境电商交易是通过虚拟网络进行,国家之间的界限很难明确区分,导致交易的地理位置难以确定,因此管辖界定难。②各国法律法规差异较大,当事人必然会选择对自己最为有利的法律依据,因此极易引起当事人对法律适用及对适用的法律效力认同等方面的争议。

第四节 跨境电子商务合规管理

跨境电商涉及多个国家之间的经贸活动,随着跨境电商合法化、规范化发展,跨境合规是无法避免的问题,而且由于跨境电商的复杂性导致从业者需要应对的合规管理必然日趋繁杂,其违规的后果和损失也将十分严重。

一、积极应对知识产权纠纷

第一,深入了解各国知识产权法律法规,树立风险防范意识,从行业、商品、竞争对手、国家等方面进行知识产权风险评估。在签订合同时,应明确各方知识产权的归属及相关违约责任,如果是代加工,则应与委托方签订相关知识产权保护协议,防止出现代工企业的知识产权纠纷;对产品包装、外观等设计素材需要规范,无论是原创还是授权都要求外观设计师、包装设计师等要能够提供相关资料等。

第二,在店铺设计中也要注意所使用的图案、照片、视频音频、文字等不得侵犯他人知识产权,推销促销等采用的文案、图片、文字等也不得侵犯他人知识产权。同时为维护自身利益,跨境电商也可以将自己的商标等知识产权进行海关备案,如若发现假冒产品即可收集证据,向相关行政部门投诉。如在德国,专利或知识产权人在海关备案后,海关可以进行仿冒产品的扣押。参加国外会展时,也应当进行事先的知识产权风险排查,如参加会展受生产商委托,在参展时就应当准备好相应的知识产权授权协议。在参展过程中,如果收到会展侵权警告信函、临时禁令、现场搜查展台等,应根据实际情况与对方积极协商沟通谈判,避免不必要的争端。

第三,大型跨境电商平台都制定了相应的知识产权保护规则,跨境电商企业应对此要熟悉并掌握,做好合规工作,避免被平台处罚。一些跨境电商企业为追寻爆款产品,往往采用低成本拷贝、模仿等方式,从而增加这些企业面临知识产权纠纷的风险,对此,跨境电商企业应强化知识产权意识,建立自我合规审查制度,提升规划知识产权能力。

第四,跨境电商在遭到侵权诉讼时,应积极应对,力争和解。一些知识产权侵权案例中,大部分企业由于诉讼费用高、流程复杂等原因而放弃应诉,其结果必然是有利于原告的判决,如果积极应诉寻求和解,则很大可能会减少不必要的损失。

二、消费者权益保护建议

消费者权益保护直接关系广大人民群众的切身利益,是社会公平正义的重要体现。良好的消费者权益保护环境有利于激发消费者的消费热情,促进内需增长,有助于规范市场主体的行为,维护公平竞争的市场秩序。

跨境电子商务中消费者权益保护合规措施,包括跨境电商经营者应当尊重和平等保护消费者合法权益,按照承诺或者与消费者约定的方式、时限向消费者交付商品或者服务;应当全面、真实、准确、及时地披露商品或者服务信息,保障消费者的知情权和选择权。

网络交易经营者发送商业性信息时,应当明示其真实身份和联系方式,并向消费者提供显著、简便、免费的拒绝继续接收的方式。消费者明确表示拒绝的,应当立即停止发送,不得更换名义后再次发送。网络交易经营者以直接捆绑或者提供多种可选项方式向消费者搭售商品或者服务的,应当以显著方式提醒消费者注意。提供多种可选项方式的,不得将搭售商品或者服务的任何选项设定为消费者默认同意,不得将消费者以往交易中选择的选项在后续独立交易中设定为消费者默认选择。网络交易经营者采取自动展期、自动续费等方式提供服务的,应当在消费者接受服务前和自动展期、自动续费等日期前五日,以显著方式提请消费者注意,由消费者自主选择;在服务期间内,应当为消费者提供显著、简便的随时取消或者变更的选项,并不得收取不合理费用。

电商平台应制定交易规则规范商家和消费者的交易行为,维护公平竞争的市场环境。同时建立投诉处理机制,及时处理消费者投诉,保障消费者合法权益。严格保护消费者个人信息,防止数据泄露和滥用。个人信息保护平台应提供清晰、易懂的隐私政策,让消费者了解个人信息如何被收集、使用和保护。隐私政策透明,特别关注儿童个人信息保护,遵循相关法律法规,确保儿童隐私权益得到有效保障。同时提供安全的支付方式,保障消费者在交易过程中的资金安全。严格把控商品质量,确保消费者购买的商品符合相关标准和规定。建立合理、便捷的退换货政策,保障消费者合法权益。

要及时受理和处理消费者投诉,建立有效的纠纷解决机制。快速、公正地解决消费者与平台的纠纷。根据消费者反馈和投诉处理结果,不断改进平台服务和运营管理,提升消费者满意度。电商平台上,消费者往往只能通过卖家提供的有限信息作出购买决策,这可能导致虚假宣传或误导性信息。由于缺乏面对面的交流和检查,消费者难以判断商品的真实质量,可能遭遇低劣或不合格产品。一些电商平台上的卖家可能不提供或提供有限的售后服务,导致消费者在遇到问题时难以维权。电商交易涉及资金安全,如果平台在支付环节存在漏洞,可能导致消费者的财产损失。电商平台应采取有效的技术手段和安全措施,确保消费者的支付安全。监管平台应建立完善的售后服务体系,确保消费者的权益得到保障。卖家要提供全面、真实的产品信息,并对虚假宣传进行严厉打击。政府应制定严格的电商法规,明确平台和卖家的责任和义务,设立卖家准入门槛,确保卖家具备一定的资质和信誉。

三、税务合规措施

第一,利用 RCEP 政策①合理税收筹划。RCEP 在 2022 年 1 月正式生效,成员国之间将实行优惠关税待遇,零关税产品数量与比例将大幅升高,同时 RCEP 积极推动无纸化贸易、暂免关税等,更有利于线上营商,跨境电商可以充分利用 RCEP 合理规划税收。

第二,增强跨境电商企业税务合规意识。我国《税收征收管理法》《电子商务法》等法律规定,跨境电商企业要依法履行纳税义务,避免因偷逃税而造成企业面临重大的税务风险。为减轻企业负担,促进出口发展,跨境电商企业的应税所得率统一为 4% 执行,同时还规定还可以申请小微企业所得税优惠政策。

第三,重视跨境电商企业资金流的合规。资金流与税务合规紧密相关,资金流合规主要关注三个方面:一是防范货物出口未正式报关,买单出口违法的涉税风险;二是加强账户管理,理清账户用途,梳理账户关系,实时监控账户资金流动情况,便于税务稽查;三是建立资金信息系统,资金预算与支出有机结合,设置资金预算对支付的管控能力,通过资金监管避免出口退税和偷逃税款等法律风险。

第四,完善跨境电商平台数据报送。跨境电商交易具有交易额小,交易量大的特点,因此海关采用的是"清单查验放行,汇总申报"的方式进行抽查,海关实际上

---

① RCEP 政策是指《区域全面经济伙伴关系协定》(*Regional Comprehensive Economic Partnership*)的相关措施。RCEP 由东盟十国发起,邀请中国、日本、韩国、澳大利亚、新西兰共同参加,通过削减关税及非关税壁垒,建立 15 国统一市场的自由贸易协定。

很难准确判断进出口适用税率以及货物的真实情况。因此,跨境电商经营者若及时履行数据报送义务,税务机关可以通过数据分析进行纳税评估,可以有效地开展税收征缴,实现"以数控税"的目标。

四、跨境电商合规培训

培育跨境电商商家合规经营意识,建立跨境电商合规人才培育体系,创新跨境电商合规人才培育模式。首先,通过政府引导与支持,整合高校、研究所、行业协会、企业等多方资源,成立跨境电商合规专业学院,组建跨境电商合规教师队伍,开设跨境电商合规相关课程,举办跨境电商合规竞赛,开展校企合作实践实训课程。其次,开展针对性培训。按照不同发展阶段跨境电商企业遇到的不同问题,举办跨境电商合规专场培训,拓展多种形式交流。积极开展与其他国家之间的跨境电商合规沟通与协调,建立健全多边或双边跨境电商合规交流合作机制。

加强跨境电商合规国际合作,组织召开多边或双边跨境电商合规会议、论坛等国际交流活动,推动国际执法合作。由于跨境电商涉及众多主体、环节,需要政府、行业协会、平台及交易者等多方协同治理。一是加强顶层政策设计,推进各相关监管部门协作执法,推动跨境专项治理行动,加强专项执法力度,营造良好的网络营商环境。二是建立跨平台防范打击机制,通过执法部门、平台和企业间的信息分享和深度合作,形成更广泛的行业联盟,充分调动跨境电商各环节的监管力量,形成合力共同治理网络营商环境。三是推动各国政府、行业协会、企业协同监管,建立完善的跨国家和跨区域合作机制,推进对话合作,打通沟通渠道,加强信息交流,开展线上线下调查,加强跨境执法协作,遏制跨国家和跨平台的违法行为。四是加大政府和行业协会对跨境电商出口企业的支持力度,鼓励企业全面提升质量管理能力,促进企业与专业机构、专家的交流互动。

五、海关监管合规建议

第一,海关合规事项整体上比较复杂,为此应建立一套完善的合规机制,包括商品归类、价格申报、文件存档、应对危机等。各类跨境电商企业在发现合规风险或收到海关监管的通知时,要做到提前预防,及时沟通,从而有助于取得海关认可,为尽快化解风险创造条件。

第二,要组建专业的合规团队,聘请法律专家。当前我国一些行政部门诸如商务部、海关总署、税务总局等对跨境电商陆续出台了相关的政策制度,这些为跨境电商企业提供了明确的指引,但对于企业面临的风险问题很少涉及,因此企业应及时组建专家团队处理海关合规业务,有效控制报关通关风险,保障跨境业务的顺利发展。

第三,完善消费者信息。跨境电商平台防范通过"刷单"①的方式进行走私是合规的重点,因此应建立监控体系,对消费者信息如姓名、身份信息、地址等进行筛查比对,防止出现同样地址、同样支付账户、同一购买者交易异常行为。及时采取固定证据,个案审查等方式进行管理,与合规专家、海关进行沟通,化解海关监管风险。

第四,跨境电商企业应提前让法律介入。按照提前预防、及时沟通的原则,与法律专家和合规团队进行沟通,法律早介入早处理,尽量事先预防风险给企业带来不利影响。跨境电商前期主动配合海关缉私,可以帮助企业减轻相应的责任,甚至还可能获得不起诉的处理。

六、其他合规建议

(一)跨境电商支付合规

跨境支付在不同国家或地区有不同的合规要求,比如反洗钱、反恐怖、反融资和隐私保护等,跨境支付系统受到各国际组织与国家监管部门的监管与规范,如国际货币基金组织(IMF)、金融稳定委员会(FSB)和各国央行等,跨境电商从业者要满足各项法律法规,确保合规运营。

跨境电商资金收付业务,与国内相比,涉及更多更复杂的监管法律法规,包括《中华人民共和国反洗钱法》《中华人民共和国外汇管理条例》《货物贸易外汇管理指引》等。因此,跨境电商企业应选择具有《支付业务许可证》的合格第三方支付机构进行资金收付和结售汇,并确保资金收付和结售汇行为符合《支付机构跨境电子商务外汇支付业务试点指导意见》等法律法规的要求,并严格遵守国家在外汇管理方面的其他法律法规,以实现合法合规经营。数字人民币、税务大数据广泛应用,以及银行监管趋严的环境下,提高了对跨境电商资金收付合规要求,跨境电商企业应给予充分的重视。

(二)跨境电商平台合规

第一,跨境电商平台要明确市场参与者应遵守的法律规范与权利义务,并将交易规则与服务协议进行公示,起到从源头禁止卖家违法行为的发生,从而避免因卖家违法而承担连带责任。

第二,跨境电商平台要建立健全自我监督机制,合规披露信息,保障消费者知情权与选择权,防止出现电商通过虚假宣传、欺骗、误导等方式侵害消费者的合法权益。因此,电商平台应定期采取抽查方式加强对平台经营者的监管,确保平台内

---

① "刷单"走私指通过非法形式利用个人购买额度,以伪造单证等方式,将应当以一般贸易进口的货物拆分、伪报成跨境电商零售进口商品走私入境,以享受跨境电商零售进口商品的优惠税率。

经营者的合规经营。跨境电商平台监管的内容主要包括:一是对平台从业经营者的身份信息、住处地址、行政许可等事项进行定期审核,及时更新档案,避免出现人证不符、查无此人等问题,降低由此产生的法律责任;二是针对关系消费者切身利益、身心健康与安全等平台内的商品或服务,进行重点监控,并定期进行严格查验;三是要建立快速的问题处理、危机应对机制,对那些问题商品要及时下架、删除,及时采取网站公告预警、改进产品安全优化设计等安全保障义务,避免不良影响及后果的发生。

(三)跨境电商争端解决

跨境电商涉及国与国之间的商务活动,由于各国法律法规、文化习俗、政治经济、商业模式等存在差异性与多样性,跨境电商必然会面对各种争端与纠纷,为有效解决争端,降低风险,应建立一套行之有效的争端解决机制。

第一,跨境电商涉及多个国家的法律法规与商业规则,争端的解决应由双方均认可的具备国际贸易法律知识和相关领域的专家组成,确保公正客观解决争端,打消双方互不信任的顾虑;其次,跨境电商争端解决机制应建立高效的工作流程,争端的解决具有较强的时效性,首选线上调解,通过互联网技术,快速为各方提供高效解决方案,减少双方的时间和经济成本,提高双方的满意度。

第二,跨境电商争端解决需要注意信息保护,特别是个人隐私保护,在争端解决中,双方可能会提供大量的个人和交易信息,因此要建立严格的信息保护制度保障双方合法权益,确保相关信息不能泄露给其他人或机构,避免对当事人造成额外的损失或伤害。同时,跨境电商争端解决应注重公平、公正原则,确保双方都能得到平等对待,可以选择独立、公正的仲裁机构来保障解决方案能够被双方所信服和认可。

第五节　典型案例分析

一、合规管理免于"推单"①起诉

2022年,广州人民检察院对一家涉嫌"推单"的跨境电商企业作出不起诉的决定。该案是我国首个因"推单"涉嫌走私的跨境电商企业获得合规不起诉的案例。涉案企业是一家拥有多项发明专利、注册商标的跨境电商企业,该企业通过"推

---

① "推单"是指境内消费者在未与海关联网的电商平台下单网购境外商品,相关订单信息向与海关联网的跨境电商平台进行推送,同时匹配支付、物流信息,经"三单比对"通过跨境电商零售进口。

单"方式将其不同平台成交的商品伪造成在境内跨境电商平台上交易的商品向海关申报,涉嫌构成走私货物罪。

通过对涉案企业开展合规监督评估,对该企业合规计划、组织架构、合规制度等建设情况的审查,发现该企业能够按照合规制度开展多笔进出口业务,并顺利完成整改。而且在回访中发现,涉案企业在考察结束后能继续按照合规制度开展合规工作,最终,广州市检对该企业及负责人做出了不起诉的决定。

二、跨境电商"刷单"扰乱市场交易秩序

刷单行为在网络黑灰产业链犯罪中扮演着重要的角色。《电子商务法》针对"刷单"行为明确进行规制,各类线上平台也建立了相应的惩处机制。2023 年 10 月,知名跨境电商平台亚马逊公布了几起在中国境内打击"刷单炒信"行为的案例。案例显示,数名为亚马逊卖家提供"刷单炒信"服务或从事"跨境售假"的人员被追究刑事责任。在一起福建省厦门市法院审理的"刷单炒信"案件中,两名被告人利用第三方信息平台以群发广告等方式招揽"客户",通过自己注册的买家账号对其"客户"指定的亚马逊上的商品作出好评或差评,从而提升指定商品在商城的排名或降低竞争对手的商品排名牟取非法利益。目前,厦门市法院已对这两名被告人判处有期徒刑 2 年 6 个月,缓刑 3 年。

2017 年 1 月至 9 月,境外电商国内代理人 A 公司进口奶粉存放保税仓,同时通过线上网店、线下门店接受境内客户订单,A 公司将奶粉价格大幅下调了 30%,通过与跨境电商平台 B 公司合谋,由其向海关推送订单信息。B 公司通过支付公司支付、虚拟支付等方式完成网上支付,"三单比对"后向海关以跨境电商贸易方式申报进口并代缴税款。货物放行后,快递公司按订单上的地址派送。经查,A 公司将相关境外奶粉先国内预售再电商进口,在进口环节与跨境电商平台等勾结,采取低报价格、虚报伪报进出口贸易等方式"刷单"走私,案值 7000 万元,偷逃税款约 800 万元。

2018 年 12 月 13 日,广州海关通报了通过跨境电商方式走私的典型案例,涉案金额高达人民币 1.68 亿元。在 2017—2018 年,广东某供应链公司与一家跨境电商公司合谋,盗用大量公民身份信息,通过假"三单"创建虚假订单,利用个人订购信息向海关申报进口奶粉 62 万罐,利用跨境电商零售进口关税税收优惠政策赚取差额。

根据相关规定,跨境电商进口商品可以享受到更低的税率,但前提是必须用于境内个人自用的商品。另外,跨境电商零售进口有单次交易和年度交易额限值,单次进口商品超过限值且不可分割的、年度进口超过限值的部分都要按照一般贸易进口来征税。因此,一些不法分子为了逃避缴税牟取暴利,利用网购保税进口跨境电商模式,将本应按照一般贸易方式纳税的伪装成跨境电商名义,化整为零走私进

口非法享受低税率的优惠。这将被海关认定为构成申报不实甚至伪报贸易方式走私,在境内流通过程中将被市监局视为存在虚假交易或虚假宣传等不正当竞争行为。

三、个人信息保护力度加强

近年来,世界各国愈加重视个人信息保护,相关立法陆续出台,执法力度也越来越强。2023 年 5 月,爱尔兰数据保护委员会宣布对 Meta Platforms Ireland 采取执法行动,对其处以 12 亿欧元罚款。这笔罚款打破了 2021 年美国电商平台亚马逊因违反 GDPR 规定被处罚款 7.46 亿欧元的记录。此外,北美电商平台 Shopify 未能保护用户的个人信息,包括全名、电子邮件地址、电话号码和邮政地址,或导致信息落入黑客之手,导致多位的用户对 Shopify 及其支付供应商 Ledger 提起了集体诉讼。

跨境电商交易平台随着用户数量的增多和交易活跃度提高,必然会产生大量的数据。用户在注册、支付环节会提供个人资料、银行卡号等个人信息或敏感个人信息,平台在提供物流、报关等环节也会共享数据给第三方,并且跨境交易还会存在数据跨境传输行为。在跨境电商交易的商业链条上,每一环节都伴随着数据流,如果出现数据泄露或违规处理用户数据,缺乏识别数据合规风险的能力和数据泄露快速响应机制,将可能面临高额的处罚。明确数据保护责任、加强网络安全与数据保护、防止数据泄露成为跨境电商企业合规的重点内容。

四、知识产权侵权屡遭诉讼

商标、著作、专利等侵权纠纷是最常见的类别,也是跨境电商诉讼的重灾区。《2022 年中国企业在美知识产权纠纷调查报告》显示,中国企业在美知识产权诉讼新立案 986 起,涉及跨境电商新立案 559 起,占总数的 56.69%。2022 年美国玩具公司凯利玩具(Kelly Toys)在美国联邦法院起诉了阿里巴巴平台上近 100 家电商企业销售侵权,日本丰田汽车在美国伊利诺伊联邦法院发起了 21 起对跨境电商企业商标侵权的诉讼;SHEIN 公司在英国伦敦高等法院和美国联邦法院起诉 TEMU 的著作权侵权,2024 年 2 月,英国伦敦高等法院、美国联邦法院先后发布禁止 TEMU 侵权行为的禁令;专利侵权,特别是外观设计抄袭也是屡见不鲜,近期,深圳某公司就一款投影灯的外观设计对亚马逊、eBay、wish 等多个跨境电商平台发起诉讼。在美国伊利诺伊州,一家美国律所针对中国跨境电商企业知识产权侵权发起了近 250 件诉讼,导致关闭了 2.2 万个卖家账户和近 6000 个网站。一旦涉及知识产权纠纷,和解是最好的处理结果,但是我国大多数电商企业往往因为缺席审判最终被封禁店铺或冻结账户,付出了高昂的代价。

第十一章

行政监管法律风险与企业合规

党的二十大报告提出要"完善中国特色现代企业制度",企业合规作为一种有效的公司治理方式,有助于企业预防风险。2020 年 12 月 7 日,中共中央在 2020—2025 年的《法治社会建设实施纲要》中提出,引导企业树立合规意识、合法经营的观念。企业在经营过程中也承担着一定的社会责任,促进企业合规意识的树立,已成为法治社会建设的重要内容。政府作为企业行为的监管主体,传统的监管模式主要为事后对违法行为进行行政处罚,而行政处罚的作出需要花费人力和财力成本,且不符合服务型政府的理念,随着企业数量的增加,社会多样化的发展,行政监管任务日趋繁重,而行政资源却具有有限性,传统监管模式难以发挥社会效果的最大化。这就要求政府在行政监管过程中,转变行政管理手段,对企业违反行政规定的风险进行提前预防。行政合规通过将企业合规与行政责任"挂钩"等行政手段或强制或指引或激励企业进行合规建设,铲除企业违法土壤,敦促企业依法依规经营,减少企业违法频率,降低被行政处罚的法律风险。

第一节　行政监管与企业行政合规

一、行政监管的原则

行政监管与市场经济的协同发展已成为时代的必然趋势,单纯依赖行政权力对市场主体进行干预已不再适用,这促使了行政监管的应运而生。行政监管的核心在于实现行政权的公共职能,即通过适当行使行政权来维护市场秩序,保障公共利益。

（一）依法监管原则

依法监管,作为行政监管的核心原则,要求监管行为严格遵守法律规定。鉴于行政监管的本质是行政机关履行其职责,依法监管成为依法行政不可或缺的组成部分,为实现依法监管,首要条件是具备完善的法律规范,明确规定监管的目的、内容和程序,这些规范的完备性直接关系到监管行为的合法性。在企业合规行政监管领域,目前中央层面存在两类法律规范:一是基础性行政法律规范,二是专门针对企业合规的监管规范及含有合规条款的法律规范。

依法监管的核心在于法律对监管权的制约,监管部门不得擅自扩大监管范围,亦不得将监管权力委托给第三方。此外,针对企业是否应承担合规管理强制义务,监管中应有所区分。同时,鉴于不同监管部门间存在职能重叠,应在推进职能协同高效的背景下明确监管权限,统一企业合规认证和评估工作,避免对同一事项设置不同标准和重复检查,确保行政监管的一致性。

（二）公正监管原则

公正监管是行政程序正当性在监管实践中的具体体现,要求监管部门在行使职权时,必须确保监管流程的公正性、透明度和效率,所有行政决策都应接受社会的广泛监督。① 现代法治体系对行政程序的正当性提出了更高要求,主要体现在行政权力的运行过程必须符合公正、公开和有效参与的原则。

在企业合规行政监管中,公正监管原则具体包括以下要求:首先,监管部门应在事前发布合规指引和认证标准,明确告知企业合规管理的监管要求,当企业出现违规行为时,执法调查必须遵循法定程序,并确保所有认定结果和处罚措施都有充分的证据支持。其次,监管部门应及时公开所有合规指导书、评估结果以及承诺认可协议等监管决策,提高监管流程的透明度,并接受社会监督。此外,应鼓励企业的有效参与,确保企业能够参与监管过程,对合规管理中的不确定问题进行解答,并允许企业提交内部调查报告进行自我陈述,同时与当事人就监管事项进行必要的沟通和协商。最后,鉴于监管职能的高效性要求,监管部门应提高监管效率。在法律规定有明确时间要求的情况下,必须严格在规定期限内完成监管工作,并简化监管程序,以确保行政权力的高效行使。

（三）分类监管原则

分类监管原则源于企业合规管理的特性,是企业内部治理体系的核心构成。鉴于不同规模的企业在治理结构上存在差异,且各经营领域的企业所面临的违规风险也各不相同,监管部门应依据企业的规模大小和所属行业进行分类监管。

从规模上看,企业可划分为大型和中小型企业。大型企业因规模庞大,内部职

---

① 周飞宇:《企业合规行政监管法律问题研究》,安徽财经大学法学硕士论文,2023 年,第 13 页。

能分工明确,管理流程成熟,故有能力设立专门的合规部门,并投入相应的资源和资金进行日常合规管理。然而,大型企业在经营过程中面临的违规风险也更为广泛,特别是需重点防范垄断和不正当竞争等风险。因此,监管部门在监管工作中应对大型企业提出更高的合规要求。

由于企业的经营领域不同,所面临的违规风险也各有特点。例如,互联网企业主要面临数据违规风险,而金融企业则主要面临金融违规风险。尽管合规管理体系的基本构成相似,包括书面合规文件、组织机构、培训方案等,但各企业仍须结合自身特点设计具体内容,并遵守相应的监管规范。针对这种情况,监管部门应在协调联动机制下,针对不同类型的企业行使具体的监管职权,提供差异化的合规指导。在个案处理中,监管部门还应向违规企业提出针对性的整改要求,以确保企业合规管理的高效。

(四)宽严相济原则

企业合规行政监管的核心目标在于推动企业实现有效的自我监管。这一目标的实现,既需要刚性手段的规范与约束,也需要柔性手段的引导与激励。刚性手段是确保行政监管顺利进行的基石,通过其强大的威慑力,确保企业在关键领域建立起合规管理体系,并定期进行合规审查,这种强制性要求不仅提供了外部监管的约束力,也保护了合规企业的正当权益。同时,监管部门须严厉打击后果严重的违规行为,并对重复违规和虚假合规行为予以严惩,以彰显法律的严肃性。

然而,法律治理的理想状态是通过法律法规激发社会主体的自觉遵守意识,因此,监管部门应灵活运用非强制性手段,将企业合规纳入减轻或免除处罚的考量范畴,这一做法在学术界被称为企业合规行政监管激励机制。实际上,多数企业违规行为是由内部员工实施的,企业因未尽到管理义务并从中获利而承担相应责任。若企业能按照监管要求实施有效的合规管理,积极履行预防职责,则可在一定程度上免除其法律责任,这也构成了合规宽大处理的法理基础。

在具体的监管实践中,强制合规、违规信息公开及违规制裁等体现了刚性监管的特点;而合规指引、合规宽大处理以及行政执法当事人承诺制度等则展现了柔性监管的优势。这种刚柔并济的监管策略,有助于在维护法律秩序的同时,激发企业的合规意识,促进企业的健康发展。

二、行政监管的内容

企业合规与监管执法在目标层面上是一致的,都是为了预防企业违法行为的滋生。过去,监管体系对企业行为的监督主要依赖于惩罚性措施,尽管这些措施在维护社会秩序和确保法律权威方面发挥着不可替代的作用,但它们通常在违法行为已造成实质性损害后才得以实施,这不可避免地导致了"监管滞后"和"监管疲软"的现象。因此,为了更有效地遏制企业违法行为的发生,必须加强预防性监管,以实现对企业行为的早期预警和及时干预。

行政监管的内容是关于监管主体对什么进行监管的问题,监管主体是指拥有行政执法权力的监管部门,监管部门在不同的监管领域会有所差异,可以是市监、证监、环保和网信等执法部门。根据违规行为发生的时间和监管部门作出处罚决定的时间,可以将监管阶段划分为事前、事中和事后三个阶段,每个监管阶段具有不同的监管内容。

（一）事前监管阶段

在企业的合规管理初期,尚未出现违规行为时,合规计划的制定及其执行过程便成为监管的核心内容。监管部门首先关注的是企业是否遵循合规指引,制定出合规计划,这是企业合规管理的起始点。其次,监管部门会对合规计划的内容进行细致审查,评估其"针对性"和"科学性"。合规计划应紧密围绕企业实际面临的违规风险进行制定,而非空洞无物或华而不实的文字堆砌。因此,监管部门会判断合规计划是否与企业的经营范围、规模大小和组织架构相匹配,是否能随着企业的发展变化而适时更新。

在满足上述要求后,合规计划的实际执行过程将成为监管的重中之重。监管部门将对企业的合规管理体系进行全面审查,但对合规管理实际执行情况的监管往往面临一定的挑战,因为这涉及企业的内部管理事务,可能存在企业故意隐瞒或篡改事实的情况,从而影响监管的有效性。综合来看,企业是否具备真实的"合规意愿"是事前监管的关键所在,那些经过监管评估并达标的企业将获得合规认证,从而在市场竞争中占据更有利的位置。

（二）事中监管阶段

在违规事件已经发生的情况下,监管的焦点转向企业如何应对已暴露的违规行为。此阶段的监管内容与执法调查关系密切,监管部门将依据企业所采取的补救措施来决定最终的处罚力度。企业的补救措施可分为内部和外部两种。内部补救主要是深入分析违规原因及明确责任人员等内部调查行动;外部补救则包含公开违规信息、赔偿受损方及消除不良影响等对外应对措施。

在建立了合规管理体系的企业中,违规行为的发生通常源于两大因素。一是合规管理体系本身可能存在缺陷或漏洞,这为违规行为提供了可乘之机。二是企业内部员工对合规管理规范的漠视。违规行为的根源不同,监管的内容和重点也会有所不同。监管部门通常会要求违规企业提交内部调查报告,报告需详细记录违规事实的具体情况,以及企业为纠正错误所采取的补救措施。这份报告实质上是企业对内部违规行为的自我揭露和反思。这种自我揭露的过程,实际上是对企业对待违规行为态度的考验。如果企业能够积极配合监管部门的调查,主动承担责任,并努力将违规行为所带来的负面影响降到最低,那么在行政处罚上,该企业有可能会得到更为宽容的处理。

（三）事后监管阶段

监管部门在作出处罚决定后，其后续监管的重点将转向企业如何落实合规整改以及执行处罚决定的实际情况，换言之，监管部门将关注违规企业是否根据事中监管所制定的方案，有效地完善其合规管理体系。合规整改的目的在于针对企业违规的根源，修补合规管理体系中的漏洞，并在原有基础上进一步强化防控机制，确保未来不再发生类似的违规行为。与事前监管相比，这一阶段的监管工作更具针对性，因为此阶段的违规风险是具体的，且已经给企业带来了实际的损失。

合规整改并非一蹴而就的过程，通常会设定一个评估期，由监管部门对整改的效果进行综合评估。再次，企业对于处罚决定的执行情况，不仅体现了其是否积极承担法律责任，更与企业的"合规意愿"紧密相连，因此也成为监管工作的重要组成部分。

三、中小电商企业行政合规的必要性

（一）传统行政执法模式存在监管局限性

传统的行政监管理念，根植于高权行政的土壤，它强调行政机关在执法过程中运用强制手段来"制服"被监管对象，将自身的意志强加于被监管主体之上，从而削弱了被监管对象的主体性。[①] 然而，随着现代社会行政任务的日益扩大，这种高权行政执法模式已经难以应对有限的行政监管资源与不断增长的监管需求之间的矛盾。它与现代行政所追求的民主法治原则背道而驰，阻碍了服务型政府的建设进程。服务型行政理念要求淡化政府行政行为的权力色彩，强化公众的民主参与，倾听群众的诉求。

在传统的高权监管模式下，行政机关作为单一的监管主体，难以适应当前日益复杂的监管要求，难以实现对专业领域的有效监管。此外，过度依赖严厉的行政处罚作为监管手段，虽然在一定历史阶段可能发挥了作用，但随着民主权利意识的觉醒，片面的惩罚有时只会引发被监管对象的反抗，反而达不到预期的监管效果。这种高权式的行政监管模式总体上强调外在监管，并以严厉的处罚来威慑相关企业。然而，传统的监管方式在现实中暴露出一些问题，例如一些行政监管部门动辄对企业处以巨额罚款，责令其停止违法违规行为。然而，罚款责任只能消极地体现企业违法犯罪的后果，对于改进企业合规体系的缺陷并无实质性帮助，对企业的违法行为的抑制作用也有限。

必须明确的是，处罚并非行政行为的最终目的，而是实现目的的手段。行政机关通过处罚等行政行为，旨在惩罚违法企业，防止其再次违法，并警示其他企业要

---

① 吴燕清：《企业行政合规的实现路径研究》，东南大学法律硕士论文，2022 年，第 13 页。

勤勉守法,这样,才能实现有效管理社会、保护公共利益的目的。在现代社会,行政处罚被赋予了新的时代使命,其目的并非将企业推向绝境,而是旨在纠正企业的违法违规行为,引导企业回归合规经营,确保企业的长期稳定发展。

(二)降低违法风险,维护公共效益的需要

强化对企业的行政监管和内部管理,是预防企业违规行为的根本之道。刑罚,如同法律之河的最后一道防线,而行政处罚则是其前沿阵地,人们对刑罚的畏惧,源于对其后果的无法承受,然而,行政合规的魅力在于,它能在行政处罚这道防线之前,就有效地阻止违法行为的蔓延,从而确保刑罚防线的坚不可摧。

行政处罚的"水波效应"意味着对违法企业的处罚可能波及无辜的第三方。① 而企业行政合规,通过融入法治思维,改善内部管理,化解合规风险,避免这种"水波效应",确保企业的健康发展,进而推动社会的高质量发展。

相较于严厉的处罚,如剥夺企业准入资格、特许经营等,行政合规以柔和的方式给予企业改过自新的机会,这不仅有助于塑造政府的正面形象,更是对社会利益的维护。通过行政合规,企业能够存续并改正错误,依法依规经营,维护市场稳定,防止员工失业。相比之下,直接严厉处罚虽能震慑,但可能引发社会动荡、员工下岗等社会问题。因此,行政合规在维护社会利益,尤其是对经济建设有重大影响的企业,具有更为显著的作用。

(三)促进政府法治化,防止过度干预经济的需要

习近平法治思想中提到,要坚持依法治国、依法执政、依法行政,共同推进法治国家、法治政府、法治社会一体建设。其中,法治政府建设是重点任务和主体工程,用法治给行政权力定规矩、划界限,规范行政决策程序,加快转变政府职能。在我国,行政机关尤其是政府经济发展部门,对于经济的干预和调整是客观存在的,为了规范行政机关过度干预微观经济,我国在经济法领域不断发展,通过完善相关经济法律法规,对行政机关的过度干预和错误干预进行有效规制,避免政府替代市场、出现"越位"和"错位",以促进市场经济健康发展。②

企业行政合规具有行政法和经济法的双重性质,作为一种新的管理模式,必然伴随着行政机关对微观企业的干预和影响,在我国企业尤其是民营企业普遍面临法律风险的情况下,为了防止这种干预和影响损害企业生产经营和市场运行,开展企业合规制度十分必要。

(四)企业行政合规相较刑事合规更具有合理性和可操作性

企业行政合规相较于刑事合规,具有显著的"事先防控"优势。考虑到我国经

---

① 吴燕清:《企业行政合规的实现路径研究》,东南大学法律硕士论文,2022年,第14页。
② 范新凯:《论企业行政合规的完善》,广西师范大学法律硕士论文,2023年,第12页。

济的实际情况,构建和完善企业行政合规体系不仅具有现实意义,而且更具可操作性。对于企业而言,实施"事前合规"机制能够积极响应行政机关的合规监管,从而增强风险防控能力,最终提升企业的治理效率和竞争力。对于行政机关而言,通过实施企业行政合规制度,不仅有助于推动法治政府和服务型政府的建设,还能加强执法能力和经济调控能力。

企业合规涉及多个行业和领域,具有高度的专业性,由于技术和专业性的限制,检察院在推进刑事合规工作时,难以全面了解和应对相关要求。[①] 因此,在认定企业是否达到合规条件以及后续合规整改是否合格时,仍需依赖相关行政监管部门的权威认定,否则检察机关将不可避免地突破其职权延伸的范围,并提高企业合规的成本。

我国拥有众多的行政监管部门,涵盖税务、市场监管、安全生产、知识产权、环境污染、劳动保障、工程质量等多个领域,这些部门在职权和技术上都能够保障企业合规工作的顺利进行。因此,由国家行政监管部门主动建立并实施企业行政合规措施,将显著降低企业的相关成本。除了上述监管部门,我国各级政府还设有负责商务、经济发展改革和统计等部门,这些部门的主要职责包括促进辖区内企业的发展和统计经济指标等工作,为企业合规的后续实施奠定了坚实的基础。

第二节　中小电子商务企业行政合规机制

一、企业行政合规机制的核心:激励机制

由企业行政合规运作机制来看,激励机制是企业行政合规中行政机关和企业之间建构合作关系的基础。这种激励的特征具体表现为:其一,强调自我规制[②]。即在行政合规下,强调通过诱导或强制的方式推动企业建立合规管理体系,并通过该内部机制实现自我监管,强化企业在管理活动中的自主管理、自我纠正、主动遵从意愿。其二,构建激励机制。即通过正反双向激励机制,引导企业建立和维护合规管理体系,从片面强制威慑转向激励制约相容。正向激励是指企业建立合规管理体系并妥善执行后,给予相应的"优惠",激励企业主动建立和完善合规体系;反向制约是指不建立合规管理体系或者不妥善执行合规管理体系则面临不利后果。其三,柔性治理为主。即行政机关以行政指导、行政协议、行政奖励、裁量基准等

---

① 范新凯:《论企业行政合规的完善》,广西师范大学法律硕士论文,2023 年,第 11 页。
② 周佑勇:《企业行政合规的制度定位及其构建路径》,《比较法研究》2024 年 4 月,第 9 页。

"软法"措施和柔性治理措施为主,关注行政机关与企业的沟通互动。在强调尊重企业自主权的同时,通过协商和民主的方式,激发企业履行社会责任和守法义务的积极性。

基于行政合规中的激励机制,企业行政合规机制主要包括行政合规指引制度、行政合规的宽大处罚制度和行政和解制度。

二、行政合规指引制度

当前实践中,发布合规指引或合规指南是行政监管机关开展企业行政合规的主要方式之一。通过发布企业行政合规指南或企业行政合规清单,可以为企业提供系统性行政指导,帮助企业快速准确判断哪些是生产经营过程中可能发生的违法违规行为和主要风险点,让企业从"不知道如何判断是否违法违规"到"懂得判断并知道如何改进和避免违法违规行为的发生";方便企业"对号入座"查找问题,通过查阅、运用合规指南,企业能够快速找到自身问题,根据自身生产经营状况,对内部管理进行自我优化、自我监督、自我堵漏,避免因违法违规行为受到行政处罚而产生不必要的经营成本。

(一)企业合规指引分类

从宏观层面看,行政机关通过发布合规指引,对于企业及时识别经营过程中的潜在风险至关重要。根据所针对的合规风险的不同特性和范围,合规指引可分为综合性合规指引和专门性合规指引两大类。

综合性合规指引旨在为企业提供全局性的合规体系构建指导,它确立了合规的基本原则、管理职责、合规重点,以及合规管理运行机制和保障机制。[1] 然而,其过于宽泛的特点使得它在指导企业专项合规体系建设时难以发挥预期效果。此外,综合性合规指引详细列举了企业的重点合规领域、重点合规风险,容易对企业产生误导,将指引所列举的数十项合规风险作为合规防范的对象,"眉毛胡子一把抓",并不能有效地针对性地防范经营过程中遇到的合规风险。

相比之下,专门性合规指引则能在一定程度上弥补综合性合规指引的不足。它针对企业的具体风险进行提示,更具针对性,且更贴合企业的经营范围和具体业务特点。通过细化不同领域应防范的具体风险,专门性合规指引能够将指导作用落到实处。

(二)行政合规指引实践

2021 年 11 月 29 日,苏州市发布首批"企业行政合规指导清单",34 个市级行政执法部门制定的 527 条事项和 10 个县(市、区)制定的 2447 条事项,共计

---

[1]　吴燕清:《企业行政合规的实现路径研究》,东南大学,法律硕士毕业论文 2022 年,第 30 页。

2974 条事项纳入清单内容。该清单是典型的专项合规指引,各行政监管部门从监管领域入手,聚焦实践中易受高额处罚的违法行为。清单明确了行政合规事项、常见违法表现、风险等级、法律依据以及具体的合规建议等,为企业提供了清晰、实用的合规指南。通过参考这一清单,企业能够迅速了解行政合规风险,掌握行业法律依据。这是全国范围内首份涵盖市县两级多领域的企业行政合规指导清单,通过将行政指导融入涉企行政执法中,引导企业排查风险,指导企业合规经营。此后,全国各地相继发布类似合规指引。

合规指引在推动企业合规建设方面扮演着至关重要的角色,它不仅为企业在决策时提供了明确的指导,而且在企业发生违规行为后,也为其建立合规机制提供了方向。然而,企业在实际操作中常常面临对法律法规认知不足的问题,即所谓的"法盲"现象。这种现象的产生主要源于以下三个方面的原因:首先,行政法的立法模式呈现出分散性特点,禁止性规则分散在多个部门法中,而各个规范性文件所规定的禁止性规则也不尽相同。① 这种复杂性和多样性导致企业难以事先全面了解和掌握所有相关的禁止性规则。其次,并非所有企业都设有法律专业部门或合规部,因此,在缺乏专业法律支持的情况下,企业很难完全了解并遵守所有的禁止性规则。最后,行政法律规范中的禁止性规则具有一定的变动性,企业往往难以实时、全面地掌握这些规则的变化情况。因此,行政机关发布的合规指引对于帮助企业认识和避免生产经营中的违规行为具有重要意义。

三、行政合规的宽大处罚制度

在企业违规后,传统上行政机关会对企业以罚款、吊销营业执照等方式对其处罚,然而这些行政行为无法有效根治企业违法活动。将"首违不罚""轻微不罚"条款与合规规则融合到一起,这种激励性措施可以增加企业建立合规制度的意愿,也给特殊情况下不愿进行合规建设的企业留有空间。

(一)"不予处罚"制度

企业合规不予处罚模式是指对于在违法行为发生前,已建立有合规体系的企业,行政机关根据其合规体系的有效性情况,作出是否构成违法行为的行政决定。不予处罚是在法律要件层面,因行为不具有法定构成要件而不构成违法行为。依据企业合规体系的不同类型、要素和可行性、有效性等,事前建立有效的合规体系并积极执行可作为单位责任的阻却事由。具体情形有:一是已构建了全面企业合规计划,并在实践中得到有效的执行。健全的合规体系和有效的执行表明企业不

---

① 卢建城、王红建:《论企业合规的行政监管机制建构》,《河南司法警官职业学院学报》2024 年第 22 期,第 49 页。

具有违法行为的主观故意,且尽到了相应的注意义务,因不具有主观过错而不予处罚。二是已制定可行性、有效性与全面性的专项合规计划,且该专项计划有助于防范特定违法行为的发生。专项合规计划是指"企业针对特定领域的合规风险,为避免因违反相关法律法规而遭受行政处罚、刑事追究以及其他相应的损失所建立的专门性合规管理体系"。专项合规计划的制定表明单位已充分认识到相关领域的违法风险,并积极采取措施预防风险的发生,由此阻却主观过错的存在。此外,在不予处罚的同时,相关主体仍负有消除不良后果的责任。

（二）"首违不罚"制度

企业合规免予处罚模式是指在违法行为发生后、行政执法程序被启动之前或之后,企业主动采取制度补救措施,建立或者改进合规管理体系,以换取宽大行政处理。①《行政处罚法》第 33 条第 1 款"首违不罚"制度,包括"初次违法""后果轻微""及时改正"三类适用要件。"后果轻微"具体指企业违法行为对社会产生的负外部性较小。"及时改正"要件可具体细化为:一是违法主体采取相应的纠正涉嫌违法行为以及积极消除、减轻涉嫌违法行为危害后果的措施;二是对于大企业而言,建立有效的企业合规管理体系,并经第三方机构评估合格。

根据这一规定,一些地市已经开展具体实践,如,山东省威海市文登区在全国行政处罚领域首次引入合规审查机制,通过引导违法企业合规整改而对其减轻从轻处罚;江苏南通选取环保、市场监管及税务三个执法领域先行先试,对符合条件的企业依法予以免罚、轻罚;2023 年 10 月,青岛市海洋发展局发布海洋领域《企业行政合规清单》;2023 年 11 月,广州市出台《民营企业首次违法合规免责清单(第一批)》,对涉及人力资源、特许经营、建筑和禽畜养殖等 5 个领域 20 项事项落实合规免责的做法,并通过指引方式为适用首次违法合规免责"定标准"和"明规范"。

（三）减轻处罚制度

企业主动承认违法行为、配合行政执法调查并承诺进行合规整改的企业,如果由于客观原因导致合规体系在法定期限内无法完全符合标准,应当减轻处罚,以实现合规激励的梯度化。与免除处罚模式不同,减轻处罚能够为企业提供更大的合规激励。根据《行政处罚法》第 32 条规定,主动消除或减轻违法行为危害后果的企业,应当从轻或减轻行政处罚,而在《行政处罚法》第 6 条和第 28 条中,也有类似的制度安排。

建立合规体系,不仅可以作为行政监管手段,而且可以为企业提供最大限度的合规激励。通过建立完善的合规体系,企业可以避免诸如停产停业、暂扣或吊销许可证等过于严厉的行政处罚,保护企业的社会效益和正常生产经营。同时,合规治

---

① 张培:《行政处罚企业合规法律研究》,搜狐网 https://www.sohu.com/a/759424827_121123679,2024 年 2 月 22 日。

理作为一种积极的激励措施,可以促使企业积极承担社会责任,推动合规制度和合规文化的形成。

四、行政和解制度

《行政和解试点实施办法》的颁布,标志着我国在行政执法领域引入了行政和解制度,行政和解制度具有如下特点:

（一）执法阶段的行政和解不同于司法程序中的和解

执法和解在行政执法阶段,不同于司法程序中的和解,其发生的前提条件是行政相对人承认违法行为、支付和解金、配合调查并表示愿意采取必要补救措施。行政机关在收到申请后会暂停调查程序,给予相对人一段改过自新的合规考验期,并根据相对人在考验期内合规承诺的执行情况来确定行政执法调查程序的结束时间。

（二）行政和解手段更为温和

行政和解本身就是一种更为温和的行政执法手段,而合规在行政和解中的导入,使这种温和化在目的、形式和内容上更具有正当性。[①] 首先,行政和解的实施意味着在执法过程中以合作取代对抗。其次,执法机关对企业的温和执法并不仅仅表现为不予处罚或从轻减轻处罚,而是以此作为激励手段,激励企业建立起合规计划、实施合规整改,此时和解的温和色彩不仅表现为宽松的执法结果,也表现为强调激励与威慑并存的执法方式。最后,合规机制在行政和解的导入,使得和解从一个瞬时的行政决定,与后续的监管相结合,演变成线性的、过程性的、多阶段的监管工具;执法机关必须对企业合规整改和合规体系建设的情况进行后续的监督,或是在考验期结束后,对企业进行考察、评估和验收。

（三）和解制度符合服务型政府的理念

和解制度也符合服务型政府的理念,基于市场稳定要求,尽量不使企业因处罚而"一蹶不振"。通过协作配合,实现问题的及时解决,并为双方建立一个沟通协商的平台。和解协议的重点在于合规,即要求企业建立或完善合规计划,具体来说,对于那些在违法行为发生时尚未建立合规管理体系的企业,如果在被处罚过程中承诺建立合规管理体系,监管部门可以给予一定的考察期限,待期限过后再根据具体情况决定对企业的处罚措施。

---

① 解志勇、石海波:《企业合规在行政执法和解中的导入研究》,《行政法学研究》2023 年第 5 期,第 72 页。

第三节　中小电子商务企业行政合规策略

一、合规指引制度下企业的合规策略

无论是综合性合规指引,还是专门性合规指引,对电商企业实施合规管理体系的建立,都可以发挥积极的作用。

一方面,对于那些尚未建立合规管理体系的企业而言,企业只要遵从合规指引的指导,就不难建立起一套专门性的合规管理体系。企业建立的合规管理体系应具备如下要素:其一,合规章程。合规章程是企业建立合规管理体系的标志之一,通过建立作为合规管理体系中拥有最高规范效力的合规章程文件确立合规的制度框架、价值追求等。其二,合规组织。独立且专业的合规组织是保障合规管理体系有效运行的保障。企业规模不同、经营范围不同,所建立的合规组织标准也不同。但作为企业合规组织至少要保障合规管理的独立性,并且要配备专业的合规管理人员以期开展合规审查与风险评估。其三,合规报告。提交合规报告既可以使公司的管理层及时了解企业的违法违规风险,并对经营策略、经营方向等作出调整;同时定期提交合规报告也可以"定期自省",持续动态地检测企业是否存在合规风险,并根据合规风险的变化来改善合规管理,促进企业的良性发展。其四,补救措施。合规管理体系的建设并不必然能防范违法违规行为的发生,但是有效的合规管理体系应当包括发生了违法违规行为之后强有力的补救措施,帮助企业顺利度过危机。

另一方面,对于那些已经建立合规管理体系的企业而言,还可以根据行政部门发布的合规指引,完善合规体系、堵塞合规制度漏洞、消除合规制度隐患。在一定程度上,合规指引可以成为企业建立合规体系的基本指南和标准范本。

二、宽大处罚制度下企业的合规策略

电商企业应提高证据意识,提早准备,积极应对潜在处罚风险。《行政处罚法》在法律层面上首次明确过错为违法行为的主观构成要件,此举充分展现了"有过错才有责任"的现代法治精神,同时兼顾了行政执法的效率原则。对于违法行为的当事人,需要有足够的证据证明自己无主观过错,具体的证明方式需根据企业具体的违法行为来确定。因此,企业在日常运营中,应做好合规并留存好相关证据,这不仅是免责的前提,也是证明企业员工行为、经销商行为与企业无关的关键。

以涉嫌商业贿赂为例,如果企业能够提前做好相关培训、经销商管理等准备工作,并做好文件留痕,表明企业已经对员工进行了管理和规范,那么在接受调查时,就可以通过这些证据证明企业员工的行为、经销商的行为与企业无关。在这种情况下,由于企业主观上已经尽到了相应的约束,不存在主观过错,因此可以避免承担相关责任。

三、行政和解制度下企业的合规策略

(一)制订有效合规计划

合规计划是达成行政和解的重要条件,合规计划是指企业或者其他组织体在法定框架内,结合组织体自身的组织文化、组织性质以及组织规模等特殊因素,设立一套违法及犯罪行为的预防、发现及报告机制,从而达到减轻、免除责任甚至正当化的目的的机制。为确保和解的目的实现,企业合规计划的制定应当以"有效性"为核心要素展开,同时也应建立起囊括风险预防、监督制衡、应急保障在内的效果保障机制。同时,企业在制订合规计划时应当由专门负责合规的企业负责人和合规部门作出,必须影响和改变企业内部治理结构与内控机制,从根源上约束和改变企业及员工行为。

(二)完善后续合规整改

执法程序中止后,仍然有重新启动的可能,是否启动的判断条件则是企业后续合规整改的情况和效果。① 如果企业完成了合规整改,使企业内部合规体系的建设能够达到法律法规和监管部门所设定的要求,则维持和解的状态;如果企业虽然进行了合规整改,但效果不尽如人意,无法完成有效的合规体系建设,或是在合规体系的组织、程序和人员等环节的安排上存有漏洞,则根据情况考虑是否解除和解状态、恢复执法程序。因此,当企业面临合规整改时,应根据整改建议认真完成相关业务的整改,不能敷衍了事,针对整改中暴露的合规体系方面的漏洞,企业应结合整改建议,完善内部合规管理体系。

---

① 解志勇、石海波:《企业合规在行政执法和解中的导入研究》,《行政法学研究》2023 年第 5 期,第 76 页。

第十二章

中小电子商务企业合规管理实施保障

中小电子商务企业对于法律风险的防范不能仅局限于点滴之中、片面之间，当风险来临之际才采取措施进行应对，不仅捉襟见肘，而且极有可能丧失本应占据的优势地位。因此，建立一套完整、健全的合规管理体系，对中小电子商务企业来讲尤为必要。

企业合规管理体系的建立非一日之功，是一项系统性的长期工程，需要科学的统筹与规划，故应从顶层设计出发，加强统筹协调，逐步推进。一般来说，一个完整的合规管理体系的建设应按如下步骤展开：搭建合规管理组织体系、识别合规义务、评估合规风险、建立企业风险防范体系、完善合规制度、开展合规培训。企业的合规管理体系要良性发展，还须重视内部监控和评价，最后编制企业的合规手册。企业合规文化是合规管理的基石，是保障合规管理体系有效运行的重要支撑，因此，企业构建合规管理体系还需重视合规文化的建设。

第一节　中小电子商务企业合规体系建设

一、搭建合规管理组织体系

企业内部的合规组织体系，作为实施合规管理、构建合规管理体系的核心载体，承载着重要的使命。一个独立、高效、协同运作的合规组织体系，不仅是企业合规管理体系不可或缺的组成部分，更是企业依法经营、有效实施合规管理的坚实后盾。因此，在推进企业合规建设的进程中，建立健全合规组织系统，是合规建设开始实施的第一要务。

建立科学的合规组织体系,企业应搭建垂直领导、职责明确、层次清晰、上下联动、协同高效、管控严密的一体化合规管理组织架构,以分层管理、全面覆盖为基本要求,精准分配合规管理职能到不同的管理部门,并建立协同配合的合规管理工作机制,保障合规各部门有效开展合规管理工作,积极推进合规管理工作的实施。合规体系主要包括适当设置的合规委员会、首席合规官、合规部门、合规人员,即便在小型部门中也要配备合规专员。

(一)企业合规组织体系设置的原则

1.适当性原则

合规组织的管理架构与职责配置,必须与企业的业务范畴、规模大小、行业特性以及经营模式保持高度协调,确保与企业的实际需求相匹配。对于中小电商企业而言,应建立合规领导机构,这一机构需承担合规领导的核心职责,包括但不限于设定企业的合规目标、优化资源配置、监督并协调合规管理体系的有效运行等。同时,设立独立的合规管理机构,独立履行合规管理的各项职能,如及时识别企业的合规义务、制定合规政策和管理流程、有效管控合规风险,以及确保合规目标的顺利实现等。

2.独立性原则

独立性原则要求合规组织体系在组织架构上与财务管理和经营治理体系保持明确的界限,实现管理资源和权限的有效集中,确保合规管理工作的独立性和客观性。[①] 合规组织体系既是合规制度的执行者,也是合规风险的裁判者,它负责预防、监测和处置合规风险,审查企业实施的重大决策,监督内部员工的行为,并处理违法违规行为。为确保合规管理部门的独立性和有效性,必须避免任何形式的利益冲突,合规人员应由专职人员担任,避免承担与合规管理相冲突的工作。在履行职责时,合规人员应不受任何部门和人员的干预,以确保其独立性和公正性。同时,合规人员有权直接向合规领导机构汇报工作,确保合规信息的及时传递和有效处理。

3.权威性原则

合规部门及合规人员在企业内部应树立权威地位,具体体现在以下几个方面:首先,在信息的获取、决策的参与、关键岗位的控制、核心经营活动的监督以及重要法律文件的审查等关键环节中,合规部门应发挥其专业职能,提出具有权威性的合规审查意见,这些意见应受到企业内部各层级的充分尊重。其次,对于涉及重大风险的重要决策,合规部门应进行深入的合规评估,并在必要时向合规领导机构提出否决建议,以确保企业决策符合法律法规和内部政策要求。最后,合规部门还应定

---

① 江必新、袁浙皓:《企业合规管理基本问题研究》,《法律适用》2023 年第 6 期,第 14 页。

期对企业的所有业务领域进行监督检查,及时发现并处理潜在的法律风险,确保企业运营的合规性和稳健性。

企业合规管理涵盖多个领域,为确保其有效性,既要确保合规管理机构的独立性和权威性,又要加强与其他相关部门的协同合作与联动。合规管理部门应建立与内部关键部门之间的顺畅沟通机制,促进各部门的紧密配合,从而提升合规管理的整体效能。

(二)搭建合规组织体系的总体思路

目前,国内企业设计合规管理组织可以参考的制度依据主要有《中央企业合规管理办法》《中央企业合规管理指引(试行)》《企业境外经营合规管理指引》以及《合规管理体系 要求及使用指南》(GB/T 35770—2022)。根据已有企业建设经验,可以把企业的合规管理部门分成三个层级,即决策层、管理层、执行层。其中,决策层主要包括企业董事会、监事会、合规委员会;管理层主要包括总经理、合规负责人;执行层包括合规管理部门以及公司业务部门。

三个层级都在企业的合规管理体系的建立和有效实施中扮演着重要角色,都应当着力推进合规文化的建立,都应当充分了解企业合规管理体系的内容和运行方式,也都应该以自己的言行,明确支持合规、践行合规。[1] 同时,各层级由于定位的不同,在合规体系中发挥作用的方式也有所不同。

企业的决策层,主要包括董事会和监事会,其中董事会内还设立了合规委员会。作为合规管理体系的核心领导机构,决策层应以确保企业合规经营为宗旨,通过制定原则性的顶层设计方案,明确合规管理工作中的权力分配,并负责对重大事项进行决策。

企业管理层的核心成员通常涵盖公司总经理与合规负责人,首席合规官或总法律顾问可担任合规负责人的角色。为确保合规管理体系的建立、制定、实施、评价、维护和改进,管理层应合理分配充足的资源。

企业的执行层,包括合规管理部门与各业务部门,他们须及时识别各自管理领域的合规要求,持续优化合规管理措施,确保合规管理制度和程序的顺畅执行,同时,他们还需负责收集合规风险信息,以应对潜在的风险和挑战,确保企业稳健运营。

二、识别合规义务

合规义务的梳理和识别是合规风险评估与分级的前提,是企业合规管理的基础性工作。

---

[1]　梁枫:《大合规时代:企业合规建设指引与案例解析》,中国法制出版社,2023 年版,第 58 页。

合规义务通常包括合规要求、合规承诺和合规准则。合规要求指国家法律法规、监管机构颁布的政策意见或指导方针等强制性要求,企业依法开展经营活动必须遵守这些要求;合规承诺通常指企业为提高市场竞争力,主动就企业产品服务质量、技术标准、信息沟通、合作关系等向客户、社会、相关行业组织等作出的承诺;合规准则通常是指适用于企业的行业准则、商业惯例、商业伦理、道德规范、职业操守及普遍公认的社会价值观、公序良俗等。

合规义务的识别工作可依据以下两个原则展开①:其一,不同表现形式的合规义务同步进行。一方面,针对企业的业务活动及经营模式,需系统地梳理与之相关的法律法规和政策等强制性要求,评估企业对这些规定的遵循情况;另一方面,通过抽查或重点审查的方式,全面梳理企业的合同、规章制度以及行业准则,并评估企业在这些方面的履行和遵守情况,最终形成评估报告。其二,兼顾现状梳理和后续维持。合规义务的识别工作应是持续更新的过程。企业应建立持续监测系统,跟踪监测相关法律法规、政策和企业承诺的新变化,以对合规义务有及时和清晰的了解。

三、评估合规风险

合规管理的目的是要防范和管控合规风险,防范和管控风险的前提是认识和评价风险。因此,合规风险评估是合规管理体系建设过程中重要的工作之一。合规风险评估分为风险识别、风险分析、风险评价三个环节。

(一)风险识别

根据《合规管理体系要求及使用指南》,风险识别即企业在其各业务单元、重要经营活动及其核心业务流程中系统地识别潜在的风险点。这一过程涉及对内部和外部合规风险的筛选、深度分析以及准确判断,风险识别不仅关注风险的来源,还深入探究其产生的原因,通过整理和加工这些风险初始信息,企业能够构建一个合规风险数据库,并据此形成一份详尽的合规风险清单。准确的企业合规风险识别是设置有效企业合规风险预警的重要基石,合规风险识别旨在为风险预警制度提供设计方向与动力,推动企业进行准确高效地合规风险评估与预警。

(二)风险分析

风险分析是对合规风险发生的原因、来源、发生可能性、影响后果等四个方面进行定性或定量的分析,形成合规风险分析表。不同类型的企业合规风险对企业运营的影响存在差异,对合规风险先"定性"分析后"定量"分析更有利于对不同类型的企业合规风险进行评估定级。

---

① 梁枫:《大合规时代:企业合规建设指引与案例解析》,中国法制出版社,2023年版,第263页。

（三）风险评价

风险评价是对经过定性或定量分析过的风险进行排序,设定等级,形成风险地图及底线风险列表,企业风险等级层数的设置应当适中,建议 3~5 级为宜,企业可借鉴部分央企的风险等级评价机制,如中国铁建股份有限公司设定特别重大风险、重大风险、较大风险、一般风险和其他风险五个风险等级;中国五冶集团有限公司设定"蓝、黄、橙、红、黑"五个预警等级。

四、建立企业法律风险防范体系

中小企业法律风险制度的建立与实施应结合企业内部与外部专业力量,通过外部专业力量为企业评估法律风险,提出防范建议;依靠企业内部资源建立并贯彻实施法律风险防范制度,保障中小企业法律风险防范落到实处。

（一）企业外部专业力量的建构

1.整合外部法律服务资源

系统的法律风险的检查与评估工作需要专业团队的存在,考虑到中小企业自身的实力,可聘请专业法律风险评估机构进行评估。[①] 法律风险评估机构的核心职责涵盖三大方面,首先,需接受当地中小企业的委托,深入检查并全面评估企业的法律风险状况,在此基础上,他们需编制详尽的分析报告,并提出具有针对性的法律风险防范建议,助力企业降低潜在的法律风险。其次,为了持续监控企业的法律风险变化,专业机构需为每家委托评估的中小企业建立评估档案,并设立定期体检制度,通过定期的回访和体检,他们能够跟踪企业法律风险的发展动态,并为企业提供策略性建议,帮助企业应对潜在的法律挑战。最后,为了确保法律风险防范评估工作的实效,专业机构还需设立专门的咨询电话,旨在解答企业在法律风险防范评估过程中的疑问。

2.利用行业力量,提升法律风险意识

中小电商企业应组建企业协会,由协会与司法机构、律师协会、法院等对接,选择有经验的法律专业人士开设法律讲坛对企业管理人员进行培训。由司法机构、律师协会、法院根据培训计划与目的,结合社会背景,例如颁布新的法律或司法解释,可以为中小企业管理人员解读法律,再如发生相关社会热点案例,可以对案例进行评析,来确定培训人员和培训内容,以取得培训实效。

[①] 田梅:《中小企业法律风险防范体系完善研究》,《佳木斯大学社会科学学报》2022 年第 5 期,第 42 页。

(二)企业内部资源的整合

即使企业外部专业力量再强大,如果没有中小企业自身的法律风险防范的主动性及相应措施的完善与落实,依旧不可能取得好的效果。

1.建立中小企业自身的法律风险防范制度

中小企业应依据法律风险评估机构的报告,结合经营特点和实际状况,制定并全面执行法律风险防范制度。法律风险防范制度制定时需注意三点:首先,法律风险防范制度应与企业管理制度相融合,确保在日常管理中得到执行;其次,防范制度应贯穿企业经营全过程,从事前预防到事中控制,再到事后处理;最后,中小企业应重视法律风险防范制度的实施效果,定期评估并调整,以适应企业发展和法律环境的变化。

2.建立企业重大问题的企业法务人员与法律顾问联席制

法律专业人员负责监督法律风险防范状况,可通过两种途径来实施。一是中小企业即便难以维持一个完整的法律专业团队,仍可在内部设立专门的法律事务岗位,通过引进或自主培养法务人员来强化法律风险的管理。这种方式的优势在于法务人员身处企业内部,能够深入了解企业的运营状况,从而更精准地把握法律风险的发展动态。其局限性也显而易见:由于内部各部门间存在复杂的利害关系,且法务人员往往受限于企业管理层的决策,因此在提供法律意见时可能难以保持完全的独立性。二是聘用法律顾问,提供监督服务。其优点在于独立性强;缺点在于不够熟悉企业情况。两种方法各有优劣势,因此,中小企业针对涉及企业发展及达到一定数额的经济事项等重大问题应建立内部法务人员与外部法律顾问联席制,双方共同参与,只有双方达成一致意见,才可通过相应决议。

3.创建企业法律风险文化

文化是一种内在驱动力,它塑造并引导群体的选择和行为,只有当这种内在力量存在时,群体的力量才能凝聚,产生实际效果。因此,对于中小企业而言,构建并强化企业法律风险防范文化至关重要,随着员工法律风险意识的提升,他们逐渐认识到企业的每一项行为都伴随着法律风险,企业的所有活动在某种意义上都是法律行为。这种认识将促使员工在日常工作中自觉遵守法律法规,遵循企业规章制度,从而使企业的法律风险防范措施真正得到执行。

五、建设企业合规制度

企业的合规制度建设是一个严谨而复杂的过程,涵盖了从起草、拟订、征求意见、审议、会签、公布到实施等多个环节,在这个过程中,制度会不断地更新、修订和完善,以适应企业发展和市场变化的需求。因此,合规制度建设是一个动态循环的多闭环过程,需要遵循一定的规则、程序和方法,以确保其运行机制的有序性和制度价值的最大化。

（一）合规制度建设的步骤

1.梳理①

企业需要对现有的制度进行全面的梳理,以确定哪些制度需要制定、哪些需要修改完善。通过梳理,企业可以了解现有制度的缺失、与上级规定的冲突、适应性和可行性等问题。

2.调研

企业对需要制定和修改的制度进行广泛的调研,调研过程中,企业需要深入了解行业发展趋势和市场竞争状况等因素,以确保所制定的制度更加适用、可行和有效。

3.策划

企业需要召开不同人员参加的会议,听取各方面的意见和建议,汇总后由主导部门拿出制定或修改制度的具体意见和方案。

4.建立

安排专人负责起草或者修改制度,及时制定出规范合理具有可操作性的制度。

5.研讨

对新制定或修改完成的制度要开会进行研讨,充分征求各方意见,确保制度的合理性、规范性、有效性和可操作性等。

6.发布

对研讨通过的制度进行会签并以文件形式发布,让所有人知道新制度的要求和标准。

7.执行

确保发布的各项制度及时、准确、全面地执行到位,必要时可在执行过程中进行检查,发现不执行或者执行不到位的必须第一时间进行曝光和追责。

8.更新

针对制度执行过程中出现的新情况、新问题以及上级的新要求及时地进行修改完善,使制度始终保持在适用的状态。

（二）合规制度的执行

合规制度在执行中,需从以下角度予以充分关注和注意:

1.坚持平等原则,强化制度示范

在企业中,合规制度的普遍性和平等性至关重要,无论企业领导还是普通员

---

① 梁枫:《大合规时代:企业合规建设指引与案例解析》,中国法制出版社,2023年版,第73页。

工,都是合规制度的直接受众和执行者。管理者应以身作则,严格遵守合规制度,通过自身的行为为员工树立榜样,从而强化合规制度的示范效应。

2. 平衡"人治"与"法治",维护制度权威

在实际中,应避免因个别领导或权威人物的影响而偏离正常工作流程。特事特办等做法可能损害制度的严肃性和权威性①,因此,在合规制度执行过程中,应明确领导者同样需要遵守和执行规则,以维护合规制度的权威性和稳定性。

3. 加强制度公示和培训,提高员工认知

合规制度颁布后,应及时向全体员工公示,确保员工对其内容有充分了解。此外,还应组织学习和培训活动,使员工深入理解合规制度的含义和目的。

4. 与时俱进,及时更新合规制度

随着企业内外部环境的变化,原有的合规制度可能不再适应当前的管理需求,因此,企业应定期评估现有制度的有效性,及时废除过时或不利于企业发展的制度,并根据实际情况制定新的合规制度。同时,要密切关注外部法律法规的变化,及时修订企业内部制度,确保合规制度体系的时效性和适应性。

六、开展合规培训

对于企业宣传合规文化、强化合规意识等,合规培训是必不可少的方式。在培训对象和培训内容方面,可以分为常规培训和有针对性的培训两类。常规培训面向全体员工,旨在普及合规知识,提升整体合规意识。② 而针对性培训则聚焦于高风险部门、员工及上下游第三方,深入剖析特定领域的合规要求,强化风险防范。合规培训不仅关乎个人责任,更是公司责任的有效分担。通过明确培训内容和参与人员,建立隔离带和防火墙,防止潜在风险对母公司造成不利影响。为确保培训效果,应保留书面记录,并要求参与人员签字确认。在必要时,可采取录音录像等方式存档,为应对未来可能的行政监管和刑事调查提供有力证据。

第二节 中小电子商务企业合规管理机制

在企业构建合规管理体系的过程中,企业要对经营活动的合规情况进行实时监控,对企业合规管理体系有效性进行评价,这也是合规落到实处的关键一环。基

---

① 梁枫:《大合规时代:企业合规建设指引与案例解析》,中国法制出版社,2023年版,第75页。

② 陈瑞华:《企业合规的基本问题》,《中国法律评论》2020年第1期,第182页。

于此,企业在构建合规管理体系之余,还应构建企业的合规监控机制、合规评价机制、违规矫正机制。

一、合规监控机制

企业合规监控机制是企业对经营活动进行实时合规监控和控制的一种事中监控机制,旨在及时发现并制止违法违规行为。[①] 为了实现这一目标,企业须建立与其业务活动、产品和服务相匹配的日常监测机制,覆盖重点人员、重点岗位和重点环节,该机制主要包括合规预警、合规审计、合规评审、违规行业举报、合规报告机制等措施。

(一)合规预警

合规预警是在识别和评估合规风险的基础上,针对那些具有典型性、普遍性和可能带来严重后果的风险发布预警信号,监控主体应随机启动合规调查,以调查所掌握的事实和证据为基础编制合规调查报告。

(二)合规审计

合规审计是企业监督合规管理工作的重要工具,重点关注合规管理体系的运行状况、合规程序的执行情况以及财务控制和其他内控手段的实施情况。在进行合规审计时,应遵循独立、客观、公正的原则,通常由企业委托外部独立的专业机构进行,合规审计既检查合规政策的执行情况,也会深入检查企业内部可能存在的违法违规行为。

(三)合规评审

企业在规章制度制定、重大事项决策、重要合同签订以及重大项目运营时,应由合规部门先行开展合规评审,就合法合规情况提出建议。合规部门可以提出异议甚至否决的建议,从而在源头上制止不合规行为的实施。

(四)违规行为举报

违规行为举报是指企业员工根据一定的途径和步骤向合规部门报告企业经营活动中存在的合规风险或已发生的违规行为。企业应赋予全体员工对不合规行为的举报权,可以建立便捷的举报渠道、设立专门的受理机关、制定及时有效的查证方式,并采取严格的保密措施,这些措施将有助于确保举报者不会受到打击报复。

(五)合规报告机制

合规报告机制是指公司合规部门就企业经营活动中存在的合规风险或已发生的违规行为,定期和不定期地向高级管理层报告的机制。

---

① 江必新、袁浙皓:《企业合规管理基本问题研究》,《法律适用》2023 年第 6 期,第 16 页。

二、合规评价机制

合规评价是对企业合规管理体系有效性进行评价的机制。没有有效的合规评价机制，合规可能只是浪费资源，无法真正落实。合规评价机制不仅要关注企业是否发生违法违规行为，还要根据既定的标准进行评价，以确保企业合规管理体系的有效性，维护企业利益。

合规评价的评价内容不限于合规组织体系、风险防范体系等形式要素，还应包括合规文化的建设情况。《中小企业合规管理体系有效性评价》将合规文化建设纳入评价内容，确立了最高管理层的重视、合规承诺、合规文化的沟通与传达、合规文化的形成这四个评价指标，以保障形式上的合规计划的全面落地生效，切实发挥其风险识别、风险防范、风险监控与违规矫正的功能。

合规评价可采用文件审阅、问卷调查、访谈调研、突击检查等评价方法。文件审阅主要是对企业各类文件的查阅，包括公司章程、规章制度、培训档案以及尽职调查报告等。问卷调查和访谈则主要用于了解企业员工的合规意识、态度以及企业的合规文化，是了解员工对于合规的认知和企业合规氛围的重要手段。突击检查，作为一种秘密性强、速度快的现场检查方式，其检查内容具有不确定性，其主要目的是评估企业的合规计划是否得到有效执行。

三、违规矫正机制

违规矫正机制扮演着事后的"救火"角色。当企业出现违规行为时，该机制会迅速启动，对涉事员工实施相应的惩戒，以检测并弥补合规管理体系的漏洞。此外，违规矫正机制还扮演着对合规管理体系进行持续改进的角色，通过采取纠正和补救措施，确保企业合规管理体系的完善和高效运行。违规矫正机制主要包括合规整改机制和违规问责机制两类。

(一)合规整改机制

合规整改机制是针对合规风险发生后，对企业进行全面分析，找出管控措施与合规管理目标偏离的具体原因，针对性地整改不合规行为，调整或更新管控措施，弥补系统性漏洞，从而改善原有的合规管理体系，防止类似风险再次发生。随着企业经营范围、业务的不断调整，以及营商环境的不断变化，原有的合规管理体系难免出现不适应的情况，因此企业必须建立持续性的合规整改机制，确保其与企业的实际情况相适应。

(二)违规问责机制

企业没有明确的追责制度，也并不意味着在风险事件爆发后不需要有员工来承担责任,而是无法确定该由哪些员工来承担责任、承担何种责任。在企业内部追责不清的情况下,企业员工不清楚其行为可能需要承担的后果,无疑会增加企业的风险。明确的追责制度不仅可以明确企业员工的行为界限,也便于企业管理层的管理,如果企业在规章中已经规定了相关的追责制度,那么即使风险发生,企业也可以依据相关制度进行追责。设立企业追责制度的目的在于明确相关责任人的责任,督促其行使相应的权利,履行相应的义务。企业设立的追责制度应当给相关的责任人施加一定压力,但又不可过于严苛,因此,企业设立的追责制度应当符合权责相统一的原则,而非简单地当作惩戒机制。

第三节 中小电子商务企业合规文化建设

合规是企业高质量可持续发展的前提,重要性不言而喻,而合规文化建设对合规管理体系更是具有重大的作用。企业合规文化是合规管理的基石,是企业文化的重要组成部分,是保障合规管理体系有效运行的重要支撑,它来源于企业生产经营活动。企业合规文化既表现在物质之中,又超然于物质之外,是物质文明和精神文明的结晶,是推动企业合规发展的不竭动力。

一、合规文化的内涵及作用

合规文化,作为组织在长期发展中逐渐形成的思想基础和行为准则,体现了对法律法规的尊重、对规章制度的遵循,以及道德模范的崇尚。① 它是贯穿企业内部的价值观、道德规范、信仰和行为的集合,与组织结构和控制系统相互强化,共同塑造出有利于合规的行为规范。合规文化的本质在于规章制度与组织成员内心意识的融合,是合规行为的内在驱动力。

因此,培育合规文化对于强化合规管理至关重要,它是企业稳健发展的基石,高质量发展的关键支撑,风险防控的核心策略,职业伦理的集中体现,以及履行社会责任的必由之路。通过培育合规文化,企业不仅能够提升内部管理的规范性和有效性,还能够增强员工的合规意识,从而确保企业在复杂多变的市场环境中保持稳健和可持续的发展。

---

① 梁枫:《大合规时代:企业合规建设指引与案例解析》,中国法制出版社,2023 年版,第60 页。

二、企业合规文化的建设路径

(一)明晰企业合规文化的建设方向

合规文化是企业合规管理的终极目标。合规文化的培育是一项复杂而系统的工程,它依赖于法律规范、组织结构的完善、精心设计的合规计划以及整个社会环境的支持。合规文化的建设主要包含两大方面:一方面通过潜移默化的方式,使合规理念深入人心,从而减少企业内部的不当行为;另一方面以明确可见的形式向全体员工和社会公众展示,显示企业的合规意愿和决心。因此,在构建合规文化的过程中,企业不仅要注重其与合规计划的有机结合,还要关注其与员工内在道德观念的和谐统一。

1. 将合规文化融入合规计划

为确保合规文化的持续和深入发展,企业制度的支持和战略规划的整合至关重要。首先,企业必须细化合规文化建设的具体实施方案,确保每一步都有明确的指导和依据。通过将这些文化理念转化为实际的管理体系、规章制度和运行机制,可以确保合规文化在企业内部得到切实执行。其次,加大违规行为的处罚力度是提升合规意识的关键。将违规行为与个人或团队的绩效评估、奖励和荣誉体系紧密相连,可以有效提高员工对不当行为的道德责任感。此外,通过实施非经济性的处罚措施,如剥夺特权等,企业可以对内部不当行为做出明确的道德评价,增强员工对企业道德文化的重视和关注。

2. 融合个体的道德意识

构建合规文化,需要关注企业内部员工的思想道德素质和个体内生价值观,把握好外在规范和内在道德之间的关系。[①] 首先,在员工招募之初,企业就应评估其思想道德品质及法治意识,确保合规意识在入职流程与职业培训中体现和强化。其次,合规文化的构建应紧密围绕员工的核心价值观与期望。这意味着,合规文化应建立在员工普遍认同的诚实、守信、正直和良善等道德基础之上,鼓励员工积极参与并践行这些价值观,使它们在日常工作中的合规决策中得以体现。最后,加强员工对合规文化的理解。简单的"对"与"错"的宣传方式显然不足以达到这一目的,企业需要将合规文化的理念具体化,通过深入细致的培训,使员工能够深刻理解并内化企业的合规文化,从而在日常工作中自觉遵守并践行。

---

① 王昕:《涉案企业合规整改中合规文化的建设困境及出路》,《北京警察学院学报》2024年第1期,第84页。

（二）提高企业内部的整体合规意识

合规文化的源头是合规意识，受到利益诱导、隐性规则的影响，有的企业内部整体合规意愿不高，合规文化建设氛围缺失。要解决上述困境，就要从以下三方面出发：

1. 对企业高层要落实合规承诺

建设合规文化，首先要树立"合规从高层开始"的核心理念。这一理念须通过管理层的率先垂范，产生强大的示范和引领作用，为公司合规管理奠定坚实的基调。具体而言，要求企业高层对合规表现出积极、明确、一致且持久的承诺，合规文化应被明确写入公司章程，以确保企业高层的合规理念能够转化为具体的制度机制。此外，合规文化的建设应融入企业的日常运营中，渗透企业的盈利模式、费用支出、内部惩戒机制等各个方面，实现知行合一，只有这样，合规文化才能真正在企业内部生根发芽，成为推动企业持续发展的重要力量。

2. 对企业中层要强调外部监督

在企业合规文化的构建与制度建设中，中层管理人员扮演着至关重要的角色，他们不仅对企业日常运营有深入的理解，而且能够作为内部与外部合规建设团队之间的桥梁。因此，中层管理人员应充分利用其对企业运营的熟悉程度，与外部专业团队紧密合作，共同推动合规文化的深入发展。首先，借助外部专业团队的力量，对企业进行全面的风险评估，明确合规文化建设的方向。通过引入外部监督，可以有效避免中层管理人员对合规文化的误读，确保文化建设的连贯性和一致性。其次，发挥中层管理人员的内部优势，特别是他们对合规文化建设方案的理解与认可，中层管理人员应及时关注商业环境、政策导向、行业动态等变化，并根据实践反馈调整建设方案，确保企业各层级的有效执行。最后，为确保合规文化的有效实施，实行利益剥离原则。将中层管理人员的个人利益与企业整体利益相分离，防止利益冲突导致的不当行为，同时，建立明确的追责问责机制，对违规行为进行严肃处理。

3. 对企业基层要畅通沟通渠道

在合规文化建设过程中，"接收"环节属于第一层，这就要求企业聚焦于基层员工对合规文化的认知和理解。首先，提升决策的透明度和公正性，这要求员工能够接收到关于合规目标、合规文化以及企业风险的准确、全面的信息，从而实现员工个人、管理层以及企业整体目标的协调一致。其次，合规文化的理念需要简洁易懂，通过建立合规信息共享平台，及时分享最新的法律法规和规章制度，可以帮助员工迅速理解并内化企业的合规理念，避免文化误读。最后，建立一个超越层级的、自下而上的沟通渠道，这能让员工明确合规沟通的重要性以及谁是关键沟通者。

（三）探索多元合规文化评估机制

合规文化评估的科学性、客观性、公正性和准确性，直接关系企业能否在合法合规的框架内持续塑造和培育企业文化。鉴于合规文化建设的复杂性和多维性，相应的评估体系也须不断完善和优化，企业应构建合规文化的双重评估体系，合规文化的建设涉及多个利益主体，因此，评估过程也应体现这种多元性。① 企业内部应设立专门的合规文化评估小组，负责审查合规文档，进行现场监督调研，并通过问卷调查等方式深入了解员工对企业价值观的认同度，在员工匿名性的前提下，按职位、功能区、地域或经营单位对调研结果进行细分，从而精准识别企业文化的优势和待改进之处。同时，建立多维度、多视角的外部评估机制，外部监督主体在评估企业的岗位设置、制度规范和组织架构后，应提出具体的整改建议，以帮助企业全面提升合规文化建设水平。

第四节 中小电子商务企业合规手册编制

一、制定合规手册的意义和必要性

合规是企业高质量发展的必经之路，而合规手册则是企业合规体系建设的重要桥梁，不仅代表着合规管理的基本制度规范，更是企业文化与战略的核心体现，是企业合规管理的"基本法"。

合规手册的核心内容在于明确企业与员工在对外交往、职业操守、内部关系处理、公司利益维护以及社会责任承担等方面的行为准则与基本要求，它不仅是企业合规运营的指南，更是员工行为的参照。制定并实施合规手册，不仅能够引导员工以更规范、更道德的行为履行职责，推动企业的健康可持续发展，还能够对外展示企业的合规价值理念，为企业树立良好的形象。

从内容分类的角度看，合规手册通常分为综合类与专项类。② 综合类手册具有普适性和广泛性，而专项类手册则更具专业性和单一性，涵盖多个专题，为企业提供了更为具体和实用的指导。

---

① 王昕：《涉案企业合规整改中合规文化的建设困境及出路》，《北京警察学院学报》2024年第1期，第85页。

② 梁枫：《大合规时代：企业合规建设指引与案例解析》，中国法制出版社，2023年版，第82页。

企业在制定合规手册时,应结合自身的发展需求、实际情况和现实需要,选择适合的类别,以确保合规手册能够真正发挥其作用,为企业的合规发展提供有力保障。

二、合规手册的表现形式

(一)叙述性表达形式

该方式通过叙述性、概括性的语言,简洁、干练地表达合规要求的内容。

(二)制度规范形式

该形式以章、节、条、款、项的体例形式编制行为准则的具体内容,在语言表达风格上,此种形式往往以规章制度中条款的规范性表述,表达合规行为准则的内容。

(三)条目列举形式

该形式是直接对合规行为准则的内容进行条目列举式表达,简明、清晰地列明合规行为准则及合规要求。

三、合规手册的制定原则

企业合规手册,作为指导企业日常经营活动的核心准则,涵盖了从高层决策到基层执行的各个环节,它不仅是企业规范运作的基石,更是全体员工必须遵循的行为指南,制定合规手册时,须坚持以下两大原则:

(一)全面性原则

合规手册的覆盖范围必须广泛而深入,涵盖企业的各个部门和业务环节,从股东层到治理层,从管理层到经营层,乃至每一位员工,都须受到约束。同时,合规手册应贯穿于企业决策、执行、监督与反馈的全流程,确保每个环节都受到合规的指引。

(二)适用性原则

合规管理必须从企业的实际规模及业务开展情况出发,兼顾成本与效率,手册的制定应确保其实操性,提高合规管理的有效性。此外,随着内外部环境的不断变化,合规管理体系也须持续调整和改进,以适应新的挑战和需求,合规管理手册的内容也应进行动态调整。

四、合规手册的内容

(一)合规致辞

合规致辞一般体现在整个合规手册的第一部分,作为强化员工合规意识的庄严宣誓。

(二)企业负责人致辞

企业负责人作为法治建设的首要推动者,应当积极承担组织、引导和实践依法合规经营的重要职责,应推动合规管理的全面实施,确保企业在法律框架内稳健运营。将企业负责人的致辞置于合规手册的开篇,不仅凸显了其作为首要责任人的角色,更体现了其对企业合规建设自上而下的承诺和重视。

企业负责人致辞一般包括三部分的内容:一是公司的基本情况介绍;二是合规对公司发展的重要性和必要性;三是督促员工学习并遵守合规行为准则的内容。[①]

除以上内容外,部分企业在致辞中还会阐明公司对合规的基本态度和立场,宣贯公司的核心价值观和合规精神。

(三)手册使用说明

企业在编制合规手册时,通常会加入合规手册使用说明部分内容,明确合规手册的制定目的、制定依据、适用范围、如何遵守合规手册、如何使用合规手册、如何解决合规疑问、违反合规手册的后果等内容。部分企业在使用说明部分也会明确合规目的、合规责任、制定依据、注意事项、修订与解释等内容,企业可以结合实际情况编制。

(四)合规管理体系

该部分具体可以包括合规管理体系概述、合规制度体系、合规管理组织体系、合规风险管理机制、合规文化建设机制、合规文化评价与追责及矫正机制等。部分企业也会在该部分编制合规定义、合规理念、合规管理目标、合规管理基本原则、管理框架等内容。

(五)合规行为规范

在该部分,企业一般会以简洁、凝练的语言明确对所有员工普遍适用的基本行为准则或总体合规要求,作为全体员工最基本的行为规范。具体可以包括:党的领导、遵纪守法、规言矩行、率先垂范、恪尽职守、诚实守信、依规履职、廉洁自律等。

---

① 梁枫:《大合规时代:企业合规建设指引与案例解析》,中国法制出版社,2023年版,第84页。

（六）专项重点业务领域合规行为规范

合规手册的主要部分是各专项业务活动或重点领域具体行为准则、合规要求。各专项业务活动或重点领域，各企业可根据自身业务范围、经营管理特点等具体确定。

（七）举报、调查与奖惩

企业合规部门可设立合规举报电话、电子信箱等举报渠道接收群众举报信息。对于严格执行国家法律法规及企业合规管理规定，勤勉尽职地履行职责，避免或减轻发生重大违规风险的工作人员，企业可酌情给予表彰、奖励。

（八）合规承诺书

企业全员签订和公布自愿遵守、认真践行企业合规手册的合规承诺书，尤其是高层领导者的合规承诺对企业合规管理体系高效运行至关重要。

企业合规手册是对员工行为的规范要求，是维护员工共同利益的强制手段，也是实现企业目标的有力措施和重要保障。合规手册的生命在于实施与执行，只有将其贯彻落实到每一位员工、每一条经营线，才能发挥其应有的作用，才能体现其对于企业合规管理的重要价值，这样才能充分保障让企业合规管理真正落地，而不是一句空话、一个口号或者只是一个形而上的"纸面合规"，唯有如此才能在面对各种合规风险时，真正促进企业的高质量发展。

附　录

本书法律文件全称简称对称表

序号	全称	简称
1	《中华人民共和国刑法》	《刑法》
2	《中华人民共和国行政处罚法》	《行政处罚法》
3	《中华人民共和国产品质量法》	《产品质量法》
4	《中华人民共和国网络安全法》	《网络安全法》
5	《中华人民共和国数据安全法》	《数据安全法》
6	《中华人民共和国个人信息保护法》	《个人信息保护法》
7	《中华人民共和国证券法》	《证券法》
8	《中华人民共和国著作权法》	《著作权法》
9	《中华人民共和国商标法》	《商标法》
10	《中华人民共和国专利法》	《专利法》
11	《中华人民共和国电子商务法》	《电子商务法》
12	《中华人民共和国民法典》	《民法典》
13	《中华人民共和国电子签名法》	《电子签名法》
14	《中华人民共和国消费者权益保护法》	《消费者权益保护法》
15	《中华人民共和国食品安全法》	《食品安全法》
16	《中华人民共和国广告法》	《广告法》
17	《中华人民共和国反不正当竞争法》	《反不正当竞争法》
18	《中华人民共和国价格法》	《价格法》
19	《中华人民共和国计量法》	《计量法》

参考文献

一、著作

[1]民法学编写组.民法学[M].2版.北京:高等教育出版社,2022.

[2]张楚.电子商务法[M].北京:中国人民大学出版社,2016.

[3]何培育.电子商务法[M].武汉:武汉大学出版社,2021.

[4]朱晓娟.电子商务法[M].北京:中国人民大学出版社,2019.

[5]赵旭东.中华人民共和国电子商务法释义与原理[M].北京:中国法制出版社,2018.

[6]李明鑒.电子商务法案例实训[M].延边:延边大学出版社,2021.

[7]赵家琪.新编合同法实用教程[M].武汉:武汉大学出版社,2021.

[8]王关义.现代企业管理[M].北京:清华大学出版社,2023.

[9]苏秦.质量管理[M].北京:中国人民大学出版社,2019.

[10]王迁.著作权法[M].北京:中国人民大学出版社,2020.

[11]杨杰.大数据时代企业数据合规之路[M].北京:法律出版社,2022.

[12]李旻.中国企业数据合规应用及交易指引[M].北京:法律出版社,2023.

[13]冯宇.企业法律风险防控与合规指南[M].北京:法律出版社,2022.

[14]吴卫明.数据合规法律实务[M].北京:法律出版社,2022.

[15]冯宇.企业法律风险防控与合规指南[M].北京:法律出版社,2022.

[16]陈瑞华,李玉华.企业合规与行政监管[M].北京:法律出版社,2023.

[17]刘新宇.数据保护合规指引与规则解析[M].北京:中国法制出版社,2021.

[18]梁枫.大合规时代:企业合规建设指引与案例分析[M].北京:中国法制出版社,2023.

[19]韩菲.新媒体运营法律的规制与保护[M].北京:法律出版社,2022.

二、期刊

[1]孙国祥.刑事合规的理念、机能和中国的构建[J].中国刑事法杂志,2019(2).

[2]陈瑞华.论企业合规的性质[J].浙江工商大学学报,2021(1).

[3]尹云霞.中国企业合规的动力及实现路径[J].中国法律评论,2020(3).

[4]山茂峰.企业合规的制度价值:从企业可持续发展到国家治理现代化[J].南海法学,2023(5).

[5]梁晨.企业数据合规问题研究[J].法治论坛,2022(2).

[6]刘超,聂树平.涉案企业合规制度研究[J].大庆社会科学,2023(5).

[7]唐彬彬.数据本地化法律规制的反思与完善[J].情报杂志,2022(5).

[8]刘金瑞.数据安全范式革新及其立法展开[J].环球法律评论,2021(1).

[9]孙跃.数字经济时代企业数据合规及其构建[J].湖北社会科学,2022(8).

[10]王春业,费博.大数据背景下个人信息收集和使用的行政法规制[J].中共天津市委党校学报,2021(3).

[11]周佑勇.企业行政合规的制度定位及其构建路径[J].比较法研究,202(4).

[12]解志勇.企业合规在行政执法和解中的导入研究[J].行政法学研究,2023(5).

[13]王昕.涉案企业合规整改中合规文化的建设困境及出路[J].北京警察学院学报,2024(1).

[14]江必新,袁浙皓.企业合规管理基本问题研究[J].法律适用,2023(6).

[15]陈瑞华.论企业合规在行政监管机制中的地位[J].上海政法学院学报(法治论丛),2021(6).

[16]张泽涛.论企业合规中的行政监管[J].法律科学(西北政法大学学报),2022(3).

[17]韩金峰.电商企业义务视角下的消费者个人信息法律保护研究[J].经济与法,2023(1).

[18]刘文静.平台企业个人信息保护合规研究[J].法学,2022(10).

[19]陈瑞华.企业合规的基本问题[J].中国法律评论,2020(1).

[20]邓志虹,肖威,鲁朝云.数字贸易风险管理探索与实践[J].对外经贸,2024(3).

[21]冯晓鹏.跨境电商走私犯罪若干问题探析[J].中国应用法学,2019(4).

[22]苏芬.跨境电商企业涉税风险及税务处理合规化策略研究[J].会计师,2023(15).

[23]李峰.我国跨境电商出口合规发展:平台实践、趋势及对策建议[J].供应链管理,2023(6).

[24]吴加明.网络直播的法律风险及其防控[J].检察风云,2023(18).

[25]黄巧,盛璐.新闻著作权保护中"避风港原则"适用问题探析[J].新闻前哨,2023(22).